東アジア近代史

第二二号

『東アジア近代史』第二二号（二〇一八・六）目次

《特集》第一次世界大戦下の東アジアと世界

東アジア近代史学会規約

〔名称〕
第一条　本会は、東アジア近代史学会と称する。
〔目的〕
第二条　本会は、東アジア地域近代史の多様な視角からの研究およびその普及を目的とする。
〔事業〕
第三条　本会は、前条の目的を達するために、次の諸事業を行う。
1　会誌その他の刊行物の編集発行。
2　大会、例会、講演会等の開催。
3　その他必要な事業。
〔会員〕
第四条　本会の目的に賛同し、理事会の承認を経た者は会員となることができる。
二　会員は、会誌、ニューズレター等の配布を受け、本会の行う会合や事業に参加し、会誌に投稿することができる。
三　会員は、会費を納入しなければならない。会費三年度分以上の未納者は、特別の事情がないかぎり、退会したものとみなし、理事会において退会の承認をすることができる。
〔総会〕
第五条　総会は、本会の最高議決機関として、本会の組織および運営に関する重要事項を審議するため、毎年一回開催する。
二　会長は、会員の過半数の要求があるときは、臨時総会を招集しなければならない。
三　会長または理事会が必要と認めたときは、臨時総会を招集することができる。
四　総会の議決は、出席者の過半数の賛成を必要とする。
〔役員〕
第六条　本会の運営のために、会長一名と副会長・理事・常任理事・監事若干名を置く。
二　会長は、総会において選出され、本会を代表して会務を統括する。任期は二年とし、重任を妨げない。
三　副会長は、総会において選出され、会長を補佐して会務を処理し、会長に事故ある時はその業務を代行する。任期は二年とし、重任を妨げない。
四　理事は、総会において選出され、会務を処理する。任期は二年とし、重任を妨げない。
五　前項の機能的会務運用のため、理事の中から常任理事を選出する。但し、常任理事及び常任理事会に関する事項は、理事会規程において定める。
六　監事は、総会において選出され、本会の会計を監査する。任期は二年とし、重任を妨げない。
〔名誉会長〕
第七条　本会には、名誉職として名誉会長を置くことができる。
二　名誉会長は、理事会の推薦により、総会において決定される。
〔経費〕
第八条　本会の経費は、会費、寄附金、その他の収入によってまかなう。
二　本会の会費は、総会において決定する。
三　本会の会計年度は四月一日から翌年三月三一日とする。
〔規約の改廃〕
第九条　この規約の改廃は、総会の議決によらなければならない。
附　則
〔施行〕
第十条　本規約は、一九九五年一二月八日より施行する。
四　本規約は、二〇一五年六月二〇日より施行する。

『東アジア近代史』第二二号（二〇一八・六）

《特集》第一次世界大戦下の東アジアと世界

大会特集の趣旨と概要

斎藤聖二

第一次世界大戦は、四年余にわたる戦闘期間を経て、百年前の一九一八年一一月に終戦を迎えた。本学会は、そのことを念頭に、二〇一四、二〇一六、二〇一七年と三回の第一次世界大戦百周年シンポジウムを開催した。各回のシンポジウムでは、以下のようなさまざまなテーマの研究報告をいただいた（ご報告順、敬称略）。

二〇一四年報告（第一回）

1．対華二十一ヵ条要求とイギリス　奈良岡聡智

2．「青島」をめぐるドイツの東アジア政策―第一次世界大戦勃発から二十一ヵ条要求交渉まで　小池求

3．日本のミクロネシア進出と太平洋の国際関係　等松春夫

4．対華二十一ヵ条要求と中国　川島真

5．第一次世界大戦の勃発と朝鮮独立運動―対華二十一ヵ条要求をめぐる二つの戦略―　小野容照

二〇一六年報告（第二回）

6．二十一か条要求の原案・改訂案・成案　斎藤聖二

7．寺内正毅関係文書と第一次世界大戦研究　千葉功

8．Russia's Great Eurasian War and Revolution: The Mega-Project.　デビッド・ウルフ

二〇一七年報告（第三回）

9．第一次世界大戦期の勝田主計―正貨問題・「日支親善」・戦後構想―　久保田裕次

10．中国の第一次世界大戦参戦と東アジア―外交と内政　川島真

11．第一次世界大戦期の華工送出と威海衛統治問題　古泉達矢

12．ヨーロッパから見た東アジアの第一次世界大戦―ド

イツの視点を中心に　大井知範

13. 第一次世界大戦への米国参戦と東アジアの国際政治　中谷直司

14. 第一次大戦前後における後藤新平の対露接近論とその手段の変遷―元老擁立、シベリア出兵、対ソ国交樹立　麻田雅文

1〜8の諸報告の一部は、すでに本学会誌『東アジア近代史』第一八号（二〇一五年三月）、第二一号（二〇一七年六月）に掲載されている。また、連続シンポジウムの趣旨も第一八号に掲載したのでご参照いただきたい。本誌は、二〇一七年七月の研究大会で報告されたもののうち、9〜13の諸論考を掲載する。これら三回にわたるシンポジウムは、大枠としては大戦の時系列に沿って企画したものである。第一回目は、日独青島戦争の開戦と二十一か条要求に関わるものが中心となり、第二回目は二十一か条問題と大戦研究全般に関するもの、そして今回の第三回目は、大戦がもたらした大きな変動に対する日中両国からの実際的な対応について扱ったものを軸とする。今回の諸論考の要点を紹介すると以下のようになる。

久保田氏のものは、寺内内閣の蔵相勝田主計を取り上げ、大戦期に展開された経済政策構想について、その成り立ち・特質と具体的な施策経緯を見たものである。立論の特徴は、政策担当者に焦点を当てながら、同時に環境・構造の中での施策の位置づけをおこなった点にある。大戦が進む過程で世界的な経済状況が変わり、東アジアの側からの対応が求められる中で、為政者たちがそれに応じる意識を具体的政策としてどのように反映させて行ったのかという視点は、大戦の後半期を見る上で不可欠なものである。勝田蔵相の多岐にわたる施策を、そのような観点から時系列的に追い、位置付けたことで、寺内内閣期の日本の経済施策の意味を抽出することに成功されている。

川島氏は、中国の対独断交への政治過程を追い、一九一七年上半期という第一次世界大戦期の新たな段階における中国国内政治の状況を描き出された。そのとき黎元洪大総統と段祺瑞首相の対立が、中国国家財政の危機的状態のもとに展開されていたわけだが、外交文書、日記、回想、新聞資料を多角的に利用することで、その具体的な動きを丁寧に検証している。戦争の終結期に向かおうとする時期の中国の置かれていた位置と、その中で各為政者たちが目指していた方向性ならびにその意義を実証する作業は、第一次世界大戦の東アジアにもたらした多様な側面を描きだすことにつながるものである。とりわけ、中国の財政的苦境を根底に、対独断交・参戦への過程において為政者たちが引き裂かれて行ったという事実の切り出しは、この前後の

国際関係を追ううえできわめて重要な観点となろう。

古泉氏は、イギリスが自国の租借地威海衛から中国人労働者（華工）を送り出していたという大変興味深い出来事を土台に、その変遷過程を見ながら威海衛の位置づけについて考察された。その際、自立的な財政基盤を持たなかった威海衛は、慢性的な財政赤字が続いていたため、海外への華工の輸送拠点となることでそれを払拭したいという狙いがあったという。大戦勃発後のヨーロッパへの華工の派遣は、まず講和会議での発言権確保のために中国政府側から提起され、先に仏露が乗って実施し、イギリスは遅れて開始した。青島が日本の手に落ちた後、しばらくすると鉄道輸送の利便性から華工の出航地は青島へ移って行き、結局は威海衛の抱いた財政基盤の創出という構想は達成できなかった。総数で大戦中に一四万人もの華工が英仏両軍の銃後労働のために送り出されたことは、投資・貿易という分野とは別に、労働者供給地としての中国の実態をあらためて認識させるものである。また、イギリスにとっての威海衛の位置づけが良く理解できる論考となっている。

大井氏のドイツ関連の報告は、「欧州」大戦が「世界」大戦となった理由を、この戦争の持つ大局的構造に求め、そこにはヨーロッパにとっての東アジアの持つ戦略的意義が横たわっていたとする。すなわち、英露米が巨大な領域・勢域を持っていたことが、その背面の東アジアの戦略的価値、とりわけ実力国日本のグローバル・プレーヤーとしての潜在可能性を高めたという見方である。そこから、ヨーロッパと東アジアの政治的軍事的なつながりはどのようなものであったのかという点を、ドイツの三度にわたる対日接近策を材料に具体的に論じられた。それらドイツからのアプローチは成功しなかったが、その狙いは西洋植民地帝国の背後にある東アジアの取り込みによって、ドイツが戦略的優位を得ることにあった。この構図は、第二次世界大戦の際に再度表面化し、帝国の時代を終わらせる要素になるとされる。近代史を語る上で刺激的かつ魅力的なこの大局観を、東アジアにおける第一次世界大戦期の動きの中で展開されている。

中谷氏は、アメリカの参戦が東アジアにおける旧秩序の解体に決定的な意味を持ったと指摘し、それ以降の経緯を論じられた。氏は勢力圏間の協調システムを「勢力圏外交秩序」と呼び、アメリカは自由主義の拡大のためにその解体を政策指針としていたが、石井ランシング協定の〝失敗〟等でむしろ日本の勢力圏外交がさらなる展開を見せたため、挫折感と不満足な思いを抱いていたとする。実は日本の内部では、アメリカの指針に応じようとする人々もいて、パリ講和会議を機にその新外交呼応路線へと転換したのだが、それはアメリカには見えていなかった。その後の新四国借款団設立交渉の中で、ようやくそれが表舞台に立つ。しかし、アメリカの国際連盟不参加でその定立はならず、その先に満州事変の危機を迎えることになるという見通しを示された。未来に発芽する埋もれた種を見つけ、その意味を丁寧に解説する手法により、歴史の奥行きを描き出した論考である。

以上のように、本誌所収の諸成果は、東アジアにおいて第一次世界大戦のさまざまな影響を汲み取り、それを利用する形で新たな働きかけをはじめた時期の各国の事例研究を主としている。東アジアは、四年余におよぶ大戦継続期間の中で、大戦により生じた世界的な変動を内在化させ、東アジア自身の歴史的な転換点を形成することになる。一九一六年の下半期は、いわば大戦の「展開期」が開始された時点と言えるが、そこから大戦の終焉へと向かう期間に、総力戦・新外交・ロシア革命・民族主義など第一次世界大戦状況ともいえる姿が鮮明に立ち現れてくる。それは、第一次世界大戦が歴史的な転換期を形成する文字通り世界規模の大事件としての輪郭を明確にする時期であった。

三回のシンポジウムは、いずれも東アジア内部の動向を見ると同時に、そこに欧米からの視点を絡めることによって、大きな視野のもとで諸変化の過程を見て行くことを意図して企画したものである。世界に大きな影響力を持った事件において、複数主体の交錯する場としての東アジアの変化を複眼的に見るというアプローチは、変化構造を把握する必要不可欠な方法であろう。そこに立って、まずは日中両国の大戦期の動き、ならびに関係構築に向けた諸問題を捉え、そのうえにイギリス・ドイツ・アメリカ・ロシアと東アジアとの間の相互の関係性を検討する諸報告が乗る形を意識した。ご報告くださった皆様のご尽力により、二十一か条要求からシベリア出兵までの緻密で斬新な論考が積み上げられることとなった。本シンポジウム全体の目論見が成功したかどうかは諸氏のご判断にゆだねるしかないが、ともかくこのような世界史と東アジア史の総合という観点の大枠を開拓して行くことの意味を、あらためて提示することはできたのではないか思う。本シンポジウムは、「第一次世界大戦下の東アジアと世界」というテーマを何かで括ろうとするものではなく、むしろこのテーマを何らかの形に落とし込むための一階梯として、成果の積み上げの場としたいと考えたものである。これら諸報告が今後大いに利用され、さらなる研究進展の土台となって行くことを切に願っている。第一次世界大戦が世界の近代史に持つ画期性を考えれば、この時期の世界と東アジアの相互関係を描き出すことは、前後の歴史も見やすいものにするに違いない。構造論的提起と細部の実証がいっそう重ねられて行くことを望むものである。

『東アジア近代史』第二二号（二〇一八・六）

《特集》第一次世界大戦下の東アジアと世界

第一次世界大戦期の勝田主計
―正貨問題・「日支親善」・戦後構想―

久保田 裕次

はじめに

勃発から一〇〇年を迎え、欧米はもとより、日本でも第一次世界大戦に関する研究が盛り上がりを見せている。しかし、こうした近年の研究動向を見ても、第一次世界大戦と日本との関係に関するこれまでの研究では、大戦が日本に与えたインパクトに関心が集まるなか、大戦期の政策構想の特質が多角的に検討されてきたものの、それがどのような蓄積や経験のうえに成り立っているかを十分に検討してこなかったのではないか。つまり、大戦によって、世界的なデモクラシー潮流の影響を受け、もしくは「総力戦」に関する理解を多方面で深めたことで、大戦間期の政策構想が準備されたことなどは詳細に説明されてきたのに比べ[1]、大戦期の政策構想そのものがどのように形成されたのかについての研究はいまだ不十分であろう。戦後論の構築を念頭に置きつつ、戦時期における政策構想の特質や変容、それとの実際の政策展開との関係を明らかにすることが求められているのである[2]。

こうした問題関心に基づき、本稿の目的は、政策担当者が第一次世界大戦の勃発やその後の展開をどのように受け止め、それに対応しようとしていたのかを跡づけ、第一次世界大戦期における日本の経済政策の特質に迫ることである。そこで、検討の対象としたいのが、勝田主計（一八六九～一九四八）という人物である。

大別して、勝田を取り上げる理由は次の二点である。第一に、勝田は第一次世界大戦期に植民地経営や経済政策の当事者であった。最も顕著な例では、寺内正毅内閣下（一九一六年一〇月～一九一八年九月）で蔵相に就任し、国内の財政・金融政策を主導する立場にあるとともに、西原借款を始めとした対中国政策に深く関与した。また、蔵相就任以前には、朝鮮銀行総裁として、朝鮮半島や満州での植民地経営の最前線に立っていた。第二に、国際情勢に強い関心を持っていた。第一次世界大戦が勃発したまさにその時、勝田は世界一週の外遊中であり、オーストリア＝ハンガリーによる宣戦布告の報をロンドンで聞くといった特異な経験をした[3]。世界一周以前にも、大蔵官僚時代を含め東アジアを中心に何度も外遊をしており、そもそも海外への関心は高かった。さらに、外遊中に大戦が勃発するという出来事に遭遇したことによって、勝田は、日本に対する大戦の影響を強く意識した論説をたびたび執筆するなど、帰国後も第一次世界大戦の戦況を注視していた。このように考えると、第一次世界大戦期における勝田の政策構想の特質、それが実際の経済政策に与えた影響を考察することは、前記の目的を明らかにすることにつながるだろう。

それでは次に、第一次世界大戦が本格化・長期化して以降の日本の対中国政策や植民地経営に関する先行研究について、勝田に関する記述を中心に整理し、課題を明確にしておく。

まずは、帝国主義史の観点に基づく経済史研究である。一九七〇年代の同時代的な関心から、ブロック経済圏の形成の起源に迫った研究が登場した。鶴見誠良は、第一次世界大戦期における日本の「円ブロック圏」構想を、一九三〇年代に試みられたブロック経済圏の起源であると位置づけた[4]。そこでは、ブロック経済圏の形成につながる西原借款の基本的な政策構想には、西原亀三が多大な影響を与えており、同じ「朝鮮組」の勝田も西原と近い構想を持っていたとされる。波形昭一は、鶴見と同様に寺内内閣期のブロック経済圏構想に注目しているが、「朝鮮組」主導の西原借款は「日満支金融ブロック化」を強行した、というより踏み込んだ主張をした[5]。勝田を含めた「朝鮮組」が一体的に捉えられるとともに、彼らが主導する寺内内閣の対外経済政策は一九二〇年代以降の帝国拡大の先鞭をつけたものと評価されたのであった。

一方、「朝鮮組」内の構想の相違に言及する研究も登場した。西原借款の目的を鉄資源の確保と金円の流通に求めた大森とく子は、中国の金券条例をめぐる西原と勝田の対応の違いに言及し、西原に比べ、勝田が慎重な態度であったことを指摘した[6]。また、国家資本輸出研究会編『日本の資本輸出[7]』は、寺内内閣の対中国借款について、巨額の借款を実行するための国内的条件の整備、民間資本の役割、国際借款団との関わりなどに焦点を当てた。「朝鮮組」や西原借款を相対化する視点が提示され、勝田の政策構想・

展開が部分的に明らかにされたのである。[8]ただ、これらの研究においても、寺内内閣期の対外経済政策の帝国主義的側面に注目するという視座は継承されていた。

そうしたなか、伊藤正直が国内外の金融政策の連関性から第一次世界大戦期の金融政策の特質に、[9]齊藤壽彦が正貨政策の実態に迫るなど、[10]勝田蔵相下の経済政策に関する実証的研究も進展した。

こうした寺内内閣の経済政策を分析するなかで勝田に触れた研究の多さに比べ、勝田そのものを取り上げた研究は少ない。勝田の息子である勝田龍夫は、貴重な一次史料を用いながら、対中国借款問題を中心に勝田の生涯を描いた。[11]大戦と勝田との関係に言及されてはいるが、勝田の政策構想というよりは、対中国借款の経過が叙述の中心となっている。また、多田井喜生は、大陸における円の流通の拡大に注目するなかで、勝田の「円系通貨圏」構想を検討した。[12]日本がいかにして中国大陸や東アジアに「円の通貨圏」を構築しようとしていたのかを明らかにすることが分析の軸とされている。

以上のような研究に対し、筆者は、勝田の対中国借款に関する政策構想を検討することで「朝鮮組」の相対化を行い、①勝田における「日支親善」の重要な位置、②勝田自身、寺内内閣内閣の対中国政策が欧米協調と矛盾しないと認識していたことを指摘した。[13]

本稿の課題は、勝田の国内外の経済政策に関する構想と実際の政策展開を明らかにすることで、第一次世界大戦期における日本の経済政策の特質を再検討することにある。

第一章　旧外交的世界下の正貨擁護論と朝鮮半島・満州経営

1　世界一周の外遊

一九一四（大正三）年六月八日、勝田は東京を出発し、世界一周の途についた。この時期に世界一周を行った理由について、勝田自身は以下のように説明している。[14]第一に、山東半島への視察である。山東半島にはドイツの膠州湾租借地があり、英独共同経営の津浦鉄道が開通していた。勝田は、すでに何度か中国大陸を訪問してはいたが、山東半島を本格的に視察したことはなかった。第二に、バルカン半島やベルギーをはじめヨーロッパ大陸での長期の視察である。特に、この時期、バルカン半島情勢は不穏であったため、勝田の関心は高まっていたといえよう。第三に、これまでとは異なった業界の人びとと交流したいという思いもあった。それまでの外遊では、大蔵官僚という地位・職掌もあり、政治家や官僚と会うことが多かった。しかし、今回は比較的自由の身であるということから、政治家や官僚以外の実業家との面識を得ようと考えていたのである。

さて、勝田が大戦勃発の報に接したのは、ロンドン滞在中であった。ヨーロッパ諸国の同盟・協商関係の連鎖を背景に、まさに戦争が「大戦」となろうとしていた八月二日、勝田は大蔵省の先輩であった阪谷芳郎宛に一通の手紙を送っている[15]。勝田は今回の戦争について、「小生ノ予想ニ依レハ大事ニハ至ルマシト推測致居候」と書いており、戦争の大規模化・長期化を予想していない。「存外長く継続するかもしれぬ[16]」としながらも、あと一年もしくは一年半で終結するとの見通しであった。さらに、「偶然トハ申ナカラ当地ニテ此成行ヲ研究スルモ亦将来得ル所多カルヘシト大ニ相喜ヒ居申候」と書き、偶然遭遇した事態を好機と捉えていたようである。

この世界一周は勝田の政策構想にどのような影響を与えたのか。そのことを、帰国後に執筆された『遇戦閑話』から探ってみたい。

第一に、英露が引き続き二大強国としての地位を維持するとの見通しであった。「我国が益々発展しますと、北に於ては露西亜、南に於ては英吉利と利害相衝突するといふ忌はしきことが出来て来ないとも限らぬのであります[17]」と、戦後日本の利害関係に深く関係するのは、大戦以前と同じく英露であると述べた。これは、大戦後の世界、とりわけ東アジアの国際関係のパワー・バランスは大きく変化せず、引き続き「旧外交」的世界が続くとの見方である。

第二に、イギリス経済の悪化が日本経済に悪影響を及ぼすとした。大戦の勃発がヨーロッパ経済に大きな打撃を与えることで、日本政府は英仏、特にイギリスでの外債発行が困難になり、財政運営に困難を来すという。言うまでもなく、イギリスは日露戦時外債など日本の資本輸入の主要な相手国であり、日本は継続的に外債を発行していた。日本に対する大戦の影響について、好景気を期待するのではなく、むしろ世界経済の不安定化が懸念されている点に注意しておきたい。

第三に、資源競争が到来するため、「自給自足経済」が必要であると説いた。勝田は、戦争の影響で、一国の経済が「自国或は自国植民地の生産地に依て行くと傾向《〔ママ〕》」になるため、「植民地の経営移民の奨励は、今後努めて之をやって行かなければならぬ」と主張した[18]。これは、朝鮮半島・満州などでの経済開発や移植民を進め、それらの植民地と内地との経済的な結合の強化が不可欠であるとの見解にたどり着く[19]。

第四に、「文明の衣を着たる軍国主義[20]」が出現することを懸念していた。戦争の勃発によって、世界では激しい軍拡競争が展開されるため、日本も欧米列強の「軍国主義」

の脅威に常にさらされることになると考えていた。

このように想定される戦後世界のなかで、日本政府はどのような政策を実行すべきなのか。世界一周から帰国した直後、勝田は次のような論説を執筆した[21]。


極端に国富のみを謀らんが為めに商工業の保護をのみ重要視して農業十全の計を為さゞるときは貧富の懸隔を生じ最も忌むべき不健全思想或は社会主義を生ずる原因となる〔中略〕国富を謀りて軍備を充実し、欧米の各国に対し遜色なきを期すると共に政治上に於ても貧者及び農民の保護に意を注がざるべからず

無政府主義などの「不健全思想」や社会主義の浸透を防ぐために、国富の増大や軍備の拡張と同時に、政府は貧窮・農村対策に積極的に取り組むべきという。日本への「不健全思想」や社会主義の浸透に目が注がれていることもさることながら、ここで注意したいのは、国家による積極的な貧窮・農村対策と軍備拡張とが矛盾せずに語られていることである。つまり、勝田のなかでは、農村・社会問題対策と軍拡とを両立させる政策が必要なのであった。この点は、勝田が蔵相を務めることになる寺内正毅内閣の政策との関わりで、記憶にとどめておきたい。

2　朝鮮半島・満州経営構想と対外観の変容―朝鮮銀行総裁時代―

世界一周から帰国した後の一五年九月、勝田は朝鮮半島や満州、中国大陸への外遊をした。その直後、市原盛宏朝鮮銀行総裁が急死したため、勝田が後任の総裁となった。勝田によれば、彼の総裁就任には、寺内正毅朝鮮総督による推薦があったという[22]。一方、勝田が阪谷芳郎や荒井賢太郎朝鮮総督府度支部長官に「相談」をしていたように[23]、一部の大蔵省関係者による支持があったものと思われる。

ところで、朝鮮銀行総裁時代の勝田の政策構想を示したものとして重要であるのが、就任の半年後に書かれた寺内に対する書簡である[24]。この書簡では、戦争の行方が不透明な状況下、イギリス経済の悪化が日本に悪影響を与え、大戦下の輸出超過が戦後まで維持されないことへの懸念が表明されている。この認識は、『遇戦閑話』の執筆時とほぼ変わっていない。高橋是清なども、戦争勃発直後の不景気と銀行における遊金の増加を問題視していた[25]。

また勝田は、第一次世界大戦勃発以後の日本の経済・社会問題への対応が求められるなか、政府、日本銀行、海外為替を担当する横浜正金銀行が正貨を蓄積することが重要であり、政府やこれらの金融機関が正貨の維持に努めても、なお正貨が増加していく場合には、①海外事業への投資、

②日本が諸外国に負う債務の償還を進めるべきとする。この時点では、正貨擁護が最優先課題であり、それでも正貨が増加していく際の対策として対外投資が構想されていたのであった。

同じ書簡のなかには、外交政策に関する言及もある。「対外問題ヲ内政ニ利用スルハ現閣〔第二次大隈内閣〕慣用ノ手段ニ有之」と大隈内閣を批判し、日英同盟と日露協約との両立を主張する。英露という大国の存在を前提に、日本外交の方向性を定めるべきというのでる。戦後世界でも英露との関係が最重要であり続けるとの認識は、世界一周直後と変わらない。このように、朝鮮銀行総裁時代の勝田は正貨問題を重要な政策課題と認識しており、日本をめぐる国際関係についても、いわゆる「旧外交」的な発想が根底にあった。

さらに、朝鮮銀行総裁として、朝鮮半島、満州それぞれの経営、さらには両者の経済関係のあり方についても、以下のように積極的な意見を持っていた。

第一に、朝鮮銀行の満州での活動。勝田が総裁に就任する以前、市原総裁時代から朝鮮銀行内には、同行の活動範囲を満州にまで拡大させることへの期待が存在していた。満州における朝鮮銀行小額券の発行について、「朝鮮銀行ノ利益問題ニアラス。満州ニ於ケル帝国ノ経済発展ヲ図ラムトスル主張ニ外ナラス」[26]と述べられていた。勝田も、朝鮮銀行券の満州での流通を朝鮮半島と満州との金融的関係の強化といった文脈のなかで捉え、日本政府・資本家主導による朝鮮銀行券を通じた満州での金本位制確立を目指していた[27]。

第二に、朝鮮銀行と山東半島との関係。当時の山東半島は日本にとって、主に以下の点で重要であった。①歴史的に見て、山東半島から満州へ流入する移民が多く[28]、満州と山東半島の社会・経済とはそもそも密接な関係にあった。②大戦の勃発を契機とした出兵によって、日本は山東半島を占領していた。朝鮮銀行が山東半島をめぐる貿易や投資に積極的に関与することは、日本の影響力拡大の一端を担うことを意味する。

第三に、朝鮮銀行の位置付け。勝田は、中露両国との経済関係の強化を目指し、同銀行の活動範囲を満蒙はもちろん、極東ロシアへも拡大させようとしていた[29]。こうした試みが達成されてこそ、勝田が構想する朝鮮銀行の「地方的銀行」から「世界的銀行」への発展が実現するのであった[30]。

第四に、東洋拓殖株式会社の役割。勝田が総裁に赴任する以前から、東洋拓殖株式会社法の改正を目指す動きが活発化していた[31]。満州における日本の勢力拡大という目的から、勝田はこの改正に賛成であった。勝田は、朝鮮銀行や東拓の権限の拡大や積極的な経営によって、朝鮮半島と満州や山東半島との密接な経済関係を構築しようとしていたのであった。

第一次世界大戦の勃発を契機に、満州や「中国本土」における日本の経済活動を振興しなければならないと考えていたのは、勝田だけではなかった。第二次大隈内閣は、大戦勃発後の経済、社会、国際環境の変化を受け、満州での金融を円滑にするため、満州銀行法案を議会に提出した。与党憲政会内には、朝鮮銀行はあくまで朝鮮半島内の業務に専念すべきで満州に新たな銀行が必要であるとの意見があったからである。(32) しかしそうした動きは、朝鮮銀行の「世界的銀行」化を目指す勝田の構想と対立するものであった。よって、第二次大隈内閣が総辞職後し、寺内内閣が成立すると、満州銀行法案は立ち消えとなった。

さて、第一次世界大戦が当初の予測と大きく異なり、長期化の徴候を見せ始めると、勝田の対外観にも変化が見られるようになる。それは第一に、対米観についてである。対欧州貿易の拡大や正貨蓄積の増大を背景としたアメリカ経済の好調に注目するようになった。(33) さらに、戦後のアメリカについて、「消極的モンロー主義」から「積極的モンロー主義」へと転換すると述べるようになった。(34) 大戦後、アメリカはヨーロッパへの関与を強めるのではなく、中南米への投資や貿易を促進させるなど南北アメリカ大陸で存在感を上昇させるとの見解である。いまだアメリカが参戦をしていなかったこともあり、勝田はアメリカが大戦に本格的には関与しないと考えていたのである。結果的に見れば、アメリカは参戦に踏み切ったため、勝田の予測は一面では外れたということにもなろう。しかし、国際連盟への参加見合わせなど、モンロー主義的な戦後のアメリカ外交を思い浮かべると、一概に的外れとはいえまい。第二に、対欧州観についてである。繰り返しになるが、大戦の勃発直後、勝田は英露が世界の強国であり続けるであろうし、日本の国際環境もこの両国に大きく左右されると見ていた。しかし、この頃になると、戦後にヨーロッパ諸国が大国として復帰することに疑問を呈すようになった。(35) 大戦が長期化するなかで、勝田の対外観は変化し、旧外交的世界の継続への懐疑が生まれるようになったのである。

第二章　蔵相就任と政治的位置

第二次大隈内閣は、対華二一カ条要求を始めとする対中国外交への批判、元老からの支持の喪失、大浦事件などを背景とした政権基盤の弱体化から総辞職に追い込まれた。大隈首相は加藤高明を後任に奏請するが、元老らは寺内正毅を奏上することで一致、一六年一〇月、政友会の閣外協力を得て寺内内閣が成立する。寺内内閣は「経済的立国主義」や「日支経済親善主義」を掲げるなど、[36]「経済」を政策の重要な軸に据えていた。

閣僚の選定にあたっては、後藤新平が参謀役を務めたといわれている[37]。また、寺内内閣下の政策調整には、後藤に加え、与党的立場をとった政友会の原敬総裁が深く関与した。一方、もともと良好な関係にあった寺内と貴族院は、組閣時に関係が悪化していたため、貴族院の各会派は閣僚の送り込みに慎重であった[38]。よって、蔵相人事をめぐっては、貴族院研究会の三島弥太郎（元日銀総裁）は就任を拝辞した。政友会も閣外協力は約束したものの、閣僚の送り込みには否定的で、高橋是清案も頓挫した[39]。結果、寺内の蔵相兼任、勝田の大蔵次官への就任で決着がついた。ただ一二月には、勝田が昇任し、蔵相となる。

勝田の蔵相就任の経緯については、本人を含め、関係者によるいくつかの証言がある。そもそも寺内が勝田の蔵相就任を希望しており、最初は次官への就任となるが、将来的には蔵相への昇任を約束していたという勝田自身の回想がある[40]。また、寺内や勝田に接近していた西原亀三などは、自らが寺内首相に積極的に勝田の蔵相就任の進言を行った結果であると誇らしげに語っている[41]。特に、寺内の強い推挙という前者のストーリーは当事者の説明であるし、勝田に対する寺内の信任を示すエピソードは他にも存在するので、信憑性が高い。ただし、勝田の蔵相就任を大蔵官僚のキャリアパスのなかで考えることも必要であろう。すなわち、寺内内閣で蔵相を務めることができる適任者が大蔵省関係者のなかに存在していたのかということと、閣外協力を行っていた政友会に受けが良い人物かどうかということである。

組閣の参謀であった後藤と大蔵省関係者に一定の発言力を有していた阪谷芳郎との会談では、次のような興味深い内容が話し合われている[42]。

後藤男ト内相邸ニテ一時半ヨリ三時マデ時局ヲ談ス
同男ヨリ左ノ話アリ
一、専任蔵相ヲ置クカ又ハ三人許リノ委員ヲ置クカノコト〔中略〕
余〔阪谷〕ハ御話ノコトハ考究スヘキ事柄ナリトシ左ノ点ヲ申述ヲ《ママ》キタリ〔中略〕
一、諸大臣ハ自ラ支那ナリ米国ナリニ出掛テ事ヲ決セサレハ成功セス
一、人才ヲ用ヒ次官以下モ相当ノ人物ヲ用ユヘキコト、然ラサレハ大臣自ラ出掛ルニ差支アルヘシ
一、内閣内ノコトハ速ニ基礎ヲ固メラルヘシ、然ラ

サレハ外ニ向テ大事ハ成セス

後藤は、勝田が蔵相に昇任する一〇日ほど前においても、蔵相人事の方針を明確にしていなかったようである。これに対し、阪谷は大臣の外遊の必要性、そのことを前提に、大臣はもちろん次官以下も有力者を据え、内閣人事を早急に決定すべきと進言した。阪谷は直接蔵相人事を話し合いの俎上に載せていたわけではないが、話の流れや阪谷の立場を考慮に入れると、蔵相人事への助言も念頭にあったのだろう。阪谷は後藤が示したような「三人許リノ委員」を想定している様子はなく、大臣の役割の一般論として、外遊による諸問題の解決を求めている。

さらに、阪谷と同じく大蔵省での勝田の先輩にあたる高橋是清も、次のように語っていたという(43)。

高橋男は、蔵相勝田氏の好蔵相たる所以を賞賛し、時代は青壮年者の手に移れりと述懐し居たるも、男の内心には、政友会の復活に伴ひ、遠からず自ら責任の地位に当る期待と喜びとを蔵し居るもの、如く見受けられたり〔傍線は原文ママ〕

将来的に重要閣僚として入閣することを期待しているかのような傍線部の高橋の描写は確かに興味深い。ただ、ここで注目したいのは前半部であり、高橋が勝田蔵相を賞賛したことを単なる社交辞令としてではなく、閣外協力を行う政友会の財政通、有力な大蔵省OBの発言として捉える必要がある。このことは、勝田の蔵相就任に対する支持が、大蔵省関係者のみならず、政友会幹部の間にも存在していたことを示唆している。さらに、政友会の準機関誌である『中央新聞』紙上では、次のような勝田論が述べられている(44)。

財政経済の蘊蓄から実際蔵相としての手腕力量に就て云へば恐らく氏の大蔵大臣たるを不可とするものはあるまい、同氏より一日の先輩たる若槻君は或は政略否党略の点に於て氏に優つてゐるかも知れぬが公私経済に精通して真面目に国家財政を料理塩梅して行く人としては勝田氏の方が一枚上らしい

憲政会の若槻礼次郎の名前をわざわざ挙げてまで、財政経済に詳しく、「真面目」な勝田が蔵相としていかに適任かを説明している。こうした勝田評が事実であったかどうかはともかく、政友会系のメディアや政治家のなかで好意的に評価されていたことは重要であろう(45)。

とはいえ、植民地の政府系銀行の総裁や頭取を経て蔵相

になった人物はいない（表）。本省の大蔵官僚、政府系銀行の重役を経験した後に就任し、総裁や頭取の退任後には大蔵省以外へと異動した人物が多い。大蔵次官経験者が植民地の政府系銀行のトップとなった例も、台湾銀行頭取の

表　植民地の政府系銀行の歴代総裁・頭取

朝鮮銀行総裁

	氏名	期間	前職
1	市原盛宏	1909年10月～1915年10月	第一銀行韓国支店総支配人
2	勝田主計	1915年12月～1916年10月	大蔵次官
3	美濃部俊吉	1916年11月～1924年2月	北海道拓殖銀行頭取
4	野中清	1924年2月～1925年7月	中央金庫副理事長
5	鈴木嶋吉	1925年7月～1927年12月	横浜正金銀行副頭取
6	加藤敬三郎	1927年12月～1937年12月	北海道拓殖銀行頭取
7	松原純一	1937年12月～1942年12月	満州興業銀行副総裁
8	田中鉄三郎	1942年12月～1945年9月	満州中央銀行総裁

台湾銀行頭取

	氏名	期間	前職
1	添田寿一	1899年6月～1901年11月	大蔵次官
2	柳生一義	1901年11月～1916年1月	台湾銀行副頭取
3	桜井鉄太郎	1916年1月～1920年8月	大蔵省専売局長官
4	中川小十郎	1920年8月～1925年8月	台湾銀行副頭取
5	森広蔵	1925年8月～1927年8月	台湾銀行副頭取
6	島田茂	1927年8月～1934年5月	台湾銀行理事
7	保田次郎	1935年4月～1939年5月	日本興業銀行副総裁
8	水津弥吉	1939年5月～1944年5月	横浜正金銀行副頭取
9	上山英三	1944年5月～1945年9月	台湾銀行副頭取

注：戦前期官僚制研究会編・秦郁彦著『戦前期日本官僚制の制度・組織・人事』（東京大学出版会、1981年）、『東京朝日新聞』などを参考に作成した。

添田寿一しか例がない。次官から朝鮮銀行総裁に就任した勝田は、次官として大蔵省へと戻り、さらに大臣に上り詰めたが、これはスタンダードなキャリアではなかったのであろう。勝田の蔵相就任が異例であったことは確かである。

このような経緯で就任した勝田蔵相であったが、次に、勝田が省内や閣内でどのような位置にあったのか簡単に見ておきたい。

中国の幣制改革に対する日本の関与をめぐって、段祺瑞政権への多額の支援を行おうとする西原に同情的な勝田と批判的な大蔵官僚との間には意見の違いが存在していた(46)。その他、勝田が主導する特殊銀行団による多額の経済借款（実質的には政治借款）に関しては、政治借款を掌握しようとする外務省側から大きな反発も見られ(47)、大蔵省と外務省との摩擦を増幅させる結果を招いた。つまり、大蔵省の内外において、勝田の政策構想や手法に対する批判が存在していたということになる。後に、幣原喜重郎外務次官は、いわゆる西原借款について、大蔵省内で勝田が「独断的」とも言うべき行動をしていたと批判した(48)。また、寺内内閣下で大蔵省理財局に勤務していた大内兵衛も、幣原ほど批判に満ちたものではないが、省内では勝田を中心に西原借款のための準備が行われていた状況を証言している(49)。

また、勝田の政治的位置や政策主導は、寺内内閣もしく

は寺内自身に大きく依存していた側面があったことは否定できない。例えば、一九一七年に入り、西原亀三が中国政府との間で交渉を進めていた交通銀行借款に関しては、外務省を中心に西原の行動への批判が高まった[50]。その際、勝田は西原に対し、「寺内々閣アリテノ対支外交[51]」と述べ、行動を自重するように求めた。さらに、寺内内閣の政権基盤の安定化を望み、一九一七年四月に行われた衆議院総選挙への強い意気込みを示していたが[52]、同時に政友会の大勝への懸念もあった。勝田は、内閣に対する政友会の影響力拡大を否定的に捉え、寺内内閣の独自性を重視していたのである。

また、政友会と勝田との間には国内の財政政策をめぐる意見の対立が存在していた[53]。大正七年度予算案の策定過程では、政友会の野田卯太郎と寺内との間で会談がたびたび行われるなど[54]、勝田不在で調整されることもしばしばあった。原政友会総裁は、予算案の作成に関し、「勝田が小策士に乗ぜられなすもの」と批判的であった[55]。さらに、予算編成に関する勝田案が閣内で受け入れられず、寺内の取りなしで収拾されたとの報道もあったように[56]、閣内での地位を疑問視する見解もあった。

そもそもの成立の経緯から見て、寺内内閣は寺内個人の個性や資質、それに協力をしていた政友会に依存するところが大きかったため[57]、勝田は閣内での意見調整や政党対策などでは寺内という存在が不可欠であり、ここに勝田の政策主導の限界があったのであろう。

第三章　国民経済論と政策展開

1　税制問題

正貨の大量流入や貿易黒字を背景に、国内物価は類を見ないほどに高騰した。そこで政府は、物価の調整と正貨の蓄積を同時に実現するため、輸出を奨励しつつ、国民生活の困窮化を防ぐ政策の実施に迫られた[58]。その具体策として、①食糧、なかでも高騰していた米価を引き下げる必要があったため、内地への朝鮮米の積極的な移入が計画されていた[59]。②多数に上る下級官吏の増俸による国民所得の積極的な引き上げが必要であると考えられていた。物価の下落と国民所得の向上を同時に目指す方針のもと、「増税ニヨリテ官吏増俸ヲ行フコトハ拙策ナリ、併シ増俸カ恒久財源ニ依ルコトヲ必要トスル以上ハ結局増税ノ外」なかったのである[60]。

こうした大戦景気下の財政・金融問題への対処方針は、大正七年度予算の編成方針・政府案に如実に表れている。予算編成の柱は、①国防の充実、②八幡製鉄所の拡張などの産業振興、③高等教育機関の拡張に代表される教育振興の三つであった。国防の充実、すなわち軍備の拡張は、第二次大隈内閣期にすでに一定の前進を見ていた。しかし、大戦が長期化するなかで、さらなる拡張を求める声が高まっていた。勝田は寺内内閣の一員として、軍備拡張予算の策定に携わった。また、英米による銑鉄輸出の禁止を背景とした「鉄鋼飢饉」という状況下、八幡製鉄所の拡張や官民一体となった製鉄業の振興も急務とされていた[61]。

これらの政策目標を達成するための基軸であったのが、増税と廃減税との同時実施であった。まず、国防や教育機関を充実させるためにはさらなる財源が必要であった。そのため、酒造税を増税し、戦時利得税を始めとした新税を設けることで、富裕層からの税収の増加を図った。勝田も「納税力の比較的大なるものより増徴して、此戦時非常の際に処する経費[62]」に充てるべきと主張していた。つまり、軍備拡張のための増税を容認していたのであった。

一方、廃減税については、通行税、石油消費税、織物消費税などが候補に上がった。政友会総裁の原などは、こうした増税と減税を同時に実施する方針について、以下のように批判した[63]。

余〔原〕は国防上必要ありとして増税を請求しながら他の一方には減税する理由如何と反問せしに、蔵相の答弁要領を得ず、殊に地価修正など目下経済情態変動中に之を実施する理由を尋ぬるも、是れも要領を得ず、其他種々の質問をなしたるも、結局矛盾多し、察するに、或は国民党又は政党末派の説を聞き、一方に増税するも他の一方には国民の利益を計れりなどと云ふ苟且論より編成したるもの、如く

原は寺内内閣が提示した予算案について、寺内や勝田と会談を行っていたのだが、勝田の説明が要領を得ないものであったとの感想を漏らしている。特に、大戦下で喫緊の軍備拡張が要請されるなかでの増税と減税の同時実施に批判的で、これは立憲国民党の影響を受けたものではないかと推測し、「苟且論」に基づく編成であると非難した。さらに、第四〇議会（一九一七年一二月二七日～一八年三月二六日）の開会以前、原の意向を受けた野田卯太郎は、寺内に「国防問題も之あるべきに減税など企てなば、地租軽減の問題も起り之を防ぐこと能はざるべしと警告」したという[64]。減税の動きが地租軽減を求める運動の盛り上がりへとつながり、政治問題化することへの懸念が示されている。原の視点に立てば、勝田は減税のタイミングも計れない「政治」に疎い人物となろう。

原のこうした推測の妥当性はともかく、増税と減税の同

時実施という方針は、一九一七年中から寺内内閣の閣僚や周辺ですでに唱えられていた。ただ減税は、勝田の経済政策構想の重要な部分を占めていたにもかかわらず、政友会が過半数を占める衆議院の承認を得られずに実施されなかった。よって、こうした税制改革の失敗が勝田の進退に関わるものとする報道も見られた[65]。

2 朝鮮半島・満州経営と「自給自足経済」

勝田の対外経済政策に関する構想がどのようなものであったかを見ていきたい。第一に、勝田が鮮銀総裁時代に関与していたような朝鮮半島と満州との経済の緊密化政策は、寺内内閣下で満州における横浜正金銀行の業務整理、鮮銀や東拓の営業範囲・権限の拡大として具体化された。例えば、朝鮮銀行の少額券発行については、満州での流通に関する勅令が公布された。また、東洋拓殖株式会社法の改正案も議会で可決され、東拓による不動産金融や移民金融の円滑化が図られた。東拓法の改正については、すでに勝田が鮮銀総裁に就任する以前から、朝鮮総督府や朝鮮銀行のみならず、東拓周辺でも求める声が上がっており、背景に比較的広範囲な支持が存在していた[66]。

第二に、西原借款の対外政策的側面、すなわち、西原借款の担保に満蒙、山東半島の利権が設定された。対華二一カ条要求で日本政府は、中国政府に関東州租借地、満鉄とその附属地の返還期限の延長を中国政府に認めさせた。このことは、植民地経営を積極化させ、民間資本の満州への経済進出を促すなど日本の権益をより強化しようとする試みであった。また、山東半島での占領を実体化し、正当性を高めることも重要であった。朝鮮銀行が、満蒙や山東半島の利権を担保に借款を行い、これらの地方への経済進出を図る企業に投資を行うことは、植民地経営における朝鮮銀行の地位を高めるものであり、日本の帝国的発展に寄与するものであった。さらに、満蒙利権が借款の担保とされたことは、自然資源、特に鉄資源の確保にもつながるため、勝田の自給自足経済論とも適合的であったといえよう。その背景には、八幡製鉄所の拡張のために鉄資源の確保も不可欠であり[67]、朝鮮半島や満州だけではなく、「中国本土」からの輸入が想定されていたことがあった。

第三に、貿易や関税についてである。時期は少しさかのぼるが、日本では第二次大隈内閣にあたる時期、パリで連合国経済会議が開催されていた[68]。ここでこの会議の詳細に立ち入ることはしないが、大別して、①戦時中の経済対策、②戦後の経済対策という二つ議題が話し合われていた。日本の政治家や実業家の多くが、この会議で行われた議論や成果に、戦後における世界経済のブロック化の芽を見出している。そして、それは勝田も例外ではなかった。勝田は、たとえ戦後に経済同盟のようなものが結成されるにしても、「日本がオイそれと加入するのは反対だ」とし、「協商各国の利害は各異なるから実行は六つかしい」と考えていた(69)。「協商国各国の利害関係の対立に注目しながらも、「経済同盟」の結成を想定していることに注意をしておきたい。しかし、「我国ニ於ても、近時国産奨励等の計画ある由なるか其主旨は予も仝感なり、されど自由生産の却て不廉なる貨物まで内地品を需要すべしと主張するものにはあらず」と経済的合理性に基づいた貿易を主張し、国産品の生産奨励の限界を認識していた。その場合、自給自足を進めるために必要なのは、日本製品を保護するための関税率の調整であった(70)。

3　正貨政策と「日支親善」策との結合

国内の財政・金融政策は、対外政策と能動的に結びつけられていた(71)。代表的な政策が、いわゆる西原借款と連合国債券の引受である(72)。連合国債券の引受は、主にロンドン市場で行われた。イギリスの国債を引き受けることで、同盟国との友好関係がより強固なものになり、かつ、激増しつつあった在外正貨の運用先として適当であると見られていた。さらに、日本の国内でも連合国の公債が発行された。国内外で連合国の公債を引き受けることは、正貨政策、外交政策のいずれの点においても、勝田の政策構想や対外観と合致する政策であった。

西原借款は、大戦の勃発を契機とした日中両国の政治経済、そして両国をめぐる国際関係の変化を背景に、寺内内閣が段祺瑞政権に行った政治借款と概括することができる。ただ、それは日本国内の財政・金融政策としての側面も有していた。①西原借款には、日本国内の金余りの状況を緩和する目的があった。一九一八年一月、寺内内閣は一億円の日本興業銀行債券の発行に関する法案を帝国議会に提出した。政友会もこれに賛意を示し、同法案は可決された。国内の資本を大規模に吸収し、対中借款に振り向けることが可能になったのである。②大戦景気下にもかかわらず投資に慎重であった民間資本が大規模な対外投資（特に中国）をすることができるように組織化を図った。政府や大蔵省にとっては、大戦中に資本の蓄積させていた民間資本をどのように対外投資に誘導するかが大きな政策課題であった。そこで寺内内閣は、日本興業銀行、朝鮮銀行、台湾銀行、横浜正金銀行など特殊金融機関に加え、財閥系の金融機関を含めた民間資本に働きかけ、対外投資シンジケートを結成させたのである。

次に、段祺瑞政権が制定した金券条例に対する勝田の対応を見てみたい。まず確認しておきたいのは、中国では清末以来、幣制整理・改革が国内外で大きな問題となっていたことである。何度か改革が実行に移されようとしていたが、折しも発生した辛亥革命の影響などにより、進展が見られなかった。しかし、一九一八年に第三次段祺瑞内閣が成立すると、曹汝霖財政総長ら新交通系を中心に金券条例の策定が具体化された(73)。金券条例は、大戦の勃発を契機とした銀価格の高騰を背景に、従来の銀本位制から金本位制への移行を目指そうとするものであった。段祺瑞内閣は、多額の円を保有するとともに、一部の金を在外正貨として日本で管理することで、金本位制への移行を試みたのである。言いかえれば、日本経済、日本の信用に依存した幣制改革案であったということができる。

西原亀三は、段祺瑞政権による幣制改革案に同調し、一億七千万にも及ぶ多額の借款に言及するなど日本政府による中国政府への積極的な財政支援を主張していた。しかし勝田は、幣制改革の必要性は認めていたものの(74)、財政的観点から西原の構想・方法には消極的であった。それは、正貨擁護という視点に立つと、西原の構想は中国政府への過大な財政支援を意味するものであったからである。日本政府や日銀が国内外で正貨の保有を増大させているとはいえ、莫大な費用を要する中国の幣制改革を日本単独で実現できるかという現実的な問題が存在していたのである(75)。さらに、中国の幣制改革は国際借款団の枠組みで推進される予定であったから、なおさら消極的にならざるを得なかったといえよう。

そして、これまでに述べたような植民地経営や対中国政策を整理する言葉として用いられたのが、「日支親善」であった。勝田は、寺内内閣の総辞職後に執筆した『菊の根分け』という著作のなかで、同内閣による「日支親善」策の目的を次のように説明している(76)。第一に、「亜細亜人種の面目を一新する」、第二に、「国民経済の独立」を図る、第三に、「国防の独立」を実現することであった。そして、別の史料でも、①挙国一致の必要、②産業の独立、これは自給自足のための経済発展と読み替えることも可能であろう、③国内外経済の有機的結合などを述べている(77)。自給自足経済の確立は勝田の戦後構想のなかで重要な位置を占めており、「日支親善」がその中核をなしていたのである。

おわりに

最後に、本稿で明らかにした点を二点ほどまとめ、今後の展望を示しておきたい。

第一に、勝田の政策構想の特質とその変容についてである。勝田は、意味内容を変化させつつも、朝鮮銀行総裁時代から寺内内閣の蔵相まで一貫して正貨政策を重要視していた。大戦勃発直後、勝田は日本の長期的な正貨蓄積を予想していなかった。しかし、大戦が長期化すると、戦後における連合国経済の回復やアメリカの経済力の向上に備えることを目的に、国内外正貨の確保を目指す一方、予想を超えて増加した正貨を適度に放出するために、対中国投資や在外正貨の運用などを主張するようになる。

また、第一次世界大戦期には国際情勢認識も大きく変化した。世界一周から帰国した直後の勝田は、大戦の終結後も戦前と変わらない英露の二大強国化を想定し、日英関係や日露関係を重視しつつ、戦後に備えようとしていた。しかし、一九一七年にロシア革命が発生すると、ロシアへの脅威は見ることができないようになる。かえって、シベリア出兵に賛成するなど[78]、満蒙の隣接地帯という観点からロシアとの関係が語られるようになる。さらに、対米観も大戦勃発直後から時が経つにつれて変化した。蔵相就任後には、戦後を見越して、対米関係に配慮した政策論を展開するようになった[79]。特に、中国に対する経済的な日米協力を重視し、国際借款団へのアメリカの復帰問題、米中運河借款などをその成果として挙げた[80]。

こうした勝田の政策論は、「自給自足経済」論へと収斂されていく。それは帝国内での完結した経済圏を構築しようとするようなものではなく、朝鮮半島と満州との経済的結合を強化し、鉄資源の確保という目的から「日支親善」を図るものであったといえよう。ただし、いわゆる排他的な「ブロック経済圏」構想につながる可能性を含むものの、それを「強行」しようとするものではなかった。勝田は、戦後に予想される経済戦争のなかで、いかにして日本が独立を確保するかに関心があった[81]。そのなかで、「日支親善」は、戦後日本の経済的・軍事的独立に不可欠なものとして位置付けられていたのであった。

第二に、勝田の政策構想と寺内内閣期の経済政策との関係である。まず前提として抑えておかなくてはならないのが、経済政策をめぐる当時の環境である。日本国内では、正貨が過剰に蓄積されたため、物価の高騰が深刻な問題となっていた[82]。こうした状況下で、民間からは日中間の経済問題をめぐって、多様な要求が噴出しており、政府も民間資本の対外投資の奨励などの対策を講じていた。

日本国内外での状況変化を受け、勝田は国民経済の独立を目的とした海外発展を図るようになった。国内においては、物価高騰の抑制を目的とした公債発行を実施し、廃減税と増税を同時に行おうとした。しかし、寺内内閣の実質的与党であった政友会、特に原総裁からの反発によって実現されることはなかった。勝田が比較的早い時期に減税や社会政策を構想していたことは注目すべきである。

また、勝田の政策構想を見ると、いわゆる西原借款は外交上はもちろん、国内の経済政策としての側面も多分に持ち合わせていたことが分かる。さらに、朝鮮銀行総裁時代以来の構想であった朝鮮半島と満州との経済的関係の緊密化を実行に移すとともに、「内地」と満蒙や「中国本土」とも密接な関係を築こうとした。このことは、「自給自足経済」のための資源の獲得、植民地等での商機の開拓、国内の過剰人口問題を背景とした移植民問題と関わっていた。

確かに、積極的な財政方針をとり、満蒙権益の確保のために経済的アプローチを重視するという点で、勝田は政友会の経済政策に親和的であった。ただ、国内の経済政策では、双方の対立も目立つ。

勝田は第一次世界大戦期を振り返るなかで、「自分は、政党政治の避くべからざる傾向であることはよく承知して居ったが、時の政党そのものを見ると、何れの政党にも偏倚するの気がなかった」と述べている[83]。これは不安定ではあったが二大政党政治が展開していた時期の回想なので、果たして勝田が第一次世界大戦当時に政党政治を避けがたいものと認識していたかはなお検討の余地はある。ただ、政党に対する不信感が勝田に強く印象づけられていたことは確かであろう。こうした政党との距離感が、勝田の政策構想や政治的位置に影響を与えていたのであり、勝田の官僚政治家としての側面を物語っている。

最後に、本稿で見てきた勝田の構想が大戦後にどのようにして展開し、受容される可能性があったのかを述べておきたい。

まずは、海外移民についてである。勝田は、大戦中から海外移民政策の必要性を述べており、特に、「自給自足」のために満蒙への移民の奨励を次のように論じていた[84]。

> 今後の日本を益々隆盛ならしめんと欲せば、結局海外発展に依るの外はないと思ふ。目下世界の総ての国が排日運動を為しつゝあるが如く思はれるが、必ずしも然りと云ふ事は出来ぬ。却つて日本人を歓迎しつゝある所もある。彼の満洲、支那、蒙古、南米等何れも入国を許して居る

次に、社会政策についてである。世界一周からの帰国直後にも言及していたように、国家が積極的に社会政策に取り組むべきと考えていた。これは、大戦中に問題化した物価問題、労働問題への政府の積極的な関与を求めるものであり、寺内内閣下で勝田が進めた廃減税、高所得者への増税とあいまって、社会状況の安定化策としての意味も持っ

ていた。

最後に、勝田の国際情勢認識である。勝田は、パリ講和会議に批判的で、次のような欧米諸国の日本を排斥するような態度に不満を持っていた(85)。

> 自個は世界の要地に縄張りをして、「日本人入るべからず」と制札を立て、日本が国民経済上自活の必要の為め支那を助けて事業を起こし、日支共益若くは共同共存の方針をとって進んで行くと寄ってたかって排斥をする。此の一事にても彼等の人道とか平和とかは、自分等には諒解が出来かねるのである。〔中略〕自分は断言する。物質的文明は我欧米に一籌を輸するも、精神的文明は我は遥かに彼の上にありと。

欧米中心の国際政治のなかで日本が排斥されているとの認識のもと、欧米の外交政策に不信感を抱き、日本の精神的優位性や「日支親善」を重視していたのである。勝田は第一次世界大戦期の経済政策を担い、日本と欧米との経済力の差を痛感していたからこそ、こうした結論に至ったのではないだろうか。

若くしてこの会議に参加した近衛文麿も、勝田と全く同じとは考えられないが、英米中心の国際政治の不条理さを痛感していた(86)。こうした認識が、大戦間のワシントン体制期と呼ばれる時代にあって、根強く存在していたのであろう。

註

(1)「総力戦」体制の構築への関心から、第一次世界大戦期の経済政策に関する構想とその展開を跡づけた政治外交史研究は膨大な数に上るため、ここでいちいち挙げることはしない。

(2)有馬学『「国際化」の中の帝国日本―一九〇五～一九二四―』(中央公論新社、一九九九年)は「戦後の経綸」に、ヤン・シュミット「第一次世界大戦期日本における「戦後論」―未来像の大量生産―」(山室信一他編『現代の起点　第一次世界大戦1　世界戦争』岩波書店、二〇一四年)は「経験の空間」と「期待の地平」に注目し、戦時期における多様な戦後構想を整理した。

(3)第一次世界大戦期の滞欧日本人については、奈良岡聰智『「八月の砲声」を聞いた日本人―第一次世界大戦と植村尚清「ドイツ幽閉記」―』(千倉書房、二〇一三年)がある。

(4)靍見誠良「円為替圏構想とその現実―第一次世界大戦期における帝国日本の対外政策―」(『経済学雑誌』六七―三、一九七二年)、同「円ブロックの形成―円為替圏から円系通貨圏へ―」(『アジア研究』二〇―四、一九七四年)。

(5)波形昭一『日本植民地金融政策史の研究』(早稲田大学出版

部、一九八五年）。波形は、勝田や西原の中国に対する政策構想について、「中国の税制整理と並行して交通銀行と奉天官銀号（または省立銀行）に金券を発行させ、これを朝鮮銀行券にリンク＝「混一併用」させることにより「日鮮満支」金円ブロックを確立する」ものと述べた（同書四〇六頁）。

（6）大森とく子「西原借款について―鉄と金円を中心に―」（『歴史学研究』四一九、一九七五年）。

（7）国家資本輸出研究会編『日本の資本輸出―対中国借款の研究―』（多賀出版、一九八六年）。

（8）「朝鮮組」の相対化を始めとして、寺内内閣を構成する様々な政治勢力や政治家に改めて注目することは、寺内内閣自体の性格の再検討につながるものと思われる。

（9）伊藤正直『日本の対外金融と金融政策―一九一四～一九三六―』（名古屋大学出版会、一九八九年）。

（10）齊藤壽彦『近代日本の金・外貨政策』（慶應義塾大学出版会、二〇一五年）。

（11）勝田龍夫『中国借款と勝田主計』（ダイヤモンド社、一九七二年）。

（12）多田井喜生『大陸に渡った円の興亡』上、下（東洋経済新報社、一九九七年）。

（13）拙著『対中借款の政治経済史―「開発」から二十一ヵ条要求へ―』（名古屋大学出版会、二〇一六年）。

（14）勝田主計「世界漫遊記」其の一（『世界之日本』六、一九一四年一二月）。

（15）一九一四年八月二日付阪谷芳郎宛勝田主計書簡（国立国会図書館憲政資料室所蔵「阪谷芳郎関係文書」二六七―七）。

（16）勝田主計『遇戦閑話』（私家版、一九一五年二月）。本書は、後に修正が加えられ、勝田主計『黒雲白雨』（興風書院、一九一五年六月）として出版された。

（17）前掲勝田主計『遇戦閑話』四二一頁。

（18）同右書四三〇頁。

（19）勝田における「自給自足経済」論の形成過程やそこでの海外からの影響などについては、別稿を期したい。

（20）勝田主計「滞欧所感」（『日本経済新誌』一七―三、一九一五年五月一日号）。

（21）同右。

（22）この外遊中に、荒井賢太郎度支部長官から朝鮮銀行総裁就任に関する寺内の伝言を受け取っており、寺内はもとより、阪谷も勝田の総裁就任を望んでいたと勝田は語っている（勝田主計『ところてん』日本通信大学出版部、一九二七年、三八～三九頁）。

（23）一九一五年一二月二日付阪谷宛勝田書簡（前掲「阪谷文書」二六七―一〇）。

（24）一九一六年二月一三日付寺内正毅宛勝田主計書簡（国立国会図書館憲政資料室所蔵「寺内正毅関係文書」二九七―二）。

（25）上塚司編『高橋是清経済論』（千倉書房、一九三六年）一三一頁。

（26）山本四郎編『寺内正毅関係文書　首相以前』（京都女子大学、

一九八四年）四一三頁。
(27)一九一七年七月一二日の貴族院東洋拓殖株式会社法中改正法律案特別委員会における勝田の答弁（『帝国議会貴族院委員会議事速記録』六、臨川書店、一九八二年、六〇一頁）。
(28)一九世紀末の満州（東三省）の人口はおよそ六〇〇万人だったにもかかわらず、一九四〇年代には、四〇〇〇万人に達するという推計が紹介されており、山東半島から満州への移民が、山東半島の社会の不可欠な部分であったことが指摘されている（兼橋正人・安冨歩「鉄道・人・集落」安冨歩・深尾葉子編『「満洲」の成立』名古屋大学出版会、二〇〇九年）。これほどまでに、満州にとって山東半島からの移民は重要な存在であった。
(29)勝田主計「東亜経済問題」（『経済時報』一五九、一九一六年四月一日号）。
(30)勝田主計「朝鮮所感」（『経済時報』一五八、一九一六年三月号）。
(31)こうした動きについては、黒瀬郁二『東洋拓殖会社―日本帝国主義とアジア太平洋―』（日本経済評論社、二〇〇三年）を参照されたい。
(32)一九一六年五月二五日金融第一号提案特別委員会での片岡直温特別委員の発言（国立公文書館所蔵「各種調査会委員会文書」経済調査会書類・十一金融第一号及産業第五号提案ニ関スル決議及関係書類第七号）。
(33)勝田主計「欧洲戦と北米合衆国」一（『京城日報』一九一六年七月二二日付）。
(34)勝田主計「欧洲戦と北米合衆国」七、八（『京城日報』一九一六年七月二九日付、三〇日付）。
(35)勝田主計「欧洲戦と北米合衆国」八（『京城日報』一九一六年七月三〇日付）。
(36)『寺内内閣成立後二箇年ニ於ケル財政経済方策竝施設概要』（大蔵大臣官房、一九一八年九月）。
(37)季武嘉也『大正期の政治構造』（吉川弘文館、一九九六年）。
(38)内藤一成『貴族院と立憲政治』（思文閣出版、二〇〇五年）。
(39)高橋蔵相案について、内藤一成は以下のように評価している。高橋を蔵相もしくは日銀総裁に就けようとするなど、後藤は、平田東助が画策する寺内と同志会との連携を妨害し、反同志会・親政友会人事を行おうとした。これは、山県有朋・平田との対立を深めるものであった（前掲内藤一成『貴族院と立憲政治』三五一～三五二頁）。
(40)前掲勝田主計『ところてん』四二頁。
(41)山本四郎編『西原亀三日記』（京都女子大学、一九八三年）一五八頁、一九一六年一二月四日条。同様の動きは、西原の自伝でも確認できる（北村敬直編『夢の七十余年―西原亀三自伝―』平凡社、一九七一年、五六頁）。
(42)「阪谷芳郎日記」一九一六年一二月五日条（前掲「阪谷文書」六八九）。
(43)「高橋是清男談話要領」（奥州市立後藤新平記念館所蔵「後藤新平文書」一二一―三―一）。

(44)「蔵相決定　勝田次官陞任」（『中央新聞』一九一六年一二月一六日付）。

(45)勝田の同期で大蔵省に入省した人物として、浜口雄幸、菅原通敬らがいる。浜口は加藤高明内閣（一九二四年六月成立）で蔵相として初入閣を果たしたが、菅原が蔵相に就任することはなかった。

(46)「阪谷芳郎日記」一九一八年八月二九日条（前掲「阪谷文書」六九二）。

(47)勝田らの構想していた西原借款、鉄の自給策、中国での鉄道経営、団匪賠償金の免除に対し、外務省内では、日本が中国の内政に干渉する行為であると非難されかねないとの懸念があった（「勝田蔵蔵相ヨリ西原ニ対スル指示事項中注意ヲ要スル点ニ関スル外務省調書」外務省編『外文』大正七年第二冊下、外務省、一九六九年、八〇一頁）。平野健一郎「西原借款から新四国借款団へ」（細谷千博・斎藤真編『ワシントン体制と日米関係』東京大学出版会、一九七八年）は、日本国内における外務省と大蔵省との対立を中国側の政治勢力の対立と連動させて描いた。

(48)小林龍夫編『翠雨荘日記—臨時外交調査委員会会議筆記等—』（原書房、一九六六年）九三頁。

(49)大内兵衛『大内兵衛著作集』第三巻（岩波書店、一九七五年）五三五〜五三六頁。

(50)一九一七年三月二五日付本野一郎外相宛林権助駐華公使公信（外務省編『日本外交文書』大正六年第二冊、外務省、一九六八年、二六〇〜二六一頁）、一九一七年五月八日付林公使宛本野外相電報（同右書二六六〜二六七頁）など。

(51)一九一七年三月一三日付西原亀三宛勝田主計書簡（国立国会図書館憲政資料室所蔵（寄託）「西原亀三関係文書」二〇冊）。

(52)大正（六）年四月一三日付寺内正毅宛勝田主計書簡（尚友倶楽部児玉秀雄関係文書編集委員会編『児玉秀雄関係文書』Ⅰ、同成社、二〇一〇年、八〇〜八一頁）。

(53)ただし後述するように、政友会は、対外投資に関する寺内内閣の方針・政策には好意的であったようである。

(54)「野田卯太郎日記」一九一八年三月一七日条（九州歴史資料館所蔵「野田大塊文書」A—三〇）。

(55)原奎一郎編『原敬日記』第四巻（福村出版、一九六五年）三三四頁、一九一七年一一月一八日条。以下、本書は『原日記』四とする。

(56)「蔵相引責問題　現内閣の不統一」（『東京朝日新聞』一九一八年二月六日付）。

(57)寺内内閣の成立経緯に関しては、北岡伸一『日本陸軍と大陸政策—一九〇六〜一九一八年—』（東京大学出版会、一九七八年）、高橋秀直「寺内内閣成立期の政治状況」（『日本歴史』四三四、一九八四年）、前掲季武嘉也『大正期の政治構造』第二部第三章、前掲内藤一成『貴族院と立憲政治』を参照されたい。

(58)「物価調整方策ト官吏増俸　臨調金　大正六、八、四」（国立公文書館所蔵「勝田家文書」第三二号—一三）。

(59)一九一〇年代後半、朝鮮米の生産量は一定の拡大を遂げるとともに、移入税の撤廃という追い風もあり、対日移出が増加していた(大豆生田稔『近代日本の食糧政策』ミネルヴァ書房、一九九三年、一五五頁)。また、寺内内閣は、米価高騰に関する政策課題の重点を投機の抑制から外米供給の増加に切り替えた。その背景には、外米輸入依存の可能性に対する政府内の楽観的な認識があったという(同書一六九頁)。

(60)前掲「物価調整方策ト官吏増俸　臨調金　大正六、八、四」。

(61)第一次世界大戦期における製鉄業に関しては、小島精一・日本鉄鋼史編纂会編『日本鉄鋼史』大正前期編(文生書院、一九八四年)、奈倉文二『日本鉄鋼業史の研究―一九一〇年代から三〇年代前半の構造的特徴―』(近藤出版社、一九八四年)を参照されたい。また筆者は、民間資本の安川・松本家と漢冶萍公司との関係を中心に、当該期の製鉄業をめぐる日中関係を論じた(前掲拙著『対中借款の政治経済史』第四章)。

(62)勝田主計「財政計画と経済政策」(『金星』六―一、一九一八年一月一日号)。

(63)『原日記』四、三三七頁、一九一七年一二月一日条。

(64)『原日記』四、三三四頁、一九一七年一一月一八日条。

(65)前掲「蔵相引責問題　現内閣の不統一」。

(66)前掲黒瀬郁二『東洋拓殖会社』九〇～九三頁、拙稿「満蒙政策と政友会―大正期における野田卯太郎と山本条太郎―」(『日本史研究』六六六、二〇一八年)。

(67)前掲『寺内内閣成立後二箇年ニ於ケル財政経済方策竝施設概要』二一～二二頁。

(68)連合国経済会議と日本との関係に関する研究として、原田三喜雄編『第一次大戦期通商・産業政策資料集』(柏書房、一九八七年)第一巻「解題」、森川正則「一九一六年のイギリス輸出入禁止政策と日本外交」(『阪大法学』五五―三・四、二〇〇五年)、藤井崇史「連合国経済会議(一九一六年)と日本」(『史林』一〇〇―五、二〇一七年)などがある。

(69)前掲勝田主計「東亜経済問題」。

(70)勝田主計「国際貿易の振興」(『日本経済新誌』二一―四、一九一七年五月一五日号)。

(71)前掲伊藤正直『日本の対外金融と金融政策』一章二節。

(72)西原借款や連合国債券の発行に関する研究は多数に上る。また、西原借款の定義については、多田井喜生「解題」(鈴木武雄監修『西原借款資料研究』東京大学出版会、一九七二年)を参照されたい。

(73)中国の金券条例に関してはいくつかの文献や研究があるが、日本銀行臨時調査委員会『支那幣制改革ニ関スル資料』(日本銀行、一九一八年)が比較的まとまった整理を行っている。

(74)「阪谷日記」一九一八年七月八日条(前掲「阪谷文書」六九二)。

(75)中国の幣制改革に関する勝田の構想については、前掲拙著『対中借款の政治経済史』二〇二頁を参照されたい。

(76)『菊の根分け』は、一九一八年一二月発行。約二年間にわたる寺内内閣の施政を振り返り、寺内内閣の政策に対する批判に応えるために一八年一一月二二日より速記させたものをまとめたものである。

(77)勝田主計「欧洲戦争と我国の財界」(『自由評論』五―一二、一九一七年一二月)。

(78)勝田は、政友会内にあった憲政会に接近しようとする動きを牽制するために、シベリア出兵の必要性を主張していた(一九一八年一月三〇日付寺内宛勝田書簡「寺内文書」二九七―二〇)。

(79)前掲拙著『対中借款の政治経済史』二〇二~二〇三頁。

(80)前掲鈴木武雄監修『西原借款資料研究』三〇六~三〇七頁。ただし、こうした勝田の対米論は、日本の外交政策が実際の日米関係に与えた影響とは異なる見解であり、多分に主観的であったと考えられる。

(81)有馬学は、「大戦終了後に列強がアジアに復帰するとき、日本はそれに対処するために強力な体制を構築しなければならないという論理」を「戦後の経綸」とした(前掲有馬学『「国際化」の中の帝国日本』中央公論新社、一九九九年、一一九~一二〇頁)。

(82)大戦が勃発する以前の日銀の金利は二銭であった。その後に二回の引き下げがあり、一銭六厘となる。さらに、一九一七年三月一六日、一銭四厘の低利となった。これは、日本国内の産業資金の供給を円滑化させるための政策と見なされていた。しかし、一九一八年九月一六日には、一銭六厘に引き上げられた(以上の説明は、前掲『寺内内閣成立後二箇年ニ於ケル財政経済方策竝施設概要』六六~六七頁)。

(83)前掲勝田主計『ところてん』三八頁。

(84)勝田主計「食料調節から見た海外移民政策」(『日本の関門』六―七二、一九二一年七月号)。

(85)前掲勝田主計『ところてん』六〇頁。

(86)近衛文麿「英米本位の平和主義を排す」(『日本及日本人』七四六、一九一八年一二月一五日号)。

[付記] 本稿はJSPS科研費JP15K16825の助成を受けたものです。

『東アジア近代史』第二二号（二〇一八・六）
《特集》第一次世界大戦下の東アジアと世界

中国の第一次世界大戦参戦
—対ドイツ抗議・断交を中心に—

川島　真

はじめに

本稿では、中国が第一次世界大戦に参戦していく政治外交過程について、ドイツに対する抗議、断交、参戦という三段階があったものと捉え、特に前二者、すなわち抗議から断交へと至る過程を、先行研究を踏まえた上で、新たな史料を加えながら明らかにする。また、そこでの議論を検討し、なぜ抗議のみならず断交、そしてさらに参戦が必要だとされたのかという点を考察したい。

中国の第一次世界大戦との関わりについては、袁世凱政権下で日本から受けた二十一箇条要求と、袁世凱の死後の一九一七年に実現した参戦が主たる研究課題となっている。無論、フランスでの勤工倹学やシベリア出兵、そして二十一箇条要求受諾以後の日中関係なども重要なテーマとなっているが、中国史研究では上の二点が主要課題となっているといえるだろう。

前者の二十一箇条要求については、それが極めてイデオロギー色の強い理解に縁取られ、実証研究をおこなうべきとの問題提起が中国語圏の研究でもなされるようになり、さらに外交文書などに基づいた実証研究が始められつつある[1]。後者の第一次世界大戦への参戦についてはこれまで少なからず研究の蓄積がある。だが、この問題が黎元洪の総統府と段祺瑞の国務院の争い（「府院の争い」）と連動していたり、また孫文がドイツ寄りの立場をとっていたことなどとも深く関連していたりしたために、北京での国会解散と広東政府の成立など内政を軸に論じられる傾向にあった[2]。他方、外交史的観点からの研究も確かにおこなわれてきているものの、ただ、それは参戦に至る過程というよりも、参戦決定後の参戦過程に重点が置かれがちである。日本語の文献で、中国の参戦問題に関する政治過程を描いた最も新しい論考としては楊海程の論考をあげることができる[3]。この論考は日中関係から中国の参戦問題に迫ったものとして重要な論考である。だが、それだけに中国政府自身の参戦に至る議論や決定の過程が必ずしも十分に描けているわけではない。筆者自身も、これまで参戦について書いてきてはいるが、段祺瑞政権への内外からの支持獲得と借款獲得、二十一箇条要求に関連して喪失した国権回収、独墺からの国権回収と両国への義和団賠償金支払い停止、戦後の講和条約と国際連盟への参加、などをその原因として挙げるだけで、協商国への義和団賠償金支払い停止などはあげていない[4]。中国語の先行研究として重要なのは、王建朗と張志雲の論考だろう[5]。前者は、包括的に中国の参戦に至る政治過程を描いたものである。だが、残念ながら黎元洪副総統関連の史料の使用について必ずしも十分とは言えない。また、張志雲の論考は本稿も指摘する、参戦問題に関する義和団賠償金の重要性を指摘しているが、張の専門とする海関史研究からの視点が強く、政治過程が十分に描かれているわけではない。

先行研究が必ずしも十分に参戦への過程を描けない一つの理由としては、史料上の制約があるからだろう。袁世凱政権期や黎元洪政権期の対外政策決定過程は、それが総統府主導（あるいは国務院主導）であったこともあり、外交部に残された史料である中国外交檔案に基づいて研究しても十分に全体像は描けない。むしろ個人文書、この場合は黎元洪や顔恵慶の日記などを用いることで漸く中国側の状況を理解することができる。そこで本稿では、紙幅の都合で参戦に至る過程のすべてを描くことはできないものの、参戦に至る準備過程の第一段階、すなわちドイツ・オーストリアと断交し、参戦に至る道筋を中国政府がつけたところまで、これらの史料を用いて描いてみたい。

一、中国のドイツへの抗議

一九一四年七月に第一次世界大戦が勃発すると中国は中立を宣言した。この中立は、戦争そのものに対する中立であると同時に、中国を戦場とはしないという、国土そのものの中立をも意味した。国内にドイツ軍、イギリス軍などが駐留している中国にとっては国内が戦場となることが危惧された。だが、日本（とイギリス）が在華ドイツ軍基地への攻撃を計画し、中国と交渉して交戦地区を定め、結果的に交戦地区を超える空間で戦争がおこなわれて、山東半島が日本の統治下に置かれるに至った。そして、一九一五年一月に日本政府が中国政府に二十一箇条要求をつきつけ、交渉の末、五月九日に中国政府がそれを受諾、月末に合意内容を反映した条約（民四条約）が締結された。

その後、一九一五年に中国の参戦がイギリスの要請などで議論されたことはあるが、日本が消極的であったこともあり、参戦には至らなかった。一九一六年六月六日、袁世凱が死去し、死後は黎元洪総統、段祺瑞総理が政権を担うことになった。一九一七年になるとドイツの潜水艦による無差別攻撃などの影響から、二月初めにアメリカがドイツと断交、四月に参戦する。アメリカは中国にも参戦を求め、中国国内でも参戦に関する議論が活発になっていった。以下、一九一七年に中国の参戦に至る過程を検討してみたい。

西暦の一九一七年一月二十三日がこの年の旧正月であったが、一月六、七日という週末に総統府主催の新年会が予定されていた。それに関する報道によれば、一日は協商国向け、いま一日は同盟国と中立国向けという計画であったという[6]。また、外交総長の伍廷芳も十日に協商国と中立国、十一日に同盟国向けの宴席を設けていたとの報道がある[7]。一九一七年の初頭に、中国とドイツとの関係性は少なくとも表面的には維持されていたといっていい。他方、中国政府にとり一九一七年度の大問題は財政にあった[8]。このことは社会にも認知されており、歳出が五億元に対して、歳入が四億元しかなく、一億元の赤字をいかに埋めるか、歳出を減じ、歳入を増やすかが課題とされていた[9]。

すでに張忠紱『中華民国外交史』が記しているように、一九一七年一月三十一日にドイツ外務省は中華民国の駐ベルリン公使に照会文書（note）を送った[10]。それは協商国との講和が不調に終わり、またイギリスによる海上封鎖などに抗議するという名目で、ドイツは欧州に特定の海域を設定し、そこに中立国の商船も近づかないようにと警告したのであった[11]。張国淦総統府秘書長（当時）の回想によれば、伍廷芳外交総長がこの照会を段祺瑞に伝えると、陸徴祥、汪大燮、魏宸組などといった外交に通じた者らを招集して会議を開いたという。また二月二日金曜日には閣議が開かれ、その場で伍廷芳から次のような発言があったとしている。

> 二月一日、外交部はドイツの潜水艦による海上封鎖に関する通牒を受け取った。アメリカはすでに抗議しており、中国としても直ちに抗議しなければならない。アメリカが抗議した後、もしドイツと国交を断絶したら、中国も同じく断交する。アメリカの宣戦については、アメリカが宣戦するとは思われないし、中国が参戦するとしてもその力がない。いずれにせよ、中国としてはアメリカと一致した行動をとるということだ。

これに段祺瑞が賛成し、その上で張国淦に今後の方針を読み上げさせたとしている。

このことはわが国との関係が極めて大きい。今後は三つの段階がある。第一に抗議、第二に国交断絶、第三に宣戦だ。アメリカはすでに抗議しており、今後必ず国交を断絶する。国交を断絶すれば必ず宣戦へと至る。中国がもし参戦しなければ、中立を守るということになる。だが、中立ということは孤立を意味し、将来の講和会議の席上で、話し合いの外に置かれて他人の支配下に置かれてしまうことを知らねばならない。もし参戦を決定するならば、全体的な計画を策定しないといけない。参戦すればわが国は協約国の一員になり、世界で中国に同情するようになる国は決して日本だけではないだろう[12]。

この張の回想を見ると、伍廷芳は中国の参戦に対して一定の疑義を持ちつつも対米一致政策を提唱しており、また段祺瑞は協商国の一員となり、講和会議に参加することを企図していた。だが、二月三日にアメリカがドイツと断交すると、中国国内での議論がいっそう活発になった。国内にはドイツ、アメリカ、あるいは協商国など他国の利害のために中立、参戦を決めようとする姿勢を批判し、自らの利益に基づいて自ら判断すべきとの批判もあった[13]。

無論、北京政府の中枢も、単に講和会議に参加することだけを参戦の目的としたのではないし、単に対米追随ということだけでもなかった。張国淦は当初、参戦にともなって以下の七点が得られると考えていた。それは、①義和団賠償金のドイツ・オーストリア部分の取り消し、②義和団賠償金の協商国部分の免除、③関税の増加、④辛丑和約で課せられた諸制限の解除、⑤治外法権の撤廃、⑥山東利権の直接回収、⑦講和会議への参加、などであった。つまり、義和団賠償金の免除、条約改正、大戦勃発以後に日本に奪われた旧ドイツ利権の回収、そして講和会議の参加であった。二月五日、閣議が開かれ、許世英交通部総長の提案などに基づいて審議がなされたが、そこでは参戦の効果として、①義和団賠償金（ドイツ、オーストリアに関して支払い解除。無理でも十年間の支払い猶予）、②裁釐加税（断交したら直ちに課税。裁釐は中国側が自由におこなう）、③辛丑和約で定められた華北のドイツ、オーストリアの駐兵権の解除、などがあげられていた[14]。王建朗はこの提案を現実的な内容として一定の評価をしている[15]。

この時に国務総理の段祺瑞の周囲で議論が活発におこなわれていたのには理由がある。味岡徹が指摘するように、

「当時の暫定憲法である『中華民国臨時約法』によれば、宣戦には国会の事前同意が必要であったが、断交は内閣の提案を大総統が承認して発表、通知すればよかった」のである。確かに、中華民国臨時約法の十九条、三十五条にそのような規定があった。また味岡は、「段祺瑞は参戦を見すえて、断交でも国会議員の同意を得ておくのが良いと考え」ていたともしている[16]。

張国淦の回想によれば、二月八日段祺瑞が内閣各員をともなって総統府を訪れ、閣議の状況について黎元洪大総統に報告している。ここで黎元洪大総統も伍廷芳の見解に基本的に賛同してはいたものの、対ドイツ国交断絶をおこなうならば、国会で議決しなければならないとしていたという[17]。こののち、黎元洪は参戦に賛成したり反対したりするなど態度を変えるが、それは外交問題に因るのではなく、あくまでも府院の間の問題であったと張は回想している。

同日、駐英公使施肇基はバルフォア外相と会見、バルフォア外相から個人的意見として、中国がアメリカに従って単独断交することに賛成との言質を得ていた[18]。

二月九日、中国政府はドイツに対して抗議をおこない、またアメリカにもその旨を連絡し、日本側にも事前連絡をしていた[19]。中国の伍廷芳外交総長が北京のドイツ公使に送った照会では、ドイツの無差別攻撃は国際法違反であり、中立国の権利をも侵しており、そして中国の人民もまた損害を被っているなどとして抗議し、この抗議が叶わなければやむを得ず「現有の外交関係を断絶」すると警告したのだった[20]。またアメリカ公使に対して送った照会では、「今、わが国は貴公使からの文書にて述べられている宗旨に賛成し、貴国政府と附合して一致した行動をとり、ドイツ政府による封鎖計画に対して厳重なる抗議をおこなう」などとした。名目や理由としては一般公理、また自国の利害をあげながら、アメリカには対米一致を伝えていたのだった[21]。

だが、このドイツへの抗議は中国政府内部で不協和音をもたらした。無論、総統府と国務院との間の亀裂もあるのだが、それだけで説明がつくわけではない。たとえば、黎元洪系とされる王士珍、また段祺瑞系とされる徐樹錚らはともに政府のドイツ軽視を批判していた。また、駐ドイツ公使の顔恵慶は北京の本国政府が中立から次第に協商国寄りになることを批判していた。顔公使はその日記で、「外交部宛の電報の下書きを書いた。中立を保つように求めるつもりだ」(二月八日)とし、また「自分は王揖唐とともに連名で外交部に電報を送るつもりである。中立の保持を継続し、また同盟国の力により注意すべきであると求めた」(二月九日)などと述べている[22]。いわゆる中華民国の職業外交官たちの間でも意見が分かれていたものと思われる。

この点はパリ講和会議からワシントン会議に至る時期とは異なる。

二、対独抗議から断交へ

一九一七年二月九日に中華民国はドイツに対して抗議をおこなった。これはアメリカと一致して、断交、宣戦へと発展していくことを示していたとも言えるが、前述のように中国内部は決して一枚岩ではなかった。府院の争いは、そうした国内の齟齬のひとつの表れであったのだろう。

楊海程によれば、中国がドイツに抗議した翌二月十日、西原亀三は北京で曹汝霖外交部次長と会談をおこない、参戦に対する具体的な条件として二億円の義和団賠償金の破棄（ドイツ、オーストリア分）、また関税の引き上げ、綿花などの輸入税の廃止などを提案し、基本的に曹次長はそれを受け入れたという(23)。この時期の日本が中国の参戦を支持する立場にあったことは確かで、二月十一日に外交部が章駐日公使から受け取った電報によれば、本野一郎大臣が章公使にドイツとの断交、宣戦布告を求め、ただ抗議にとどまっていることに遺憾の意をしめしたとしている。章公使は北京政府に速断を求め、「もし政府がドイツと断交するならば、直ちにそれを知らせて下さい」などとしていた(24)。翌二月十一日、章公使は前日と同内容を政府に送っている(25)。十三日、段祺瑞宛の章公使の電報では本野と直接会った時の様子が伝えられる。中国側が参戦について日本との間で交渉をもったことを本野大臣が評価し、かつ「日本政府の中独関係に関する見解について、彼（本野）は先日個人の意見として国交断絶を直ちにおこなうように求めたが、これは日本政府の正式の意見だなどと述べた」と伝えている(26)。章の立場は日本政府に近く、十三日の別の電報でも、北京でドイツが巻き返しを図っているとの情報に接したが、抗議から断交へと「速断為宜」などと北京に意見具申していた(27)。

日中間の交渉は北京でもおこなわれていた。二月十四日付で外交部から章公使に送られた電報には以下のような内容が記されている。

> 十二日の二つの電報の件は承知した。十一日に芳澤公使が段祺瑞総理に直接会って告げた内容はおよそ、日本政府としては我が国の今回の政策について同情を表し、また我が国に対してドイツからの返答を待たずに直ちに断交することを願うといったことだった。これは章公使からの電報の内容と同じである。政府として現在決定を下した。もし、ドイツの潜水艦が中立国の船を攻撃するようなことがあった場合、それこそ中国

政府がドイツと断交する時だ。本野外相にこのことを伝え、また日本政府の好意に謝意を示して欲しい。（中略）今後、内政上の財政改革を必ず積極的に進めなければならず、遅れてはいけない。また、長い期間外国からの借款に頼ることもできない。財政を立て直す策の上で、もし協商国が、我が国が関税を引き上げることと、また義和団賠償金を減額、あるいは返済時期を長くすることを認めてくれたならば、目下の財政上利益になる。政府としては将来この問題を協商国に提案するつもりなので、この点についてまず日本外務省の感触を確かめてほしい。そしてそれが実現できたら、すぐにそれを伝えてくれることを望む。十四日。

これは政府としてのドイツへの抗議から断交への道筋、また参戦に向けての条件交渉について記したものとして注目すべきである。文書の作成日は二月十四日となっている[28]。この電報に基づいて、章公使は十五日に本野外相を訪ねた[29]。日本外務省は十七日に章公使に対して中国側の希望を受け入れることを伝えつつも、他の列強との調整については、中国が断交しないとおこなわない、とした。このことは周知の通りである。だが、すでに味岡徹が明らかにしたように、日本は中国が対独断交、宣戦布告をおこなったら中国の要請を受け入れると列強には述べていたのに対し、中国に対しては対ドイツ断交をおこなったら中国の要請を受け入れると異なったスタンスを示していた[30]。

他方、中国政府による抗議から断交への道筋が立てられようとしている頃、ベルリンではどのようなやりとりがあったのだろうか。顔恵慶公使の二月十二日の日記には、ドイツ外務省の人員により、ドイツが潜水艦での攻撃を続けるのなら中国はドイツと断交するとの決断をしたとの話がドイツ側にも伝えられたとのことでその事実確認がなされたと記されている[31]。顔公使はドイツ外務省からのこの事実確認を北京外交部に電報を打って実際におこなっている[32]。顔公使は、このような伝聞情報について、「中国にとって利益はないようだ。また、日本とドイツの将来の関係はまだわからないのだから、（このような方針を採用したとしたら）中国の位置付けは更に危険にならないということはない。アメリカ大統領の今回の誘いを、欧州の中立国はすでに拒否し、また南アメリカの各国もまた賛成はしていない。中国とドイツの関係はきわめて厚く、このことが事実でないことを望む。だからこそ密かに忠告をおこなう。すぐに（北京の）政府に伝えてほしい」。この電報の発出日は二月十三日である。ドイツ外務省員の来訪の翌日に電報を打ったということである。

その二月十三日の顔の日記の記載には「王将軍（王承傳か—筆者注）が来訪。国交断絶決定の原因は講和会議に参加するためであり、これは日本対策であり、同時にアメリカの影響で決まったことだ、と自分は王将軍に説明した」とある。また、「（北京の）外交部に電報を打ち、もし本当に断交するというのなら、自分はどうすればいいのかと指示を請うた」と記されている。そして顔は二月十四日、ツィンマーマン（Arthur Zimmermann）外相と会見した。その模様は日記で以下のように表されている。

昼、自分は（北京からの—筆者注記、以下略）電報の訳文と（北京の）ヒンツェ（Paul von Hintze）公使からの電文を携えてドイツ外交部を訪問した。（中略）ツィンマーマン外相は、（中国政府からの抗議書における）中国人が（ドイツの攻撃によって）生命を失っているとの説明に驚きを感じたようであった。また、外相は中国からの抗議に特に意見があるわけではなかったものの、脅威を感じるというのは行き過ぎているとしていた。外相としては、政府の立場であれ、私人としてであれ、中国の今回の対応は賢い判断とは言えず、ただ「傻子《おろかもの》」のウィルソンに中国がつき従ったのだ、と認識していた。

無論、外相は中国が断交措置を採ったからといって、決して潜水艦による攻撃を取りやめるなどとは述べなかったのだった。[33] だが、ドイツは中国に対して比較的粘り強く対応した。二月十八日の日記で顔公使は、フォン・シュトゥメ（馮・施圖姆）なる人物が、中国の中立の維持を求め、「もし中立が維持できなければ、協約国は中国を犠牲の品として日本に提供するだろう。ドイツは将来の講和会議で中国を支えるが、現段階ではドイツが中国を講和会議に招くかどうかをいうことはできない」などと述べ、さらに中国とドイツとの間で幾つかの特別な規定を設ければ、中国船が欧州でドイツが船舶の航行を禁じた海域で航行できるようにするとも述べたのだった。[34] ドイツ側も中国に有利な条件を提示して引きとめようとしたのであった。

三、中国の対独断交問題と義和団賠償金

二月の下旬、協商国からの圧力も、またドイツからの引きとめもなされている中で、いわゆる府院の争いは激化していた。章公使の回想録である「東京之三年」などには、二月二十七日に本野外相が、対独断交ができなければ中国に優遇措置がとれないとしていたなどと記されている。実際に北京の中国政府では最終決着はついていなかったものの、段祺瑞総理が断交を強く主張しており、次第に黎元洪

大総統が妥協して対独断交が実施されると予想されるようになっていた。顔公使は二月二十八日の日記において、外交部に出そうとしている意見書について記しているが、そこでは「中立政策を放棄するときに考慮し、堅持しなければならない原則について」問題提起をおこなっていた[35]。考慮すべき論点としては五点あげられている。①中国は欧州での戦争が引きのばされることに賛成するのか、それとも早く終わってほしいと考えるのか。②各国のパワーの平衡を保つということは中国に有利であるか否か。③なぜ中国の参戦について日本の態度が（反対から賛成へと）変化したのか。④なぜ、中立国が参戦をすると、その後に被害を被るのか。⑤ウィルソン大統領の対独政策はどのようなものか。次に、堅持すべき点としては六点挙げられている。①中国の領土の完全維持を保証すること。②ドイツとトルコとの間で締結された条約のような条約を締結すること。③中国としては労働者を提供するのであって、軍隊は提供しないこと。逆に、中国に対して新たに製造された銃や武器を提供し、現在使用しているような武器は提供しないこと。④中国が講和会議で他国と同様の発言権をもつこと。⑤中国と他国が同等の権利を有すること。⑥戦争が貿易活動や個人に及ばないようにすること。

この顔公使の書きぶりを見ると、顔公使はこの段階では断交に反対することが難しくなり、断交を前提にしてその準備をしようとしているようにも見える。だが、三月四日の日記には、「唐君からの電報が述べるには、協約国が中国に照会をおこなって、中国が同盟国と国交を断絶しないと、義和団賠償金の支払いの暫時減額や関税増加などはできない、と告げたという。中国はこれに対して失望し、目下のところまだ政策を決定していない」などと記されている[36]。上記の通り、日本は国交断絶ではなく宣戦しないと中国の提起した条件は受け入れられないとしていたから、この電報の国交断絶は本来宣戦であった可能性もある。いずれにしても中央政府が協商国からの圧力がありながらも、政策を決定できていないでいたことは確かであろう。この三月四日、北京では国会での審議に付するために段祺瑞総理が黎元洪大総統に対独断交の文書への押印を迫ったが、黎大総統がこれを拒否した。段総理はこれを不服として辞職して天津に赴いた。黎大総統は張国淦を天津に派遣し、段総理は六日には北京に戻った。

この騒動の中、北京外交部は三月五日、在外公使に電報を発した。そこでは「昨日の会議で対ドイツ問題を議論したが、総統と総理との間で手続き上の意見が異なり、総理が辞職し、現在総統が慰留している。だが、政府の定めた外交政策が今回のことによって変更されるということはない」などとし、特に誤伝についてはそれを修正するように注意喚起していた(37)。ベルリンの顔公使の日記には三月十日にこの五日電の内容が記され、「段総理の辞職は中国の政策の改変を意味しないとのことだ」と記されている(38)。

対ドイツ断交決断に至る過程での断交賛成側の思惑はどのようなものであったのだろうか。『日本外交文書』に掲載されている、有賀長雄ら四名の外交顧問が国務院に提出した中独断交に関する意見書においては、その手続きや意義とともに、「十四、独逸政府ニ関スル限リ千九百一年ノ議定書第六条ノ規定廃棄ニ依リ義和団事件賠償金ノ独逸ニ対スル未済額ハ支払停止竝永遠ニ免除セラルヘキコト(39)」があげられている。段祺瑞もしばしば国内向けの説明で、まずは財政問題を挙げ、また同時に参戦しても労働者を派遣するだけでよく、兵の派遣はないこと、協商国への軍需品の提供により経済の発展が見込めること、さらに国権回収が挙げられていた(40)。

少なくとも、段祺瑞政権の国内向け説明では、断交は短期的には財政再建の手段として位置づけられていた。それは対ドイツ義和団賠償金支払いの停止であり、また他の列強に対する支払いの猶予、減額を意味し、さらには関税率の引き上げを意味していた。無論、将来の講和会議参加、山東利権回収、一般的な国権回収への道筋や国際的地位の向上など、多くの理由があったが、断交に至る過程で日本側と事前交渉した際にも、また断交後に日本側と交渉する際にもまず取り上げたのは義和団賠償金問題であった。

段祺瑞総理が三月六日に北京に戻ると、段総理と黎元洪大総統との間で妥協が成立した。この問題が国会に付された三月八日、東京の章公使は本野外務大臣に対して覚書を提出し、財政援助を要請したのだった。それは、「中国政府が目下協約国に希望する具体的な条件」と題されていた。対独断交と引き換えに出された要求だと見ることもできる。これを日本政府に秘密裡に示し、日本側の支持を得ることが章公使に求められていた。その第一は、ドイツ、オーストリアに毎年払われていた義和団賠償金を「撤銷」すること、また協商諸国に対する賠償支払いについても、中国の財政支援のために好意を示してほしい、とした。協商国に具体的に求めたのは、以後十年間の支払い猶予であり、その十年間に利子は増やさず、十年後に再び返済を始めるということであった。また、関税については輸入関税を当時の五割増にし、また関税表を改定して従価五分を七分五厘とし、中国が釐金を完全に撤廃した後には光緒二十八年、二十九年、三十年の日英米諸国との通商条約に照らして、関税を従価一割二分五厘とし、その段階になったら子口半税を廃止するとしたのだった。このほか、義和団事件後の辛丑和約において定められた清軍が天津の周囲二十里内に入ることができないという規定をドイツ人取り締まりのために解除してほしいこと、さらにまた中国が協商国に提供できるのは原料の協助と労働者の提供だけだとしている(41)。

日本側の、あるいは列強からの回答が得られていない状態で、三月八日に黎元洪が押印したドイツとの国交断絶文書が国会にあげられた。この時には、章公使が日本側に出した条件がほぼ国会で説明された。孫文に近い人々などは当然中立維持を主張したが、数の面では段祺瑞らの断交派が優位であった。また康有為は中立維持派、梁啓超は断交派であった。だが、九日に日本側の回答が北京に送られたが、その内容は、中国が依然ドイツと正式に断交していないことなどから、日本としてはそのまま中国側の要求に同意はできないというものであった(42)。

三月十日と十一日に投票がおこなわれ(43)、対独断交が決議された。実際にドイツに断交を通告したのは三月十四日であったが(44)、国内各方面には十一日に断交の旨が伝えられた(文書の日付は十日)(45)。それによれば、衆議院での賛成三三一票、反対八七票、参議院での賛成一五八票、反対三五票でなり、賛成が大きく上回っていた。

対ドイツ国交断絶により多くの利益が得られると中国は考えていたが実際には限定的であった。前述の通り、協商国としては「対独宣戦」を待って中国の条件を受け入れようとしていたのである。特に中国は協商国で中国と辛丑和約を締結した国々に対して、以後十年間の賠償金支払い猶予を求めていた。実際、宣戦布告をおこなった後、十一月三十日になってから諸協商国は中国に返答し、一九一七年十二月から(十年ではなく)五年間中国に支払いを猶予した(46)。

だが、対独断交により、中国が得られたものもある。ドイツへの義和団賠償金の支払いについては、海関総税務司アグレンの提案によって、実際に一九一七年三月から支払いが止められたとされる。オーストリアについてはこの時点で断交していなかったので、賠償金は引き続き支払われ、八月十四日に中国がドイツ、オーストリアに宣戦布告してから支払いが停止された(47)。また、天津や漢口のドイツ租界については、中国の警察を派遣してドイツ軍の武装を解除し、中国沿岸部のドイツ商船も中国側が管理しようとしたのだった(48)。

三月十四日に対独断交がおこなわれたからといって直ちにベルリンの顔恵慶公使が帰国したわけではなく、抗議、断交へと続いたプロセスを宣戦へと向かわせないように求めるドイツ側からの働きかけも続いた。三月二十二日に外交部が得た顔公使からの電報では、ドイツ側から、ドイツ・

トルコ間の前例に倣って、中国におけるドイツの領事裁判権を撤廃する用意があると三月十六日に提案があったとしている[49]。だがそうしたドイツからの誘いに中国が応じることはなく、顔恵慶も四月末にはベルリンを離れ、デンマークで執務をおこなうことになった。

断交後、中華民国国内では引き続き議論が継続し、またドイツ人やドイツの権益の国際法に基づいた取り扱いについて多くの問題が発生した。以後、対独宣戦布告に至ることも視野に入れつつ、論点の整理をおこなったり、問題提起をおこなったりする言論が少なからず見られた。ここでは、外交総長だった伍廷芳および顧維鈞駐米公使の見解を紹介したい。

まず伍廷芳は、一九一七年四月作成と思われる文書で、すでに協商国の方が数も多く、勝敗もまたほぼ予測できるとしながら以下のように述べる[50]。

まず（宣戦布告して）協商国に加わる理由としては、（一）我が国がドイツの無差別攻撃に対する抗議書を提出してから、中国政府は人員を派遣して協約国と関税率の増加や賠償金支払いの延期などについて話し合ってきたものの、各国は我が国がまだ宣戦していないことを理由に交渉に応じていないのだから、宣戦すれば交渉が開かれる可能性がある。（二）また、戦局が終わりを告げた時、講和会議に参加して発議できる。（三）我が国に公使を駐在させている国は十六あるが、このうち協商国は十に達し、協商国でないところはわずかだ。もし我が国が協商国に入らないと、協商国との交渉上不便がある。もし加われば、当然親善的になるだろう。（四）中国人労働者（華工）の募集、原料の供給などの一切の援助は正当なもので問題ない。（五）国際法を擁護し、また人道を維持しており、また言葉の意味も厳格で正しく、態度も明確である。これが協商国に加わる理由である。他方、協商国に加わるのに反対する理由には以下のことがある。（一）欧州戦争はすでに三年になるのに、ドイツが大敗しているというわけではない。昨今、ロシアの地で勝利を収め、将来も勝利を収めれば、必ず復讐してくるだろう。我が国は賠償面においてもそれに耐えるだけの財力がなく、またそれを防ぐだけの兵力もなく、結局むやみに付和雷同しては自らを縛り、最悪の事態に至ってしまうのである。（二）オーストリアはドイツの同盟国だが、もしドイツに宣戦すると協約国は必ずオーストリアにも宣戦するように求めてくるであろう。まして、ドイツに宣戦してから、それを聞いたオーストリア人たちが中国国内で自由に行動したら、予想外に危険が発生するかもしれない。こうなればドイツとぶつかりあうだけでなく、オーストリアとも和を失することになる。（三）ドイツ人の各開港場における商業活動は活発で、宣戦以後にその商業活動が止まればその地域の商業に影響することになるし、もし宣戦しても商業が続くようなら対応することが難しい。（四）国内の愚民や土匪については、ドイツ人たちから賄賂を次々と受け取って、それによって悲惨な出来事が各地で生じてしまうことを防ぐのが難しい。（五）各省の長官たちや社会の名流たちが多く唱えている反対論には、人々の清議を容易に動かすだけの力がある点を看過できないこと。これらが協商国に入ることに反対する理由である。

伍廷芳外交総長は協商国優位を十分に意識しながらも、参戦反対論にも理由があると考えていたのである。一九一七年四月六日、アメリカはドイツに参戦するのだが、その前日の四月五日、駐米公使の顧維鈞が北京外交部に意見書を送り、次のような意見を述べていた（七日に外交部着）[51]。

自分はアメリカの対独宣戦布告が間も無くに迫っていると考えているが、それがいかに進行するのかということは、わが国と密接な関係があると考える。今日、自分はアメリカ国務省を訪ね、アメリカ政府の対ドイツ戦争に関する政策について探った。それは第一に、ウィルソン総統が力を尽くして協商国とともに歩んで行こうとしていることであるものの、果たして（アメリカが）協商国の一員になるか否かについてだ。それについては、目下その意思はなく、ただ軍事上協商国と力を尽くして協力するということであって、どのような方法によるのかという点も協商国との交渉がどの程度進むかによって決まるということだ。第二に、目下メディアや議会では、アメリカが軍隊を欧州に派遣して協商国を助けるかどうかについてはまだ議論していないが、果たして政府にその気があるのかという点だ。その点について、国務省側が言うには、ドイツはアメリカと協商国の共通の敵であり、もし協商国の軍隊が西欧においてドイツ軍に対抗できないようなことがあれば、アメリカとしては兵を派遣してともにドイツと戦うということになるだろうということだった。最後に中国としてはアメリカの行動に特に関心があると自分は述べた。すると相手側はこう答えた。それはそうであろう、それはあなたの意見としてもそうだし、また中国にとっても、そして全局を考えてもそうだろう。中国としてはまず大きく構えて、時が来たら動くということだ。もし今回アメリカがドイツと決裂したら、その準備に勤しむことになるだろう。以上、密かに聞いたことである。顧維鈞。五日。

顧維鈞はアメリカの出方に注目していた。だが、顧公使が中国の参戦に両手を挙げて賛成していたわけではない(52)。ドイツに宣戦した場合でも、アメリカから参戦前の誠意を疑われ、また参戦すると日本に中国が操縦されて朝鮮のようになる可能性があり、そして欧州から中国への物資や労働力の高い要求に応じれば自らの主権を失うことになるし、応じなければ裏切ることになりルーマニアのようになる。さらに、中国に関することになると英仏はまず日本に相談していて、まるで日本を東洋の盟主と認めたようであり、もし、ここで中国が参戦すれば、彼らに弄ばれることにならないか、などと懸念していた。他方、参戦の利益として、行動の自由を得られること、またアメリカからの経済支援などが得られることなどをあげていたが、最終的な顧維鈞の結論は参戦であった。

おわりに

本稿は中国の第一次世界大戦参戦に至るプロセスのうち、対独抗議から断交に至る過程を叙述した。本稿の主たる課題は、中国が第一次世界大戦に参戦していく政治外交過程について、ドイツに抗議し、次いで断交する過程を明らかにし、またそこでの議論を検討することで、なぜ当時の中国にとって抗議から断交、そして参戦が必要とされたのかという点を考察することにあった。

前半の政治外交過程については改めてここで説明しないが、やはり対独抗議から断交、そして参戦へと至る過程で、中華民国の政治、軍事エリート、官僚たちが大きく引き裂かれていったことの重要性は改めて強調されてしかるべきだろう。袁世凱大総統の死によって中国が混乱するという見方もあるが、黎元洪大総統と段祺瑞国務総理らの対立、また孫文が対独宣戦布告を不服とする国会議員や宣戦に反対していた海軍を引き連れて広東に軍政府を組織したことを考えれば、第一次世界大戦との関わりが中国の内政に与えた影響の大きさを理解できる。

また、第一次世界大戦は中国と関わっていた列強が分裂したこと、つまり公使団が分裂したことを意味していた。列強はそれぞれ中国内部に権益を有しており、ドイツ側に関わりが深い者と協商国側と関わる者との間で対応が異なったことは容易に想像できる。興味深いのはパリ講和会議やワシントン会議で活躍するような若手外交官たちのスタンスもこのころにはまだ一致してはいなかったということだ。また年齢は上だが伍廷芳外交総長は最終的には宣戦には反対し、のちに辞職することになった。そして、経済界がそうであったように、戦争それ自体を忌避していた勢力もあったし、どちらが勝つにせよ最終的にまた国権を喪失するのではないかと考える者もいた。こうした意味で、第一次世界大戦への態度は中国にとり何が「国益」なのかということを絞りにくい案件であった。

だが、最終的に対独抗議から断交、宣戦布告へと段祺瑞総理を中心とする集団を突き動かし、彼らが一定の支持を集めたのはなぜか。それは、対独抗議、断交をおこなった政治家や官僚たちにとって、主に義和団賠償金支払いの停止（対ドイツ）、猶予（対協商国）、また関税の引き上げなどの対価が北京政府、あるいは中国にとって魅力的であったからだろう。義和団賠償金では、義和団事件に際してケテラー公使が殺害されたこともあって、ドイツに対する支払いがきわめて多く、中国にとって対ドイツ返済の停止は財政上の恩恵であった。また、これは宣戦の後のことだが、一九一七年十二月から協商国で辛丑和約締結国でもある国への賠償金の支払いが五年間猶予されたことは重大な意味をもった。西原借款などの日本からの多額の借款もあるが、五年に亘る財政面での優遇は北京政府存続の基礎となった。逆に一九二二年末にこの優遇措置が解除されて再び賠償金の返済が始められる時、金フラン案の影響もあったが、北京政府が財政的に危機に陥ることになるのである。[53]

中華民国の外交史を考える時、国権回収は確かに重要であり、第一次世界大戦で戦勝国となったことはドイツやオーストリアとの関係を平等にし、また両国の在華利権の回収につながった。また戦勝国となってパリ講和会議に参加して二十一箇条要求について疑義を呈したり、また国際連盟の原加盟国ともなったりした。だが、参戦に至る合意形成の過程で主に重視されたのは財政であったということは銘記すべきだろう。

最後になるが、本稿で十分に検討できなかった点を挙げておきたい。当時の参戦論は必ずしも段祺瑞総理の独断というわけではない。政界や社会でも参戦論は一定の支持を得ていた。この点、顔恵慶は「梁啓超の外交事務に与えた影響はきわめて大きい」とし、[54] Xu Guoqi（徐国琦）は政策決定過程に関わる層に影響を与えた人物として張国淦と梁士詒を挙げ、「梁士詒の主張は特に説得力があった」としている。こうした人物が政策決定に至る過程や議論にい

かに関わったのか、という点は今後の課題である。(55)

註

(1)唐啓華『被廃除不平等条約遮蔽的北洋修約史』(社会科学文献出版社、二〇一〇年)、拙稿「対華二十一ヵ条要求と北京政府の対応―交渉開始前の動向」(『東アジア近代史』十八号、二〇一五年三月)、拙稿「二十一箇条要求と日中関係・再考―中国側の対応を中心に」(川島真編著『近代中国をめぐる国際政治』(中央公論新社、二〇一四年所収)など参照。

(2)味岡徹「中国の第一次世界大戦参加問題と国会解散」(軍事史学会編『第一次世界大戦とその影響』錦正社所収、二〇一五年)参照。また、昨今の新しい研究として、第一次世界大戦下の中独関係を扱った、小池求「中国の不平等条約改正の試みと第一次世界大戦」(池田嘉郎編『第一次世界大戦と帝国の遺産』山川出版社所収、二〇一四年)などがある。

(3)楊海程「第一次世界大戦期における中国の参戦問題と日中外交」(『東アジア近代史』十六号、二〇一三年)参照。

(4)拙著『近代国家への模索　一八九四―一九二五』(岩波新書、二〇一〇年、一六五頁)。

(5)王建朗「北京政府参戦問題再考察」(『近代史研究』二〇〇五年第四期)、張志雲「中国財政与一戦紓困(一八九五―一九一八):庚子賠款、外債和内国公債」、(魏格林・朱嘉明主編『一戦与中国:一戦百年会議論文集』東方出版社所収、二〇一五年)。なお、中国での第一次世界大戦史に関する研究動向紹介として、馮青「中国における第一次世界大戦の研究状況」(軍事史学会編『第一次世界大戦とその影響』錦正社所収、二〇一五年)を参照。馮は昨今中国でも参戦外交を評価する傾向にあるとしている。

(6)「公府與外部之新年宴会」(『申報』一九一七年一月八日)。

(7)「北京電　外交伍総長今日特設盛筵(以下略)」(『申報』一九一七年一月十日)。

(8)清末民初の中国政府の財政については、以下を参照。佐藤淳平『「外省」から「地方」へ―清末民初の財政構造から見た』(東京大学大学院総合文化研究科地域文化研究専攻博士学位請求論文、二〇一八年二月)。

(9)「核減預算之為難」(『申報』一九一七年一月四日)。

(10)張忠紱『中華民国外交史』(致知学術出版社、二〇一四年版、二四六―二四七頁、[初版は正中書局、一九四三年])。

(11)一九一七年一月三十一日、「徳外部致中國駐徳公使照會(譯文)」(『外交文牘』「参戦案」絶交一、外交部、一九二一年)。

(12)許田(張国淦)「中華民国内閣篇」(『近代史資料』三十八号、一九七九年、一七七頁)。この史料は、中国社会科学院近代史研究所所蔵の「張国淦文書」に含まれる、張国淦著「対徳奥戦参戦」(甲三五〇―四六二)の一部である。

(13)「中国応取之態度」(『申報』、一九一七年二月八日)。

(14)許田(張国淦)前掲「中華民国内閣篇」。

(15)王建朗「北京政府参戦問題再考察」(『近代史研究』二〇〇五年第四期)。

(16)味岡徹前掲論文、三八三頁。

(17)許田（張国淦）前掲「中華民国内閣篇」（一七八頁）。

(18)Mr. Balfour to Mr. Alston, Feb. 8th, 1917, Ann Trotter eds., *British Documents on Foreign Affairs: Reports and Papers from the Foreign Office Confidential Print*, Part 2. Series E, Vol.22, University Publications of America, 1994, P.233.

(19)一九一七年二月九日外交部発、駐日章公使電一件「本国對徳潜艇作戦計畫抗議照會定本日下午六時提出提前電達希速通知日政府由」北洋政府外交檔案、中央研究院近代史研究所檔案館、03-26 024-05-029）。楊海程は、この時に章宗祥駐日公使が、中国がドイツと断交した場合の日本の対応について本野外相に尋ねた点について、特に章の回想録である「東京之三年」と外務省記録の内容とが一致していることから、章の回顧の内容の信憑性はかなり高いとしていている（楊海程前掲論文、一八四頁）。章の回想は、章宗祥「東京之三年」（中国社会科学院近代史研究所近代史資料編輯組編『近代史資料』総三十八号、一九七九年）参照。

(20)一九一七年二月九日「外交総長致駐京徳国公使照會」（前掲『外交文牘』「参戦案」）。

(21)一九一七年二月九日「外交総長致駐京美国公使照会」（同前史料）。

(22)「一九一七年二月八日」、「二月九日」（顔恵慶著、上海市檔案館訳『顔恵慶日記』第一巻、中国檔案出版社、一九九六年、五〇六—五〇七頁）。

(23)楊海程前掲論文参照。楊は「西原亀三日記」を用いている。

(24)一九一七年二月十一日収、駐日章公使電（張黎輝等編『天津市歴史博物館蔵　北洋軍閥史料　黎元洪巻』第七巻、天津古籍出版社、一九九六年、八六四—八六六頁）。

(25)一九一七年二月十二日収、東京章宗祥電（張黎輝等編前掲『天津市歴史博物館蔵　北洋軍閥史料　黎元洪巻』第七巻、八七〇頁）。十一日発と明記されたこの電報は国務院宛となっているが、総統府の黎元洪の元にも回覧されていたと思われる。

(26)一九一七年二月十三日収、東京章宗祥電（張黎輝等編前掲『天津市歴史博物館蔵　北洋軍閥史料　黎元洪巻』第七巻、八七二—八七六頁）。

(27)一九一七年二月十三日外交部収、東京章宗祥十二電（張黎輝等編『天津市歴史博物館蔵　北洋軍閥史料　黎元洪巻』第八巻、天津古籍出版社、一九九六年、十五—十六頁）。

(28)ただ、この電報については異なる二つの日付が史料集で付されている。一つは十四日外交部発で、いま一つは十五日外交部発である。一九一七年二月十四日外交部発、東京章公使電（張黎輝等編前掲『天津市歴史博物館蔵　北洋軍閥史料　黎元洪巻』第八巻、二十一—二十四頁）。一九一七年二月十五日外交部発、章公使電（張黎輝等編前掲『天津市歴史博物館蔵　北洋軍閥史料　黎元洪巻』第七巻、八八七—八八〇頁）。本稿では日付が「寒」＝十四日であることから、作成日は十四日として記述する。

(29)楊海程前掲論文、味岡徹前掲論文も共に二月十五日に章公使が本野大臣を訪ねたとしているが、楊前掲論文は章の回想録である「東京之三年」に依拠して二月十三日に中国として義和団賠償金の支払い猶予、関税の引き上げなどを条件として日本に希望することが、北京外交部から章公使に伝えられたとしている。だが、ここで述べたように、外支部の文書作成日が十四日なので、実際には二月十四日、あるいは翌日の十五日にこれらの条件が伝えられたものと考えられる。なお、王建朗前掲論文は二月十四日の電報で外交部から章に指示がなされたとの見解をとっている。

(30)味岡徹前掲論文。

(31)「一九一七年二月十二日」(顔恵慶著、上海市檔案館訳前掲『顔恵慶日記』第一巻、五〇九頁)。

(32)一九一七年二月十七日、外交部収駐徳顔公使電(張黎輝等編『天津市歴史博物館蔵　北洋軍閥史料　黎元洪巻』第八巻、十七頁)。なお、王建朗前掲論文では二月二十七日電報としているが(同論文十三頁注記③)、十七日が正しい。

(33)「一九一七年二月十三日」、「二月十四日」(顔恵慶著、上海市檔案館訳前掲『顔恵慶日記』第一巻、五〇九―五一〇頁)。

(34)「一九一七年二月十八日」(顔恵慶著、上海市檔案館訳前掲『顔恵慶日記』第一巻、五一二頁)。なお、この会談内容は、一九一七年二月二十二日外交部収、駐徳顔公使電(張黎輝等編前掲『天津市歴史博物館蔵　北洋軍閥史料　黎元洪巻』第八巻、三十一頁)として本国に報告されている。

(35)「一九一七年二月二十八日」(顔恵慶著、上海市檔案館訳前掲『顔恵慶日記』第一巻、五一八頁)。この内容は、一九一七年三月六日外交部収、駐徳顔公使電(張黎輝等編前掲『天津市歴史博物館蔵　北洋軍閥史料　黎元洪巻』第七巻、九二九―九三〇頁)として北京政府にも送られている。なお、宣戦した場合にドイツの租借地、すなわち日本に占領されている膠州湾や、天津などの租界が自動的に中国に帰するのか、それとも暫定的にその権利がなくなるだけなのか、といった点、また将来の講和会議に参加した場合にどうするかということは、多くの官僚たちが考慮していた点であった。たとえば、張国淦「上次長特別説站」(日付未定、甲二〇三「外交宣戦案件」、張国淦文書、中国社会科学院近代史研究所檔案館所蔵)。

(36)「一九一七年三月四日」(顔恵慶著、上海市檔案館訳前掲『顔恵慶日記』第一巻、五二〇頁)。唐君は同じくドイツとの断交に慎重であった唐宝鍔か。

(37)一九一七年三月五日外交部発、駐外各公使電(張黎輝等編前掲『天津市歴史博物館蔵　北洋軍閥史料　黎元洪巻』第八巻、一六七頁)。

(38)「一九一七年三月十日」(顔恵慶著、上海市檔案館訳前掲『顔恵慶日記』第一巻、五二四頁)。

(39)「一九一七年三月六日、在中国芳沢臨時代理公使ヨリ本野外務大臣宛『中独国交断絶ニ伴フ諸般ノ関係ニ付中国政府外交顧問ヨリ提出ノ意見書送付ノ件』」(外務省編纂『日本外交文

書』大正六年第三冊、三三〇文書、外務省、一九六八年、三三三頁)。

(40)たとえば、張黎輝等編前掲『天津市歴史博物館蔵　北洋軍閥史料　黎元洪巻』(第八巻、二三八―二三九頁)。

(41)「(附属書)三月八日在本邦中国公使ヨリ本野外務大臣ニ提出ノ覚書　中国政府ノ財政援助要請ニ関スル件」(三月八日、在本邦中国公使ヨリ本野外務大臣宛「中独断交ノ機会ニ於テ中国ノ財政援助ヲ日本政府ニ要請スベキ旨国務院ヨリ在本邦中国公使宛電請提示ノ件」の附属文書、外務省編纂前掲『日本外交文書』大正六年第三冊、三三四文書、三四四―三四六頁)。この内容は張国淦や章宗祥の回想録にも一部内容が紹介されているが、内容的には張黎輝等編前掲『天津市歴史博物館蔵　北洋軍閥史料　黎元洪巻』(第七巻)に再録されている「東京章公使」という史料が同一のものと思われる(九三六―九四三)。日付は未定だが、三月七日の電報と九日の電報の間に置かれているので、編者は八日のものと把握していたと思われる。また、外務省編纂前掲『日本外交文書』大正六年第三冊、三三四文書には、章公使が本野大臣に提示した「国務院来電」が再録されているが、この部分も同様に「東京章公使」という史料にある。つまり、「国務院来電」と「中国政府が目下希望している…具体的条件」という本文と附属書が一緒に黎元洪の史料集には採録されている。しかし、黎元洪の史料を見ると、『日本外交文書』に採録された「国務院来電」のうち、(中略)とあるのが実は「中国政府が目下希望している…具体的条件」が挿入されていた部分であった。これは、この「中略」の部分をおそらく書面で手渡し、他の部分は口頭で説明したためではないかと思われる。

(42)一九一七年三月九日、「東京来電」(張黎輝等編前掲『天津市歴史博物館蔵　北洋軍閥史料　黎元洪巻』(第七巻、九四八―九五一頁)。だが、中国国内には列強がこれらの条件にすでに同意し、その旨を段祺瑞が国会に報告したとの話が報じられていた。「北京電。政府作得駐外七使電(以下略)」(『申報』三面、一九一七年三月十一日)。

(43)国会での投票数が合わなかったために、十一日に再度おこなったとの言説もあるが「北京電　参議院今日(十日)投外交票雖多数同意、因票数不符定下日再投」(『申報』三面、一九一七年三月十一日)、十日に衆議院、十一日に参議院で議決がなされた。

(44)中国側の抗議に対してドイツ側の回答が届いたのも三月十一日であったようである。一九一七年三月十一日、「徳公使抄呈照会外交総長徳国答復中国抗議」(張黎輝等編前掲『天津市歴史博物館蔵　北洋軍閥史料　黎元洪巻』(第八巻、一八〇―一八四頁)。

(45)一九一七年三月十一日、「致各省通電」(張黎輝等編前掲『天津市歴史博物館蔵　北洋軍閥史料　黎元洪巻』(第七巻、九五三―九五四頁)。

(46)義和団賠償金をめぐる各国別の交渉経緯については、王樹槐『庚子賠款』(中央研究院近代史研究所専刊三十一、中央研究

院近代史研究所、一九七四年）のほか、中国近代経済史資料叢刊編輯委員会編『中国近代経済史資料叢刊　帝国主義与中国海関　第十編　中国海関与庚子賠款』（中国史学社、一九六二年）などを参照。
(47)王樹槐前掲『庚子賠款』二四四―二四七頁。
(48)日付未定「答覆」（張黎輝等編前掲『天津市歴史博物館蔵北洋軍閥史料　黎元洪巻』（第八巻、二四二―二四三頁）。参戦後の在華ドイツ人およびその財産の取り扱いについては、拙著『中国近代外交の形成』（名古屋大学出版会、二〇〇四年）を参照。
(49)一九一七年三月二十二日、「駐徳顔公使電」（張黎輝等編前掲『天津市歴史博物館蔵　北洋軍閥史料　黎元洪巻』（第八巻、二四八―二四九頁）。
(50)一九一七年四月?、「文書名」不明（張黎輝等編前掲『天津市歴史博物館蔵　北洋軍閥史料　黎元洪巻』（第八巻、三八七―三九五頁）。
(51)一九一七年四月七日外交部収、顧維鈞電（「美国対中国参戦的態度」中国社会科学院近代史研究所近代史資料編輯組編『近代史資料』総三十八号、一九七九年）。
(52)一九一七年四月十二日外交部収、顧維鈞電（同前書）。
(53)義和団賠償金の再返済開始並びに金フラン案については王樹槐前掲書を参照。金フラン案とワシントン体制との関係については、拙稿「第一次大戦後の中国と日仏関係―ワシントン体制と仏領インドシナをめぐる」（『日仏文化』八十三号、二〇一四年一月）参照。
(54)「一九一七年五月二日」（顔恵慶著、上海市檔案館訳前掲『顔恵慶日記』第一巻、五五一頁）。
(55)徐国琦「第一次世界大戦在中国歴史上的地位及影響」（金光耀・王建朗主編『北洋時期的中国外交』復旦大学出版社所収、二〇〇六年）。

『東アジア近代史』第二二号（二〇一八・六）
《特集》第一次世界大戦下の東アジアと世界

第一次世界大戦期の華工送出と威海衛統治問題

古泉達矢

一．はじめに

第一次世界大戦を近現代史の画期とする捉え方は、歴史学研究者の間で広く認められていると言えよう。様々な帝国を巻き込む総力戦の様相を呈したこの戦争の経緯や帰趨は、諸帝国内部における従来の支配‐被支配関係に動揺をもたらし、支配する側の人々の間に民族自決という考え方を浮かび上がらせた。そしてイギリス帝国においてもこれが契機となり、植民地支配に手直しが加えられた（1）。

もっとも、イギリス帝国各地における第一次世界大戦の歴史的意義は、必ずしも一様ではなかった。こうした事情は、やがて植民地の独立を希求するようになった人々のみならず、帝国の維持を画策した側にとっても同様であろう。このような前提のもとに立脚すると、第一次世界大戦がイギリスの東アジアにおける租借地・植民地の統治政策に与えた影響については、未だに検討の余地があるように思われる。

本稿では以上の関心をもとに、主にイギリスの公文書に基づき、第一次世界大戦当時のイギリスによる中国からの華人労働者（以下、華工）送出が、イギリスの租借地であった威海衛の統治にどのような影響を与えたのかを検討したい。

第一次世界大戦の勃発から終結に至るまでの間、総勢約一四万名の主に山東・直隷省出身の華工がフランスへ送られ、イギリス軍およびフランス軍の銃後において様々な労務に服した。そして威海衛は、中国における彼らの送出港の一つとして重要な役割を果たしたのである。

この課題をめぐる先行研究は、イギリスによる租借以降の威海衛の歴史に関するもの、華工の送出に関するもの、さらに両者の関係について検討したもの、に大別される。アトウェルによる著作を中心とした威海衛の歴史に関する論考は、主に同地が割譲されてから一九三〇年に中国へ還付されるまでの間、イギリスの植民地当局がどのような施策を講じ、現地社会にいかなる変化が生じたのかを描く(2)。このため第一次世界大戦期の華工送出は、威海衛の歴史の一幕として簡潔に触れられるに過ぎない。他方、ジェームズによる浩瀚な著作や徐国琦の論考によって代表される、華工の送出事業を対象とした研究では、この問題を主に中国の第一次世界大戦への関与という文脈か、英中関係の一端として捉えているために、威海衛との関連については必ずしも重きが置かれていない(3)。

以上の研究に対し、威海衛という場所に焦点を当てて華工送出を検討したものとして、叢愛娟および陳玉心の研究を挙げることができる(4)。とりわけ陳玉心は、威海衛の開発をめぐり華工の送出事業が果たした役割を検討しており、本稿とは問題関心が近い。しかしながら、同地の開発が東アジアにおける国際関係の動きと連動していた点についてはやや関心が希薄であり、さらなる考察を加える必要があろう。

そもそも威海衛の位置する山東省は、中国の東北部へ出稼ぎにゆく労働者（いわゆる山東苦力）の送出元としてよく知られていた(5)。そして後述するようにイギリスは第一次世界大戦の勃発以前に、華北から南アフリカへの華工送出事業にも関与していたのである。さらに威海衛の開発には、一九世紀末以降の東アジアをめぐる国際関係が影を落としていたことも忘れてはならない。すなわちイギリスによる第一次世界大戦期の華工送出は、山東省の地域的特性と当時の国際関係の展開を踏まえて俎上に載せる必要がある。本稿では上述した視角から、イギリスの華工送出事業が威海衛の開発に与えた影響を検討する。

二．威海衛の租借と開発

第一次世界大戦期の華工送出の検討に先立ち、まずは威海衛の租借と同地の開発をめぐるイギリス側の認識を確認しておきたい(6)。

威海衛は一八九八年七月一日に署名された「中英訂租威海衛専条」により、清朝からイギリスへ租借された。この租借は一八九八年三月のドイツによる膠州湾租借、およびロシアによる旅順・大連租借を受けて、イギリス政府がこれらに対抗すべき何らかの方策を採るべきとする国内世論の高まりを背景に、清朝政府へ強要したものであった。こうした事情を反映して同条約では、イギリスはロシアが旅順を占領している間、同地を租借するものとされた。[7] 一方、イギリスはドイツからの要請に応じ、威海衛には鉄道を建設しないことを約束した。すなわち同地の租借はあくまでイギリスの内政・外交上の必要性によるものであり、当初から期限をめぐる制約が加えられていた。さらに当時、海軍当局はその軍事的な有用性は限られていると捉えていたのである。[8]

こうした威海衛をめぐるイギリス側の認識は、マラヤ連合州で植民地政庁と現地在住華人の橋渡しを担う華民政務司（Secretary for Chinese Affairs）という要職にありながら、威海衛に弁務官補代理（Acting-Assistant British Commissioner）として駐在していたヘア（G. T. Hare）が、一九〇二年に執筆した報告書からも窺うことができる。この報告書でヘアは、威海衛を要塞化するには非常にコストがかかる上、同地は軍港としても有用ではない、また鉄道によって内陸部と接続できない以上、商業港へ発展させるのも難しいと指摘した。そして、威海衛の租借と占領を「不幸な企て（unfortunate undertaking）」であると評価し、本国の植民地省に対して、同地の代わりに揚子江の河口近くに位置する舟山島を租借するよう提起したのである。[9]

その後、ヘアの主張が植民地省に受け入れられることはなかった。だが一九〇四年に勃発した日露戦争を契機として、イギリス政府内では再び威海衛の統治が議論の的となったのである。開戦後、イギリスの対華政策をめぐる圧力団体である中国協会（China Association）は外務省へ、威海衛の租借条件を変更するよう要請した。[10] 当時外相を務めていたラウンズダウン侯爵（Henry Petty-Fitzmaurice, 5th Marquess of Landsdowne）は、ロシアが旅順から撤退せざるを得なくなったとしても、戦争が終結するまでの間、イギリスは威海衛を維持することができると考えていた。[11] 他方で日本もまた、同盟国であるイギリスが戦争終結後も同地に留まることを求めていた。[12] このため、イギリスの外務省および植民地省は威海衛を維持するよう求め、イギリスの帝国防衛をめぐる内閣の諮問機関である帝国防衛委員会が反対したにも拘らず、同地の租借は継続されることとなったのである。[13] だが、「中英訂租威海衛専条」の内容が変更されることはなかった。

以上のように、威海衛の租借については当初からその軍事的有用性や発展の可能性について、イギリス政府内でも疑問符が付されていた。そして日露戦争の後もなお、イギリス政府は同地の将来をめぐる明確な方針を欠いていたのである。

次に、第一次世界大戦勃発前後の威海衛の状況について概観しておこう。グラフ1から見受けられるように、一九一一年以降の政庁歳入は増加傾向にあったが、歳出をすべて賄うまでには至らず、本国から助成金の交付を受けていた。また一九〇三年に清朝政府は威海衛に輸入される品物には関税をかけないと決定したが、グラフ2にあるとおり、やはり自由貿易港だった香港に比べると寄港する船舶の総トン数も少なく、域内にも目立った産業はない状態が続いていた。(14) さらに一四年には戦争の影響で経済状況が悪化した。(15) このように第一次世界大戦の勃発直後の時点で、威海衛は政治的にも経済的にも磐石とは言い難い状況のもとに置かれていたのである。

グラフ１：威海衛政庁の歳入・歳出・本国政府助成金の推移　1906-1919 (16)

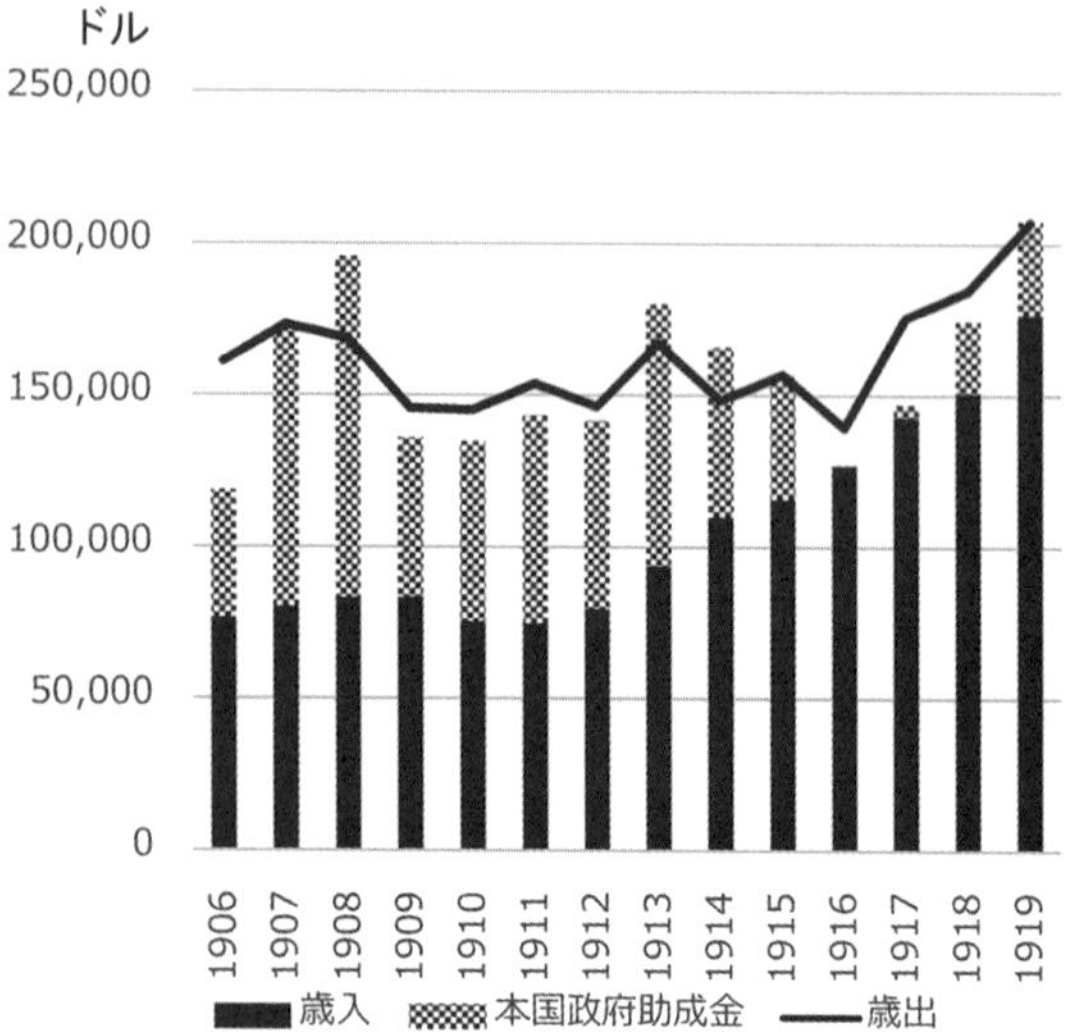

グラフ２：威海衛・香港に入港した船舶の総トン数の推移 1904-1919 (17)

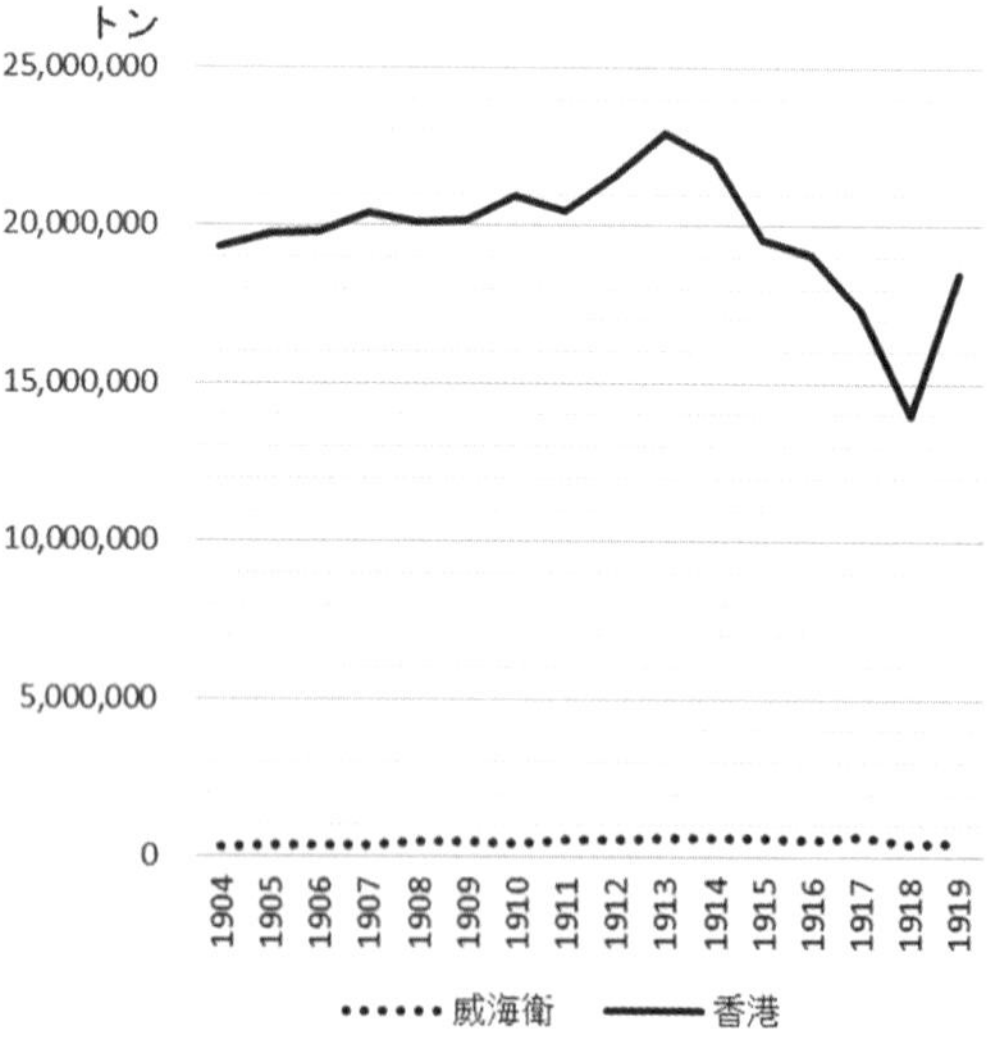

三、華工送出計画の展開

1．南アフリカへの華工送出

続いて、イギリスが関与した華北から海外への大規模な華工送出事業の前例として、一九〇四年から〇七年にかけて行われた南アフリカへの華工送出を概観する。(18)

一九〇二年に集結した南アフリカ戦争（ボーア戦争）後

の労働力不足を補うべく、一九〇四年から〇七年にかけて六三、六九五名の華工がイギリス政府による支援のもと、中国から南アフリカの金鉱へ送られた。この事業をめぐりイギリス本国では自由党を中心とする勢力が、南アフリカへ送られた華工は実質的に奴隷として扱われているとして保守党政府の関与を批判した。このため一九〇四年から〇五年にかけて、この問題はイギリスの政局を左右する一大争点となったのである。ここでは、主に華北における華工の募集と送出について確認しておきたい。

当初、イギリスは華南における華工の募集に失敗したため、南アフリカへ送られた華工のほとんど（全体の約九三％）は華北（山東省・直隷省）で徴募された者だった。[19]華北における彼らの募集・送出は開港場である天津と同地からほど近い秦皇島、やはり開港場であった芝罘を中心に行われた。芝罘では南アフリカ鉱山会議所の労働力輸送庁（Chamber of Mines Labour Importation Agency）が和記洋行（Cornabé Eckford & Co.）と契約を結び、華工の募集を行った。当時、威海衛の官憲は華工の輸送の拠点を同地へ移そうとしたが、結果的に中国政府がこれを認めたのとほぼ同時に、イギリス本国で一九〇五年末に成立した自由党政権が華工の輸送を禁止してしまった。そのため、威海衛がこの計画から得ることができた利益はほとんどなかったのである。なお労働力の移動に際しては、済南と青島を結ぶ鉄道はほとんど使われず、内陸部から天津および芝罘までの華工の移動は、河川や運河、および道路を通じて行われた。[20]

このように、南アフリカへの華工送出の際に中心となったのは開港場である天津・芝罘であり、威海衛はその恩恵に与ることができなかった。だが第一次世界大戦が勃発すると、イギリスの租借地という威海衛の性格が、華工を送出する上で重要性を帯びることになる。

2．計画の立案

一九一四年七月、オーストリア＝ハンガリーがセルビアに宣戦布告して第一次世界大戦が勃発すると、翌八月にはドイツ・ロシア・フランス・イギリスが参戦したが、中国は国内で戦火が生じることを避けるべく同月六日に局外中立を宣言した。[21]

だが一九一五年一月に日本から二十一ヶ条要求を突きつけられると、中国政府内部では戦後の講和会議における発言権を確保するために、税務処特辦だった梁士詒の周囲で欧州へ華工を派遣する計画の検討が始められた。[22]中国がフランス側へ働きかけた結果、一九一五年六月には中仏両国間での交渉が始まり、翌年五月一四日に仏政府の命を受けた同国退役軍人のトリュプティル（Georges Truptil）が中心となり、中国側の請負業社である恵民公司との間で、五年間で五万人の華工を供給するという内容の契約が取り交された。[23] またロシアも一九一六年七月までに、ドンおよびウラル地方の鉱山にて二万人の華工を雇用していた。[24]

中国からイギリスへの働きかけもまた、梁士詒の動きに端を発する。一九一五年六月七日に彼はイギリスのサー・ジョン・ジョーダン（Sir John Jordan）駐華公使へ、三〇万人の中国軍人をイギリス軍のもとで戦争に従事させる計画を提案したのである。[25] この計画は輸送が困難であることなどを理由として、イギリス側によってひとまず退けられた。[26] だがイギリス本国では、戦争の進捗に伴い国内における労働力不足が厳しさを増していた。このため北京のイギリス公使館付武官は中国の資源を戦争に利用する手段として、華工の利用と香港への弾薬工場の設置を検討した。そして彼の報告を受けたジョーダンは、ロシア・フランス同様に華工を戦闘行為以外で利用することの可否をイギリス外務省へ打診したのである。[27]

陸軍省も、外務省とは独自にイギリス国外からの労働力の供給を検討していた。一九一六年七月二八日には、同省の意思を決定する最高機関である軍事参議院（Army Council）がフランスで労務にあたる華工の募集について、外務省および植民地省へ諮ることを決定した。[28] この件を伝えられた外務省は、フランスの冬の気候を勘案すると華北で徴募することが望ましいと考えた。さらに外務省から意見を求められたジョーダンは、華工と個別に契約を取り交わして開港場から送出する案と、威海衛において華工を募集する案を提示した。これらの案のうち外務省は後者に着目し、中国人の代理人が中国領内から華工を威海衛へ送り、同地で彼らを威海衛の住民であるかのごとく雇用することで、対外的には送出される華工の部隊がイギリスのものに見えるよう取りはからう、という計画を立てた。[29]

植民地省はこの問題をめぐり、香港総督と威海衛の弁務官へ打診した。香港総督は華北での雇用を推奨し、また軍事参議院も威海衛における募集を決定した。[30]

こうして威海衛における華工の徴募計画は急速に具体化し、一〇月にはサー・トマス・ボーン（Sir Thomas Bourne）が陸軍省の代表として中国入りし、翌月には当初南アフリカへ送られる華工を収容するため威海衛に建設された施設の管理を引き継いだ。[31] また威海衛ではこれらの華工を管理するために、新たに雇用した華人警察官を含む守衛隊が組織された。[32] 計画では、ボーンは駐華公使であるジョーダンへ業務の進展を報告するとともに、必要な支援を与えるとされた。だが、威海衛での華工への賃金支払い・装備・輸送についてはボーンが、威海衛の領域外での雇用については イギリス公使館が、それぞれ責任を負うこととなってい たため、指揮系統の二重状態（dual command）が生じた。なお中国領内への代理人の派遣と華工の雇用については、南アフリカへの華工送出の際にも仕事を請け負った経験のある仁記洋行（William Forbes and Co.）が担うこととなった。(33)

ところが、イギリスによる華工の募集活動は開始直後に思わぬ障害に遭遇することになる。一九一六年一〇月に、天津市内でフランス官憲が同国租界を拡張するため、老西開と呼ばれる地域を武力で掌握したことが契機となり、華北における英仏への市民感情が悪化した（老西開事件）(34)。またアルストン（B. Alston）駐華代理公使の目に映る中国政府の姿はあまりに脆弱であり、ドイツとの関係悪化をもたらす可能性のある雇用契約には応じないだろうと考えられた。一一月に伍廷芳が外相に就任すると、ようやく中国側はフランスへ送る華工を威海衛で雇用することに非公式に同意した。(35) しかし、中国国内における中央政府と地方官憲の関係が円滑ではなかったこともあり、雇用は遅々として進展せず、ようやく第一陣となる一〇七八名の華工を威海衛からフランスに向けて送り出すことができたのは、翌年一月一八日のことであった。(36)

なお威海衛における華工の募集とは別に、駐海峡植民地イギリス陸軍司令官（General Officer Commanding）も一九一六年一〇月から廈門において、メソポタミアで労務に従事する華工を雇用していた。ところが同地でも彼らの輸送をめぐり、地方官憲との間で悶着が生じていたのである。(37)

この間威海衛ではグラフ1から明らかなように、政庁歳入の増加により一九一六年には本国政府からの助成を受ける必要がなくなった。さらに華工の送出事業は、域内住民へ雇用をもたらしはじめていたのである。(38) 同地の経済状況はにわかに好転の兆しを見せはじめていたと言えよう。だが、日英両軍が陥落した青島の利用が、イギリスによる華工の募集活動に転機をもたらすこととなる。

四．青島陥落の影響

外務省では一九一六年一二月末に、あまりに遅々として進まない華工の募集・送出活動の打開策として、新たに青島を利用する案が提起された。

大戦の勃発に至るまで、ドイツ統治下の青島は中国東北部へ向かう労働力の送出地として台頭しつつあった。従来、山東省から出稼ぎにゆく労働者の主な移出港は芝罘・龍口・羊角溝だったが、山東鉄道の開通後は、乗車賃の低減や汽船会社との連絡などが許られたこともあり、同鉄道の終着地である青島を通じて渡航するものが増加した(39)。しかし大戦の勃発後、同地は日英両軍の攻撃を受けて一九一四年一一月に陥落し、その後は山東鉄道全線と共に日本軍の軍政下に置かれていたのである(40)。

外務省極東課に勤務するリヨン（T. H. Lyons）は、威海衛と比較して青島には（一）山東半島を横切る鉄道の終点である、（二）現在日本軍が山東鉄道（膠済鉄路）の沿線を支配下に置いているため、彼らの助力を得ることができれば、中国側の妨害を受ける恐れがない、（三）近代的な埠頭や港湾施設が存在する、（四）よく整備された近代的な街であるため、必要品の供給には事欠かない、という利点があると述べ、同地に新たな華工送出事業の拠点を置くよう主張した(41)。

この案を伝えられたアルストン駐華代理公使は、当初（一）山東鉄道の周辺で華工を募集する内容の契約を既に中国側と結んでいたフランスとの競合、（二）山東における日本の立場に依存することによる中国側との関係悪化、を懸念した。だが、現地を調査した駐済南領事のプラット（J. T. Pratt）による報告を受けて、山東鉄道沿線に住む宣教師を用いて労働者を募集し、彼らをまず鉄道で青島まで運び、さらに海路を通じて威海衛へ送る、という方策を主張するようになる。時あたかも山東省の移民労働者は、旧正月明けに満州で働くための準備を進めていた(42)。

イギリスは山東鉄道を管理していた日本からの許可を得、一九一七年一月二七日にはプラットを中心として、この方法での華工の募集が始められた。この結果、徴募された労働者の数は急激に増加し、最初の二週間だけで五千人にも上った。早くも翌月にはこの方法で集められた華工が青島から威海衛へ送られるようになり、四月には青島からほど近い滄口に建設された施設から、青島港をへてフランスへ直接華工を輸送する試みも始められた(43)。同年春以降に山東省一帯が旱魃に見舞われて農家が疲弊したことも、イギリスによる徴募活動の追い風となった(44)。

この間、中国は一九一七年三月一四日にドイツと断交した。さらに同年八月一四日には、連合国側として第一次世界大戦へ参戦することになる。断交に至るまでドイツとオーストリア＝ハンガリーは、中立を宣言していた中国政府が連合国側の各国による華工の徴募活動を容認したことに抗議していたほか、徴募活動に対しても妨害を試みていた(45)。

五．送出事業の展開

こうしてイギリスは山東鉄道沿線における華工の募集を開始したが、威海衛に駐在していたボーンは、自国の統治下にない青島に新たな拠点を築く案に懸念を示していた[46]。しかし、当時すでに滄口では施設の建設が進められていた上、プラットが主導した方法も成功を収めつつあった。アルストンはボーンの見解が現実的ではないことを理由に反対し、またプラットの成功を目の当たりにした陸軍省も外務省の意向に従わざるを得なかった[47]。その後もボーンと、プラットおよびアルストンとの間の悶着はあとを絶たず、結果としてプラットは一九一八年二月に陸軍省の一員として、同省へ直接報告する立場になった[48]。

中国現地に駐在するスタッフ間の軋轢に加えて、イギリスは華工の募集・雇用活動をめぐるフランスとの競合にも直面していた。一九一六年一〇月に天津で生じた老西開事件をきっかけとして、中仏間の関係が悪化したことはすでに述べた。このためトリュプティルは活動の拠点を香港へ移動させることを余儀なくされ、同政庁の協力を得て華南での活動を始めたほか、上海でも熟練労働者の募集活動を始めたのである[49]。さらにフランス政府はイギリス外務省へ、両国による華工の募集をトリュプティルのもとで一元化するよう提案した上、これが拒否されると、イギリス同様に滄口で華工収容施設を開いた。この問題をめぐり、一九一七年一〇月には北京で関係者による協議が開かれ、さらにイギリス外務省もフランス政府へ抗議したが、翻意させるには至らなかった[50]。

イギリスは中国の地方官憲との間でも、華工の雇用をめぐり摩擦を引き起こしていた。イギリスの外交官の目には、中国の中央政府から地方官憲への指示は必ずしも満足すべきものではなく、彼らは時として華工の雇用を妨害しているかのように映ったのである。だが中国が第一次世界大戦に参戦すると、このような姿勢には変化が現れる。一九一七年一〇月には中国側からの打診に応じる形で、ジョーダンが華工の雇用をめぐり、中国政府と公式の合意を結ぶことを検討し始めた[51]。さらに中国政府は翌年四月には新しい移民法を公布した[52]。ところが英仏両国は、一九一八年初頭には中国での華工の雇用を停止してしまったのである。

一九一八年一月、イギリスの戦時内閣では船舶省（Ministry of Shipping）の担当者から、船腹の不足を理由に華工の輸送を即時停止する案が提起された。翌月この提案は内閣による裁可を得、三月には外務省へ伝えられた[53]。威海衛の施設は閉鎖され、同地のスタッフは青島へ移動してイギリス駐青島領事の指揮下に入った[54]。またフランスによる華工の雇用も一九一八年初頭には打ち切られた[55]。

なお華工のほかに、中国軍の兵士を派遣する計画も存在した。段祺瑞は一九一七年末に連合国側へ、翌年二月末までに一万名に上る最初の派遣部隊を送ることができると約束した。この計画はフランスが船舶を、アメリカが輸送費を提供するという前提のもとで、一九一八年一月に開かれた連合軍側の最高戦争会議（Supreme War Council）で裁可された。しかしフランスが船を提供することができず、実現には至らなかった。[56]

結果として総勢約一四万名もの華工が英仏両国によって雇用され、フランスへ渡った。イギリスによって欧州へ送られた華工は九五、三五八名で、出港地別に見ると威海衛からは四六、三二三名、青島（膠州湾）からは四七、八五一名、香港からは一、一八四名だった。これらの華工のほとんどは直隷省および山東省の出身だった。他方でフランスは、上述した各地に加えて南京・四川省・雲南省でも華工を雇用した。だが老西開事件の影響やフランス側内部の協調が円滑に行われなかったことなどが災いし、フランスによる雇用はイギリスほど順調には進まず、四万名ほどに留まった。非熟練労働者ばかりではなく、多くの熟練工も欧州へ送られた。[57]欧州からの華工の返送は一九一八年一一月から始められ、まず傷病者が対象となり、続いて一九二〇年九月にかけて残りの華工が中国へ戻っていった。だが戦争の終了後もおよそ三千名の華工がフランスに留まり、その多くが最終的に同国へ定住した。[58]

六．おわりに

最後に、戦時下における威海衛の状況を確認しておこう。再びグラフ1を見ると、威海衛の政庁歳入は一九一六年以降も増え続けたが、歳出の膨張を賄い切るまでには至らず、一九一七年からは再びイギリス本国政府からの補助金を受けるようになった。さらに一九一九年には、五四運動によって引き起こされた対日ボイコットの影響を被ることになる。[59]

こうした状況のもと、イギリス政府内で威海衛の維持をめぐる議論が再び浮上することは避けられなかった。一九一八年五月には上級理民官（Senior District Officer）として同政庁に勤務しており、当時は弁務官代理を務めていたジョンストン（F. Johnston）が、政治的・経済的・軍事的観点から威海衛を維持することの妥当性に疑問を呈し、同地をすぐ還付するか、もしくは新しい基礎に立脚した統治を行うべく、中国側との交渉を行うよう示唆したのである。[60]

第一次世界大戦中、イギリスは威海衛を華工送出の拠点として利用したが、この取り組みは同政庁財政を常に自立させ得るほどの影響を現地経済へもたらすことはなかった。その理由の一端は、威海衛よりも交通の便が良く、インフラの整備されていた青島が陥落し、同地が利用できるようになったことにあると言えよう。すでに述べたとおり、青島から威海衛を経ずに欧州へ送られた華工は、威海衛を出帆した華工の数を上回っていた。これらの華工が威海衛を経ていたら、同地で必要としたであろう物資の調達などの経済的な利益は、青島へ流出してしまったのである。

このようにイギリスは第一次世界大戦を利用することで、威海衛の租借をより磐石な経済的基礎の上に置くことはできなかった。また山東半島からドイツの勢力が後退したことで、イギリスにとって威海衛を維持する上での有力な政治的根拠が消滅してしまった。一九二一年から翌年にかけて開催されたワシントン会議で、イギリスはついに威海衛を中国へ還付する意思を公にした。こうして同地はいわば香港の前例のごとく、一九三〇年には中国へ還付されたのである。

註

(1)木畑洋一『二〇世紀の歴史』岩波書店、二〇一四年、五九〜一一三頁。

(2)Zhang Jianguo and Zhang Junyong, *Weihaiwei under British Rule*, trans. Alec Hill and Ma Xianghong (Jinan: Shandong Pictorial Publishing House, 2006); Pamela Atwell, *British Mandarins and Chinese Reformers: The British Administration of Weihaiwei (1898-1930) and the Territory's Return to Chinese Rule* (Hong Kong: Oxford University Press, 1985). なお近年では、同地の法制度に着目した単著も刊行されている。Carol G. S. Tan, *British Rule in China: Law and Justice in Weihaiwei 1898-1930* (London: Wildy, Simmonds & Hill, 2008). 邵宗日『英国租借時期威海衛法律制度研究』法律出版社、二〇一一年。

(3)Gregory James, *The Chinese Labour Corps (1916-1920)* (Hong Kong: Bayview Educational, 2013); Xu Guoqi, *Strangers on the Western Front: Chinese Workers in the Great War* (Cambridge, Mass.: Harvard University Press, 2011); Michael Summerskill, *China on the Western Front* (London: Michael Summerskill, 1982); A. Philip Jones, *Britain's Search for Chinese Cooperation in the First World War* (New York: Garland Publishing, 1986). 徐国琦『文明的交融——第一次世界大戦期間的在法華工』五洲伝播出版社、二〇〇七年。陳三井『華工与欧戦』中央研究院近代史研究所、一九八六年。

(4)叢愛娟『参加一戦的華工与威海衛』中国文史出版社、二〇一一年。陳玉心（Carol G. S. Tan）（呉悠悠訳）「〝不通鉄路〟的威海衛与〝華工団〟」馬驪編著（莫旭強訳・胥弋校）『一戦華工在法国』吉林出版集団有限責任公司、二〇一五年、七一〜八八頁。

(5)内山雅生「民国初期の山東からの東北移民」本庄比佐子編『日本の青島占領と山東の社会経済　一九一四～二二年』東洋文庫、二〇〇六年、三二五～三四六頁。日本の各種機関による山東省の労働者に関する調査記録などには、第一次世界大戦期の華工送出に着目したものが散見される。『山東ノ労働者』青島守備軍民政部、一九二二年、二七七～二七九頁。『山東鉄道沿線ニ於ケル支那労働者ノ労働状態調査報告・隴海鉄道調査報告書（調査資料第二一輯）』青島守備軍民政部鉄道部、一九二〇年、四三～五五頁。満蒙産業研究会編『満洲産業界より見たる支那の苦力』満洲経済時報社、一九二〇年、五〇～五三頁。『英仏露国ノ山東苦力募集状況』青島守備軍陸軍参謀部、一九一八年。

(6)威海衛の租借をめぐる国際関係については、下記の研究を参照せよ。T. G. Otte, “‘Wee-ah-wee’?: Britain at Weihaiwei, 1898–1930,” in *British Naval Strategy Esat of Suez 1900-2000: Influences and Actions*, ed. Greg Kennedy (London: Frank Cass, 2005), pp. 4-34; Atwell, *British Mandarins*, pp. 1-31; I. H. Nish, “The Royal Navy and the Taking of Weihaiwei, 1898–1905,” *The Mariner's Mirror* 54, no. 1 (Feb. 1968), pp. 39-54. 古結諒子『日清戦争における日本外交——東アジアをめぐる国際関係の変容』名古屋大学出版会、二〇一六年、一四五～一七三頁。高橋守雄「イギリスの威海衛租借について」『西洋史研究』第六号（一九六〇年一二月）、九五～一一一頁。

(7)なおロシアによる租借期限は二五年で、露清両国政府間の合意により延長可能とされていた。John V. A. MacMurray, ed., *Treaties and Agreements with and Concerning China, 1894–1919. Vol. 1: Manchu Period (1894–1911)* (New York: Oxford University Press, 1921), pp. 119-121, 152-153. 許同華・汪毅・張承栄編『光緒條約』第三巻［影印版］、文海出版社、［一九七四年］、一五〇九～一五一四頁；同第四巻、一五四九～一五五一頁。

(8)T. G. Otte, “‘Wee-ah-wee’?,” pp. 6-8; Nish, “The Royal Navy,” pp. 39-48. 高橋「イギリスの威海衛租借について」九五～一一一頁。

(9)Enclosure, “The Political and Commercial Importance of Wei-Hai-Wei,” by G. T. Hare, dated 31 Mar. 1902, in Cowan to Colonial Office, no. 1, secret and confidential, 14 Apr. 1902, CO 882/6/12, The National Archives, Kew, England. なお、以下で引用するイギリスの外務省（Foreign Office: FO）、植民地省（Colonial Office: CO）、陸軍省（War Office: WO）、内閣府（Cabinet: CAB）の文書は、いずれも原本が同文書館に所蔵されている。

(10)China Association to FO, 20 May 1904, FO 17/1767.

(11)Confidential print dated 4 Aug. 1904, FO 17/1767.

(12)MacDonald to Landsdowne, no. 266, conf., 6 Nov. 1905, FO 17/1767.

(13)Otte, “‘Wee-ah-wee’?,” pp. 18-26.

(14)Atwell, *British Mandarins*, p. 67.

(15)*Colonial Reports—Annual. No. 845. Weihaiwei. Report for 1914*. Cd. 7622-36 (1914-16), p. 4

(16)CO 521; *Colonial Reports——Annual. Weihaiwei*, 1906–1920.

(17)*Colonial Reports—Annual. Weihaiwei*, 1904-1920; *Historical and Statistical Abstract of the Colony of Hong Kong, 1841–1930*. 3rd ed. (Hong Kong: Noronha, 1932), pp. 7-8.

(18)南アフリカへの華工導入については、代表的な研究として以下を参照せよ。Rachael K. Bright, *Chinese Labour in South Africa, 1902-1910: Race, Violence, and Global Spectacle* (Basingstoke: Palgrave Macmillan, 2013); Peter Richardson, *Chinese Mine Labour in the Transvaal* (London: Macmillan, 1982). 木畑洋一「『中国人奴隷』とイギリス政治——南アフリカへの中国人労働者導入をめぐって」油井大三郎ほか『世紀転換期の世界——帝国主義支配の重層構造』未来社、一九八九年、八一～一一九頁。

(19)Bright, *Chinese Labour*, pp. 84-90.

(20)Richardson, *Chinese Mine Labour*, pp. 104-134.

(21)中国の第一次世界大戦をめぐる経験については、さしあたり以下の論考を参照せよ。小池求「中国の不平等条約改正の試みと第一次世界大戦」池田嘉郎編『第一次世界大戦と帝国の遺産』山川出版社、二〇一四年、二一九～二四五頁。小野寺史郎「中国ナショナリズムと第一次世界大戦」山室信一・岡田暁生・小関隆・藤原辰史編『現代の起点　第一次世界大戦　第一巻　世界戦争』岩波書店、二〇一四年、一八一～二〇一頁。

(22)Xu, *Strangers*, pp. 10-16.

(23)Jordan to Grey, no. 278, conf., 5 Oct. 1916, FO 371/2657/226489; Xu, *Strangers*, p. 17.

(24)Jordan to Grey, no. 196, very conf., 25 July 1916, FO 371/2657/163788. 李志学は先行研究をもとにロシアで第一次大戦期に雇用された華工の総数を検討し、その数を二〇余万人程度と推計している。李志学「第一次世界大戦中的赴俄華工」張建国主編『中国労工与第一次世界大戦』山東大学出版社、二〇〇九年、一一四～一一五頁。

(25)Jordan to FO, tel., no. 142, private and secret, 7 Jun. 1915, FO 371/2327/73793.

(26)FO to Jordan, tel., no. 95, private and secret, 14 Jun. 1915, FO 371/2327/77214.

(27)注24と同じ。

(28)Minutes of the Proceedings of the Army Council, 28 Jul. 1916 (184th Meeting), WO 163/21.

(29)FO to Jordan, tel., no. 181, 30 Sep. 1916, FO 371/2657/197013.

(30)WO to CO, 14 Oct. 1916, CO 521/17; May to CO, tel., 9 Oct. 1916, CO 129/435.

(31)Jordan to FO, tel., no. 319, 28 Oct. 1916, FO 371/2657/216823; Senior District Officer to Messrs Lavers & Clark, no. 529, 9 Nov. 1916, CO 873/488.

（32）Stewart Lockhart to Secretary of State, CO, conf., 31 Jan. 1917, CO 521/18.

（33）FO to Jordan, tel., no. 184, 5 Oct. 1916, FO 371/2657/199023; Jones, *Britain's Search*, pp. 119–120.

（34）Xu, *Strangers*, pp. 20–21.

（35）Alston to FO, tel., no. 375, 14 Dec. 1916, FO 371/2657/253284.

（36）Bourne to WO, tel., secret, 18 Jan. 1917, enclosed in WO to FO, conf., 20 Jan. 1917, FO 371/2905/16654.

（37）Alston to FO, tel., no. 347, 18 Nov. 1916, FO 371/2657/232655; General Officer Commanding, Straits Settlements to WO, tel., 12 Oct. 1916, Part 3, WO 32/11345. メソポタミアにおける華工の活動については詳細が明らかにされていないが、一九一八年一〇月時点で六千名ほどが労務についていた模様である。F. J. Moberly, *History of the Great War, Based on Official Documents: The Campaign in Mesopotamia 1914–1918*, vol. 4 (London: HMSO, 1927), p. 329.

（38）*Colonial Reports—Annual. No. 924. Weihaiwei. Report for 1916*, Cd. 8434-10 (1917–18), pp. 4, 9.

（39）『英仏露国ノ山東苦力募集状況』一〇頁。満蒙産業研究会編『満洲産業界より見たる支那の苦力』六一頁。山東鉄道は中国・ドイツの合弁企業によって運営されていたが、ドイツの官僚はその運賃を決める上で強い影響力を行使できる立場にあった。John E. Schrecker, *Imperialism and Chinese Nationalism: Germany in Shantung* (Cambridge, Mass.: Harvard University Press, 1971), pp. 104–105.

（40）小池「中国の不平等条約改正の試みと第一次世界大戦」二三四～二三七頁。

（41）Minutes by Lyons, on Alston to FO, tel., no. 389, 27 Dec. 1916, FO 371/2657/262941.

（42）Alston to FO, tel., no. 24, 15 Jan. 1917, FO 371/2905/11922.

（43）Alston to FO, tel., no. 164, conf., 30 Mar. 1917, FO 371/2905/67767.

（44）『英仏露国ノ山東苦力募集状況』二二～二三頁。

（45）陳三井『華工与欧戦』四九～五九頁。Alston to FO, tel., no. 389, 27 Dec. 1916, FO 371/2657/262941.

（46）WO to FO, 24 Mar. 1917, FO 371/2905/63232.

（47）WO to FO, 24 May 1917, FO 371/2906/105185.

（48）Jordan to Pratt, 21 Feb. 1918, FO 228/2892.

（49）May to Long, conf., 20 Jan. 1917, CO 129/441; Xu, *Strangers*, pp. 16–18.

（50）FO to Jordan, tel., no. 439, 10 Nov. 1917, FO 371/2906/213035. 日本側の記録によると、イギリスはフランスの取り組みを中傷する広告を配布して妨害を試みていた。『英仏露国ノ山東苦力募集状況』四一頁。

（51）Jordan to FO, tel., no. 515, 3 Nov. 1917, FO 371/2906/210819.

（52）Jones, *Britain's Search*, p. 174.

(53) War Cabinet Minute, 19 Feb. 1918, CAB 23/5/349; WO to FO, 4 Mar. 1918, FO 371/3178/40593.

(54) Bourne to Stewart Lockhart, 9 Aug. 1918, CO 873/538.

(55) Xu, *Strangers*, p. 21.

(56) Jones, *Britain's Search*, p. 215

(57) 徐はイギリスによって送られた華工数を九四、四五八名としているが、彼の依拠した資料をもとに再び算出すると上述した値となる。Xu, *Strangers*, pp. 48-50; "Statement showing movement of vessels conveying Chinse coolies to France and numbers reported on each vessel," WO 32/11345.

(58) Xu, *Strangers*, pp. 101-102, 123.

(59) *Colonial Reports—Annual. No. 1040. Weihaiwei. Report for 1919*, Cmd. 508-23 (1920), p. 5.

(60) Johnston, Officer Administering the Government to Long, conf. 21 May 1918, CO 521/19.

付記：本研究は科学研究費補助金（17K02007）による研究成果の一部である。

『東アジア近代史』第二二号（二〇一八・六）

《特集》第一次世界大戦下の東アジアと世界

第一次世界大戦下のヨーロッパから見た東アジア

―ドイツが注目した連合国の背面―

大井知範

はじめに

ヨーロッパは第一次世界大戦から一〇〇周年の節目を迎えている。二〇一四年までに出された関連著作や研究論文は二五〇〇〇点を数えるといわれているが、ここ四年の間にその量はいっそう増したに違いない[1]。質的に見ても、単に戦場の出来事だけでなく、銃後の社会や人々の内面に至る広範な領域が研究に包摂され、この大戦がヨーロッパに与えたインパクトの大きさに関心が向けられ続けている。

しかしながら、対象が広がり膨大な研究成果が生み出される一方で、その多くはもっぱらナショナル、ならびにローカルなレベルで語られ、ヨーロッパの「内側」の物語として大戦は回顧されてきた。こうした旧来の潮流に対して、近年は第一次世界大戦を欧州だけの問題ではなく、グローバルな世界全体の問題として捉え直す研究が盛んになりつつある。たとえば、戦場の拡大、世界規模の参戦国、欧州域外から派遣された兵士や労働者などに目を向け、第一次世界大戦がまさにグローバルな戦争であった事実が再評価されている[2]。いうなれば、一九一四—一八年の“Great War”はなぜ“World War”でもあるのかを問い直す試みが広がっているのである。

こうした「欧州」大戦の「世界」大戦化に際して、地球の反対側に位置する東アジアも重要な役割を果たすことになる。上記に挙げた「戦場」「参戦」「派遣」いずれの側面でも、東アジアの諸国や人々は大戦に関与しており、この地域はグローバル戦争を構成する一舞台となっているからである。

では、第一次世界大戦をグローバル戦争の枠組みで論じる研究において、東アジアは実際にどのように扱われているのであろうか。大戦をグローバルヒストリーの視座で眺めた場合、まず注目されるのが戦場の広がりである。しかし欧米の最近の歴史研究において、世界各地の戦場で起きた出来事はもっぱら欧州自身の目線で語られ、ヨーロッパ中心主義に基づく歴史観の域は越えられていない[3]。また、書名に「グローバル・ウォー」を掲げたウィンター編の論文集も、第一次世界大戦史を包括的に論じてはいるが、内容はもっぱらヨーロッパ中央部の政治や戦場の動きに関するものに限られている[4]。とりわけ、こうした議論のなかで東アジアの戦場は世界の他の地域と比べ重要な考察の対象とはなっていない。東アジアや太平洋に関心を向けた論考を見ても、領土的野心を持つ日本が日英同盟を口実に参戦し、小艦隊を各地へ派遣した史実などの確認にとどまっている[5]。

このような傾向は単に東アジアを戦場として見た場合に限らない。たとえば、ラキチュらの論文集は欧州外地域、および欧州内の周辺部を含むグローバルな領域を取り込み、大戦がもたらした世界規模での政治変動と社会文化的な変容に焦点を当てるが、対象地はアイルランド、インド、アフガニスタン、イラン、セネガル、アルゼンチンにとどまり東アジアは含まれない[6]。第一次世界大戦を「グローバル戦争」として捉える欧米の歴史研究において、重要なのはオスマン帝国の解体過程と結びつけられる中近東、多数の兵士や労働者をヨーロッパの戦場へ送ったアフリカ、インド、オセアニアであり、東アジアは付随的な位置づけにとどまっているのである[7]。

もっとも、戦争史ではなく帝国史の研究領域に目を向けるといくぶん異なる状況が見て取れる。帝国主義という時代環境のなかに大戦を置き直したとき、インド、アフリカ、オセアニア、西インドと並び、東アジアや東南アジアが主要な活動の舞台となるのである[8]。昨年刊行されたストリーツ＝ソルターの著作では、大戦下の東南アジアにおける国境を越えた反植民地運動（インド人、ムスリム、ベトナム人）とそれを支援するドイツやオスマン帝国の策謀が巧みに描かれている[9]。そこでは単なる反乱や策動の歴史にとどまらず、中立諸国（蘭印、タイ、中国、アメリカ）の対応、ならびに協商諸国が構築したトランスナショナルな治安ネットワークの所在が明らかにされる。植民地における騒擾を手がかりに、大戦下のヨーロッパとアジアのグローバルな関係性を多面的に論じた新たな試みといえる。

また徐の近著は、日本、中国、朝鮮、ベトナム、インドの大戦への反応と関与を「共通の経験」という観点から比較し、アジアの人々は単に欧州の戦局に巻き込まれたのではなく主体性を持って向き合い、当初の期待が次第に幻滅へと変化する様子を追っている[10]。つまり、第一次世界大戦はアジア諸民族のナショナルな自意識や国際認識の形成を促し、世界秩序における自身の立ち位置を見定める画期となる出来事であったとされる。

このように、最近の研究では大戦下の「アジアの目線」やグローバルな関係性が盛り込まれ、東アジアと第一次世界大戦のつながりについて多様なアプローチが広がりつつある。とはいえ、これまでの研究は人的貢献、戦債購入、武器や物資の支援、海上警備など目に見える「戦時協力」に重心が偏っており、外交政策や軍事構想、つまり戦略上の両地域の絡み合いについては十分に議論が深まっていない[11]。また、その多くは欧州の大戦が東アジアと日本に与えた影響に関心が集約される傾向にある[12]。それとは逆のベクトル、つまり東アジアや日本の動向は欧州の大戦にいかなる作用をもたらしたのか。その作用は微々たるものであり、「結局のところ取るに足らないもの」にすぎなかったのか[13]。大戦一〇〇年の節目にこの問題をもう一度考えてみる必要があるかもしれない。

そこで本稿では、地図上かけ離れた場所に位置するヨーロッパと東アジアが、大戦の膠着状況が続くなか政治や軍事の面でいかなるつながりを有していたか考えてみたい。そのために、ここでは大戦中期にドイツ政府が日本へ向けた視線に注目し、戦時中のヨーロッパから見て日本と東アジアの動向はどのような意味を持ったのか論じてみたい。

一．ドイツの対日接近

（一）ストックホルムからのアプローチ

第一次世界大戦勃発時の駐独臨時代理大使・船越光之丞は次のように語っている。「近代の戦争は、どんな国家の間にあっても、常に外交をもって終始する。即ち、外交関係の断絶は、多くは戦争の開始を意味し、又、戦争の終局したとき、再び外交的交渉の始まるときである[14]」。一九一四年八月二三日に始まる日本とドイツの戦争は、同年一一月に青島攻防戦の帰趨が決したことで実質的に終結した。つまり、全世界を巻き込んだ大戦は以後四年にわたり継続するものの、日独の間には以後「戦争」と呼べるような全面的な国家間の衝突は見られなくなる。ゆえに、早くも一九一五年初頭には両国の間で「外交的交渉」が始まる契機が生まれたのである。

第一次世界大戦史研究は、一〇〇周年の節目を迎えて昨今高い関心を集めるが、ドイツが水面下で展開した対日単独講和をめぐる一連の動きはこれまでのところ再検討の対象から外れている。この史実をめぐっては、すでに三宅や早島がマルチ・アーカイヴァルの手法を駆使して事実関係を明らかにしており、戦時中のストックホルムと北京を舞台とする日独の外交的な接触はその細部が明らかにされている。[15] しかしながら、緻密な実証を展開した早島の主著はドイツ語で発表されており、日本の研究者がその成果に触れる機会は制約されていた。そして何よりも、一九一五年から一九一七年まで続いたドイツの対日アプローチは結局のところ実を結ばなかったため、歴史研究者の関心が向かう対象とはなっていない。

では、単独講和をめぐるドイツの日本に対するアプローチはさしたる意味を持たない歴史の挿話にすぎないのであろうか。実現しなかった構想や未遂の政策のなかに実は物事の本質が潜んでいるのではないか。ここではまず、ドイツの対日接近政策のあらましを振り返り、東アジアと日本は同国当局者の目にどのように映っていたのか確認しておこう。

ドイツの対日外交は、青島戦争の終結直後に早くも再開されていた。一九一四年の末、外務長官ヤーゴウ（Gottlieb von Jagow）は北京とバタヴィアの在外公館へ訓令を発し、日本側に和解の意思を伝えるよう指示した。そのねらいは、噂される日本軍の欧州派遣を阻止する予防線の構築にあったが、これ以降、日本との単独講和を模索する一連の動きが始まることになる。[16] 一九一五年一月五日、今度は日本側から対独和解を示唆するシグナルがストックホルムのドイツ公使館に届いた。それは、膠州湾と南洋の攻略により日本の対独戦争は終結したため、もはや日独間に懸案は存在しないという意思表示であった。[17] ストックホルムから電報を受け取ったドイツ政府は、日独和解によって日本を協商陣営から離反させることができると考え、現地での対日折衝に期待を寄せるようになる。こうした認識はヤーゴウのツィンメルマン（Arthur Zimmermann）外務次官宛書簡に表れている。ヤーゴウの分析では、日本はすでに日英同盟の義務を完遂しており、欧州派兵などこれ以上の軍事支援の必要性を感じていない。それどころか、日本の大陸政策は欧米諸国と亀裂を生む可能性があり、協商陣営内部における輪の乱れが予見された。さらには、産業や軍事、対外進出の面で日本は資金を必要としており、ドイツがこれを援助する姿勢を示せば和解や戦後の連携を導く梃子となり得る。こうした想定のもと、ドイツ政府は日本との単独講和が一定の実現可能性を持つものと判断したのである。[18]

この直後、ストックホルムの日独両国公使館の間で間接的な折衝が始まる。一月二二日、ストックホルム駐在の内田定槌公使とオーストリア＝ハンガリー公使ハーディック（Maximilian von Hadik）が会談し、そこでの内田の発言内容はドイツ公使館に伝達された。内田はまず、日本は日英同盟に基づき仕方なく参戦したのであり、青島の陥落で戦争は終了していることを明言した。ゆえに日本に欧州派兵の意思はなく、ロシアへの武器供与もかつて旅順で奪った砲の返却にすぎないと彼は説明している。また内田は、日英同盟への疑念を吐露し、期限が六年残っている現状に遺憾を示しつつ、失効後には政策転換の可能性があることをほのめかした。二月二七日の日墺公使会談でも、内田は同様の趣旨の発言を繰り返し、日本はドイツに敵意を抱いておらず逆に敬意を持つこと、日本の主眼は中国政策にあり、現下の有利な状況を東アジアで徹底的に利用する旨が語られた[19]。

この会談録を伝え聞いたドイツ政府は、日本側には対独講和の用意があると悟り、内田に接触して探りを入れるようストックホルム駐在のルーチウス公使（Hellmuth von Lucius）へ訓令を発した[20]。もっとも、四月五日の日墺公使会談の席で、内田はイギリスとの関係があるゆえ単独講和は不可能であると明確に答えている。にもかかわらず、内田がドイツ公使との会見を望んだため、ドイツ政府はそれを対独融和のシグナルと判断したのである。とりわけ、外務省のヤーゴウ長官とツィンメルマン次官は対日和解政策を真剣に顧慮し、内田との個人的な接触に躊躇するルーチウス公使に不満を感じていた[21]。

こうした上層部の前のめりの姿勢を抑制したのが外務省内のいわゆる知日派グループであった。とりわけ、一九〇七年から一九一一年まで東京の大使館で勤務歴があるモンジェラ（Adolf Graf von Montgelas）の意見書が大きな意味を持った。外務省の東アジア政策責任者の地位にあった彼は、政府が推し進めようとする対日接近政策に異議を唱えた。その理由として、①日英同盟に単独講和を禁じる条項があるので、現時点で日独の単独講和は不可能であること、②総選挙で大隈内閣が勝利したため、当面は加藤高明外相のパーソナリティが日本外交を拘束し、日本の方針転換は望めないこと（逆に日独交渉の情報がイギリスに筒抜けになる恐れがある）、③青島は日本が既成事実としてすでに占領しているゆえ、交渉の武器として価値を持たないこと、しかし青島以上の取引材料がドイツ側にはないこと、④こちら側から講和を申し出るとドイツの弱さの表れと解釈され、日本を逆の方向に向かわせる恐れがある、というものであった[22]。どれも理にかなった根拠の提示であり、日本と東アジアの事情に通じた専門家としての卓見であった。とりわけ、ヤーゴウや軍部は青島の価値を過大評価する傾向にあったが、これが対日交渉の道具にならないことをモンジェラは的確に見抜いていた[23]。

外務省はモンジェラの意見書を採用し、日英間の亀裂が明確になるまで対日接近の機会を待つことに決した。この意見書が首脳部に受け入れられた理由として、二十一カ条要求をめぐる日中交渉がドイツから見て期待はずれに終わった事情が考えられる。つまり、列強が対日批判を強めたにもかかわらず日中交渉が予想外にまとまり、日英間の決定的対立をもたらさなかったことにドイツ側は落胆していたのである[24]。ただ、ドイツ政府は対日講和を断念したわけではなかった。このことは、ヤーゴウ長官がモンジェラ案に同意した際、ストックホルムにおける日本側との接触は以後も続け、日英の亀裂が生じるタイミングを見計らって対日接近を再開せよと訓令を発していることからも分かる[25]。

(二) 北京からのアプローチ

以上のストックホルムにおける折衝過程を見ていて一つ気になる点がある。日本側の動向である。日本政府は本当に対独和解を意図していたのであろうか。

前述のように、ドイツ政府はストックホルムの公使館から届く情報に基づき対日単独講和の実現性を感じ取った。しかしこれはドイツ側の重大な思い違いであった。というのも、この間の一連の経緯に関して内田公使は東京と密に連絡を取っていたわけではなく、日本政府がドイツとの接触を命じた形跡はない[26]。つまり、内田の各種発言の背後には、独墺の内情を探るための個人的な策謀があり、また彼は日本の一般的立場をやや誇張気味に説明したにすぎなかったのである。早島によれば、これは内田が繰り出した一種の「偽装工作」であった。実際、ドイツに歩み寄りの姿勢を見せる一方で、内田はドイツ側の反応を現地のイギリス公使へ伝え、イギリス外務省も内田の行動に満足の意を表明していた。一連の内田の言動は、東京の指示に基づかないものではあったが、報告を受けた加藤外相は事後承認を与え、協商諸国の間でストックホルム情報は共有されるに至ったのである[27]。

そのような事情を知らないドイツ政府は、欧州だけではなく東アジアの中立国をも利用して対日接近政策を前進させようとしていた。その動きが加速するのは、元海軍少将でメキシコ駐在公使のヒンツェ（Paul von Hintze）が北京へ転任した一九一五年初頭のことであった。当時、二十一カ条要求をめぐって日本と列強の関係が紛糾していた状況は、ドイツの対日接近にとって有利な環境といえた。ヒンツェ駐華公使はこのタイミングを見計らって日本側に探りを入れる。彼は朝日新聞記者との会見の席で、戦後の日独連携と日独同盟の可能性を示唆し日本政府の反応をうかがったのである。

一九一五年三月、北京駐在の日置益公使はドイツ人ビジネスマンを介し、日本に欧州派兵の意思がないこと、国内に反独的な空気がないことをドイツ側に伝えた。ヒンツェもまた、ドイツは日本の対中政策を理解しており、戦後に東アジアでのフリーハンドを認める用意があることを第三者経由で日置に伝達した。ヒンツェは、日置の言葉やイギリスへの不信感を叫ぶ日本各紙の論調から日独和解の可能性を感じ取り、親英的な大隈・加藤路線に反発する国内勢力に期待を寄せたのである。ところが、日中の交渉が妥結し日英間の亀裂は拡大しなかったため、ドイツ側の甘い期待は失望に変わった。加藤が外務省を離れた後も待ち望んだ日本の政策転換は招来せず、ヒンツェの工作は一時停止を余儀なくされるのであった[28]。

それでも、中国の参戦問題をめぐり日英間に新たな火種が生じた一九一五年末、ヒンツェは対日接近の再開を画策する。彼の見立てでは、日本に対し東アジアでのフリーハンドを約束することで、日独間に何らかの諒解が得られる見通しがあった。しかしヤーゴウ外務長官は、日本のフリーハンドを容認するドイツとそれを甘受しない列強の間で戦後に軋轢が生じる事態を危惧し、また中国市場からドイツが完全に締め出される弊害も憂慮した。つまり、一方では日独講和を希求し、他方では中国の中立維持と在華ドイツ権益の護持を望む、この二つの方策の間でドイツ政府は揺れていたのである[29]。

それゆえ、ヤーゴウはヒンツェの対日接近案に二の足を踏んだが、加えて知日派外交官の所見が外務長官の判断を側面支援した。前横浜総領事のティール（Fritz August Thiel）によれば、協商陣営は日本の同意がないまま中国の参戦を容認できる立場に置かれていなかった。ゆえに、中国参戦問題をめぐって日英間に齟齬が生じる事態は考えづらかった。また、依然として法的な交戦関係にある日独両国が直接交渉を行なうのは難しく、下手に接近すればこちら側の意図が協商陣営に筒抜けになる恐れがあった。つまりティールは、協商陣営の力関係と日本の内政状況からそもそも対日単独講和の実現性は低いと見積もっていたのである。ただし、中国参戦問題を通じて日本の国内世論が過熱し、政権交代や親独派の台頭が生起する可能性も否定できなかった。加えて状況次第では、ドイツが日中の仲介者の役割を演じ、両国をドイツ側に取り込める可能性もあったため、事態の進行を注意深く見守るべきだとティールは主張している[30]。

このように、外務省は戦後の中国に対する利害関心から日本へのフリーハンド容認には消極的であった。しかし、ここで戦時下特有の政治過程が政府の方針決定を歪めた。

戦後のことよりも現下の戦争で勝つことを優先する軍部は、日独和解の戦略的意義に着目し政策決定に横槍を入れたのである。海軍は日本を協商陣営から離反させる方策に入れ込み、ヒンツェに単独講和締結の全権を付与する案に賛同した。海軍軍令部長ホルツェンドルフ（Henning von Holtzendorff）の見解では、日本との単独講和は敵陣営の分断とロシアへの武器供給ルートの遮断を意味した。これにより、日本の欧州派兵を阻止でき、加えてロシア軍の武器枯渇がもたらされるゆえ、陸軍参謀総長ファルケンハイン（Erich von Falkenhayn）もこのシナリオに関心を寄せた。また、海軍自身にとっても日独講和がもたらす戦略的な恩恵は大きかった。イギリス海軍は、不測の事態に対処するため太平洋とインド洋へ戦力の再配置を迫られ、欧州水域におけるドイツ海軍の負荷軽減につながると予想されたからである。

ホルツェンドルフはさらに、単独講和にとどまらず日独同盟が締結できれば、戦争全体の帰趨にも大きな影響を与えると考えていた。つまり、ロシアと外界をつなぐ道の役割を果たす太平洋を封じ、アメリカからロシアへ至る武器供給ルートが遮断できること、加えて日本の脅威に直面するアメリカやオランダはドイツに対する強硬姿勢を控えると彼は予測したのである[31]。

こうして日本の意義を過大評価し、中国との関係に無頓着であった軍部の意向は政府の方針決定に影響を与えた。軍部の発言権が極大化した戦争という状況下ゆえ、結局ヤーゴウはヒンツェの対日接近案を却下できず、一九一五年一二月一七日、条件つきで交渉全権の付与を北京へ発令したのである[32]。しかしながら、中国参戦問題をめぐる協商国と日本の対立がやがて解消し、さらには日露両国が同盟締結の動きを見せるなか、ドイツにとって対日交渉の糸口がつかめない事態が半年間続いた。結局、一九一六年六月にヒンツェは交渉の着手を断念し、適当な時局が到来するまで機を待つ方針が決せられた[33]。対日接近の舞台は以後ストックホルムに一本化されていくのである。

(三)　ストックホルムからの再アプローチ

一九一六年初頭、ドイツ政府はストックホルムにおける対日接近にいっそう前のめりになっていた。というのも、当時各国の新聞で日本の反英感情の高まりと対独接近の可能性を報じる記事が続出し、日英同盟の亀裂が過大評価されていたからである。また、内田公使と接触したハンブルクの銀行家が日本側の講和意思を高く見積もり、本国政府に楽観的な見通しを報告していたこともドイツの政策判断に影響を与えた[34]。

ただし、肝心のストックホルム駐在公使ルーチウスは慎重姿勢を崩さず、しばらく静観して様子を見るのが得策であると本国に進言している[35]。戦局打開の切り札を渇望するヤーゴウ外務長官はこの意見に与せず、対日接触を図るようルーチウスに改めて指示した[36]。と同時に、ドイツ政府はもう一人のエージェントをストックホルムで手にしていた。一九一六年三月三〇日、ストックホルムで内田と面会したドイツ工業界の重鎮シュティンネス（Hugo Stinnes）は、その会見内容を本国政府に伝えている[37]。シュティンネスによれば、内田は日本の良好な対独感情を説明し、その証左は日本各地の収容所における捕虜の扱いや在日ドイツ商人に対する寛容な措置に見られる通りであると語った。つまり、三国干渉の恨みは青島攻撃ですでに晴らされており、日本はドイツに対する敵意を持っておらず関係修復を望んでいることが示唆された。また、日英同盟が失効した後に外交政策に転換の余地があること、現下の大戦で全面講和が実現するためには手始めにドイツと日露の講和が重要であることなどが内田の口から伝えられた[38]。

翌四月一日、シュティンネス同席のもと、ルーチウスと内田による初めての公使会談が催された。この席で内田は、協商側との条約があるゆえ日本にとって単独講和は不可能である旨を告げ旧来の説明を繰り返した。それに対してドイツ側は、日独の行動が大戦を終わらせる第一歩になり得ると考え、全面講和へ向けて日本がロシアへ働きかけることを期待した。つまり、日本の影響力を利用してロシアを単独講和に誘い込み、ドイツに有利な全面講和の先駆けとする構想をドイツ政府は描いていたのである。また、内田が青島の問題を持ち出したため、ドイツ側はこれを日独の講和条件と受け止めた。それゆえドイツ政府は、日本のロシアへの働きかけが実を結べば、青島の譲渡を認める方針に傾いていた[39]。

こうして日独間では対露問題と青島問題が深く結びつき、この両題を争点とする交渉が続けられた。四月二四日、ルーチウスとの二度目の会談に臨んだ内田は、青島の権益を日本に引き渡すならば対独接近を検討する可能性をほのめかし、併せてロシアへの影響力を行使して同国を対独講和へ促す用意があることを示唆した。四日後の同じ会談で、ルーチウスはヤーゴウの訓令に基づいてこの申し出に前向きな姿勢を見せる。つまり、日本がロシアへ影響力を行使し、独露の講和を成就させたあかつきには、鉄道と私有財産の補償を条件に青島を放棄してもよいとドイツ側は応じたのである。これに対し内田は、本国への問い合わせのため返答を留保しつつも、新たに南洋植民地の譲渡も持ち出してドイツ側を揺さぶった[40]。

その後も両者の接触は続き、一九一六年五月一二日、ヤーゴウ外務長官は日本の仲介による日独露の単独講和を実現させるため、ルーチウス公使に交渉の全権を付与した。戦争全体の講和に先駆けた日独露による非公式の予備交渉をドイツ側はめざしたのである[41]。そこでは当然、内田も日本政府から全権委任状を与えられることが交渉の前提とされた。ところが、石井菊次郎外相は内田のこれまでの行動に満足の意を示すも、ドイツとのこれ以上の交渉は凍結するよう訓令を発した。つまり、日本はドイツとの間で単独講和をめぐる交渉に入らず、ドイツが日本やロシアとの講和を望むのであれば、その意思をまず全協商国へ伝えるべきであるという方針を採ったのである。その場合、日本が仲介役としてドイツの意向を協商諸国へ取り次いでもよいというスタンスだけは保たれたが、あくまでも日独露の単独講和に専心するドイツ政府がこの申し出に応じることはなかった[42]。

日本政府のこうした姿勢は、石井が協商諸国の意向を強く気にかけていたことに起因した[43]。彼は、ストックホルムにおける内田の一連の行動を原則支持しつつも、そこで得られた情報は協商諸国と共有していた。とりわけ石井は、前任者の加藤に劣らずイギリスとの協議を重視していた。そのため日本政府は、ドイツからのアプローチに対処する際、イギリスのグレイ（Edward Grey）外相に所見を求めている。この問い合わせに対しグレイは、協商四国の結束と連携による対処を望み、ドイツが講和を求めるならば四国すべてに向けて提起すべきであるという原則を強調した。もっとも、現状では講和条件が折り合わないため、全面講和への道は開かれていないこともグレイは認識していた。こうしたイギリス政府の態度に接し、石井はこれ以上のドイツとの接触が英仏露からの要らざる疑念を招く事態を恐れた。つまり、日本政府にはドイツからの誘いを英仏露三国への脅迫材料とする意図はなく、あくまで協商陣営との協調が最優先されたのである[44]。

以上のように、ストックホルムと北京を舞台とするドイツの外交攻勢は、本交渉が開始されようとしたその時点で日本側が手を引いたことにより頓挫した。ドイツ側はそれ以降も対日接近政策を放棄せず、ツィンメルマンが外務長官に昇格した後もストックホルムでの働きかけを続けた[45]。しかし、前述のように日本側にはドイツとの一対一の交渉に応じる意思や親独路線を検討する余地はなく、単独講和や独露の講和仲介は「選択される筈のあり得ない路線であった」[46]のである。にもかかわらず、対日講和政策に対する軍事的な要求度の高さが日本の対独接近の蓋然性を過信させ、存在しない前提のもとドイツは対日接近政策に乗り出していた[47]。こうした思い込みや期待は、次章で述べる通り、世界地図を広げ各国の位置関係を眺めた際により強く鮮明なものとなったのである。

二．三帝国の背後に位置する東アジア

（一）イギリス帝国の背後

ドイツはなぜ日本を連合国から引き離そうとしたのだろうか。それは単に、交戦国のうちの一つを取り除くという意味にとどまらず、大戦のグローバルな構図を変える試みでもあった。つまり、欧州大国間の戦争が「世界大戦」であり「諸帝国の戦争[48]」であった現実にドイツは気づいていた。それゆえ、英仏露の帝国辺境地域では鉄道爆破などの後方攪乱と扇動工作（「革命促進」）が試みられ、広大な領土を持つ敵帝国を背後から揺さぶる計画が進められたのである[49]。では、前述したドイツの対日単独講和政策をこのグローバルな帝国地図のなかに据え直してみると何が見えてくるか。そこには、ヨーロッパから見た「帝国の背後」という問題が浮かび上がってくる。

まず、イギリス帝国の背後という点に関しては、インド洋から太平洋に広がる巨大な植民地帝国の存在とグローバルな海洋戦略の問題が鍵となる。第一次世界大戦においては、その多くの戦いが陸上で繰り広げられ膨大な犠牲者を生んだ。ゆえに、これまでの研究でも主たる関心は陸上での戦闘に向けられてきた。しかし、戦争を支える物資や人員の輸送に際して海運が果たした役割は大きく、欧州の戦争を「世界戦争」へと導くうえで海は不可欠の要素であった。通商破壊をめぐるドイツの戦略がアメリカの参戦を招き、大戦の帰趨を決したことも第一次世界大戦史における「海」の重要性を物語る。

当時、この海を支配していたのはグローバルな海洋帝国を築いたイギリスであった。しかしながら、イギリスにとって海は最大の強みであると同時に最大の弱みでもあった。ドイツ海軍はそうしたイギリス帝国の弱みに早くから気づいていた。一八九七年、東アジアへ配備されたドイツの巡洋艦隊は、対英戦争時のシーレーン攻撃を早くから着想していたのである。つまり、ドイツ艦隊は開戦後に母港である青島を離れ、太平洋、インド洋、豪州水域へ向かい、広大な海を隠れ蓑に通商破壊戦を展開する作戦が練られていた。インド洋から太平洋の広い海域は、敵艦隊による捕捉と遭遇を避けながら通商破壊戦を遂行できる最適の空間であったといえる[50]。

重要なのは、この海域がイギリス植民地帝国の裏庭を構成し、帝国の領土をつなぐ大動脈「エンパイア・ルート」であった事実である。海上交通路の破壊は、植民地から本

国へ向かう食糧や原材料の流れを滞らせ、とりわけオセアニアやインドからの兵員輸送阻止は戦局に直接的な影響を及ぼす可能性があった。また、物価高騰が国内世論の厭戦気分を高め、イギリス本国の威信低下が植民地独立運動の昂揚をもたらす効果も期待された。その結果、イギリスはシーレーン防衛のために多数の軍艦を海外へ差し向けざるを得なくなり、戦力の分散、すなわち北海におけるドイツ海軍への圧力減退が予想された。イギリス帝国を背後から揺さぶるこの通商破壊戦こそ、戦力に劣るドイツ海軍がロイヤル・ネイヴィーに対抗できる唯一の作戦であったのである[51]。

しかしながら、開戦の報を聞いたドイツの巡洋艦隊は、組織的な通商破壊戦に移行することなく太平洋の海域から逃避し、フォークランド沖で遭遇したイギリス艦隊との戦闘に敗れ壊滅した。インド洋での通商破壊戦を単騎決行した小型巡洋艦「エムデン」も、ほどなくして連合国の包囲の網にかかり降伏した。結果的にドイツ海軍はイギリス帝国の背後を襲うことができず、一九一四年のうちにアジア太平洋で持つ戦力を喪失したのである。

ドイツ海軍の通商破壊作戦を阻んだ理由は複数考えられる。たとえば、開戦前年に創設されていたオーストラリア自治領海軍の存在がドイツの目論みを狂わせた。最新鋭の巡洋戦艦「オーストラリア」を筆頭に軽巡洋艦三隻を備えるオーストラリア艦隊は、戦争勃発後に東アジアのイギリス海軍と連携してドイツ艦隊の動きを南北から抑え込んだ[52]。しかし、それ以上にドイツ海軍の戦略を破綻に追い込む要因となったのが日本の参戦である。ドイツにとって日本の参戦は自明ではなく「想定外」であった[53]。それゆえ、大戦前のドイツ海軍にはこの地域最大の海軍国を相手とする明瞭な作戦計画はなく、「考えたくないシナリオ」であった。案の定、日英両国による強力な包囲網が構築されたことで行き場を失ったドイツ艦隊は、通商破壊戦に不可欠な通信と補給の手段も断たれ太平洋からの脱出を余儀なくされたのである[54]。

その結果、イギリスとフランスは、世界へ戦略資源を差し向ける必要はなく欧州の戦場にそれを集中投下することができた。すなわち、日本を自陣営に引きとどめることによって、海外の植民地帝国や交通網の安全に気を揉む必要がなくなり、ヨーロッパでの勝利にすべての力を注ぐことができたのである。大戦史の泰斗であるストローンも、「もし戦争が拡大したらその資源は分散され集中投下することはできなかったであろう。彼らは自身の植民地を防衛しなければならなくなり、ドイツを攻撃するどころではなかったであろう[55]」と推測している。当時のイギリスには欧州大戦と帝国防衛を同時に完遂する力はなかったのであり、だからこそイギリス海軍は外務省の慎重姿勢を押し切って日本の参戦を実現させたのである。[56]

一方のドイツの立場に立つと、日本の参戦により当初の計画に狂いが生じたものの、その日本との戦闘がひとまず終息したことで新たな手を打つ機会が招来した。単独講和により日本を連合国から引きはがすことで、「イギリス帝国の背後」を再び不安定化させる術策がベルリン首脳部の脳裏に浮かんだのである。ストックホルムと北京におけるドイツのアプローチは、そうしたグローバルな戦略環境の一変を目論んだ起死回生の策であったといえよう。

(二) ロシア帝国の背後

すでに見た通り、ドイツが対日講和に前のめりになった主因は軍事的な要求度の高さが作り出した一方的な「幻想」にあった。日独間の講和が成立すれば日本の動きが不透明になり、結果としてイギリス海軍はインド洋と太平洋への戦力の再配置を迫られることになる。加えて、日本軍の欧州派兵が可能性として消えるだけでなく、日本による対露武器供給の停止、すなわち東部戦線側の圧力緩和という作用も期待できた。[57] 一方、アメリカからロシアへ向かう物資輸送のルートも脅かされ、日本の脅威に直面するアメリカ自身もドイツに対する強硬姿勢がとれなくなると想像された。

このように、日本が連合国を離脱する事態はドイツにとって戦局を好転させる契機となり得た。ただし、ドイツがめざしていたのは単なる日独両国間の単独講和にとどまらない。ストックホルムの動きに見られたように、ドイツの真のねらいはロシアとの講和にあった。つまり、日本とドイツの単独講和を足掛かりに、ロシアへの影響力を持つ日本に独露間の講和斡旋を依頼する二段階のシナリオが描かれていたのである。こうしてロシアを協商陣営から離反させ、最終的にはドイツに有利な全面講和への道筋を作る思惑が背後にあったのである

このように考えると、ドイツのねらいはユーラシア大陸の東から西へ向かって牌を倒していくドミノ倒しにあったことが分かる。まず、日本の牌（対日講和）を倒すことでその隣に位置するロシアの牌（対露講和もしくは独露中立条約）を倒し、その余勢を駆って西部戦線に全精力を注ぎ込みフランスの牌が倒され、最終的にイギリスの牌を倒すという戦略である。ドイツは、西欧―ロシア―日本をつなぐユーラシア大陸横軸の政治力学に注目していたのであり、それゆえロシアの背後に位置する東アジアと日本は重要な役回りを演じることになる。[58] つまり、ドイツから見て東ア

ジアは「ユーラシア・ドミノ」の起点と映ったのである。その最初の牌を倒し戦局を優位に進められるのならば、ドイツにとって青島と南洋植民地の譲渡は惜しくない取引材料であった。

以上のように、ドイツ政府はロシアとの単独講和により自身への包囲網が破れ、大戦の膠着状態が打開されると考えていた。しかし、ロシアの立場に立つと、もしドイツと単独講和を結べば背後から日本に急襲される恐れがあり、ゆえにドイツとの講和には踏み出せない(59)。そのためにも、前段階としてドイツと日本の単独講和が実現するか、さもなければ日本の仲介で独露の講和が実現すればこの懸念は解消されることになる(60)。ヨーロッパから見て東アジアは、単にユーラシア大陸の東端というだけでなく、広大な「ロシア帝国の背後」に位置することがベルリンでは再認識されていたのである。

しかし、大戦勃発時にドイツが期待した日本のシベリア攻撃が起こらなかったのと同様、ストックホルムで探られた日独露三国協調への道も、日露がドイツ抜きの実質的な同盟関係（第四次日露協商）を結ぶに至って水泡に帰した。ドイツは日露関係の方向性を見誤っていたのであり、同じような誤謬は日米関係に対する見通しのなかにも表れるのである。

(三)　アメリカ帝国の背後

一九世紀末以降、アメリカは対外膨張と「勢力圏」保持の野心に突き動かされ、中米やアジア太平洋への進出を図っていた。それゆえ、帝国たる性質を帯びつつあったアメリカは、一九一七年に大戦へ加わった際、他の交戦国と同様「帝国の戦争」を戦うことになった(61)。そして、主戦場たるヨーロッパの目線から見ると、東アジアはイギリス帝国やロシア帝国だけでなく、この「アメリカ帝国の背後」にも位置していた。ドイツ政府は、自らの無制限潜水艦作戦が誘発したアメリカ参戦の動きを封じるため、この新興帝国の背後を揺さぶろうと試みる。つまり、反米志向を持つメキシコおよび日本との同盟による太平洋岸の不安定化である。しかし、メキシコに発した極秘電報はイギリス当局に傍受解読され、電文の暴露報道はアメリカ市民を激昂させ参戦の流れを決定づけることになった。

このいわゆる「ツィンメルマン電報事件」については、一九五八年に刊行されたバーバラ・タックマンの著作が事件の全容を解明したほぼ唯一のものとして有名であった(62)。しかし、当時米英両国で利用できた一次史料に制約があり、それ以上にドイツ側の文書が未参照であったため、そこではドイツ政府の意図や内情が十分に描かれていなかった。こうした限界は、二〇一二年に刊行されたボガードの著書によって克服された。彼は米英の機密解除書類やドイツ語文書など新たな史料を駆使することで、従来の歴史解釈を修正し、ツィンメルマン事件の全体像を描き出すことに成功した。(63)

では、このドイツの野心的な日独墨同盟構想について、ボガードとタックマンの著書に基づいて簡単に経緯を確認しておこう。一九一七年初頭にドイツが発動した無制限潜水艦作戦は、アメリカの参戦を危惧する政府の反対を抑え軍部が強行した策であった。軍首脳の考えでは、たとえアメリカの参戦を招いたとしても通商を断たれたイギリスは数か月以内に講和へ追い込まれ、アメリカの援軍はそれに間に合わないはずであった。ただ、外務当局としてもアメリカの参戦を食い止める一応の策を講じる必要があり、ラテンアメリカ・東アジア問題の責任者であったケムニッツ(Hans Arthur von Kemnitz)は極秘の計画を発案する。その計画とは、まず国境沿いの三州回復を餌にメキシコを反米同盟に誘い、将来的にはUボートの基地を同国に建設するプランが視野に入れられた。そして次なる段階として、同盟国となったメキシコの仲介で日本と同盟を結び、三方から挟み込む反米包囲網の完成が目標として定められた。つまり、伝統的な日墨の友好関係を利用して、メキシコに日独の架け橋となる役割を期待したのである。その主眼は独墨同盟ではなく、あくまでも日本との反米同盟の締結にあった。

ケムニッツの日独墨同盟案は、即座に外務省の地域担当参事官、政治局長、次官および長官の決裁と微調整を経て最終案にまとめられた。その後、一九一七年二月三日にアメリカがドイツとの外交関係断絶を決するに至り、外務省は即座に在メキシコ公館へ対墨同盟提起の極秘電報を発した。しかしながら、三月一日にアメリカのメディアでこの電報が暴露され、計画は最初の段階で破綻することになる。

ここで問題となるのは、日独墨同盟という実現性に乏しい「生焼けの構想」が政策決定のプロセスを難なく通過し、実際に決行されたドイツ外交の迷走ぶりである。(64)日米の確執は事実にしても、この同盟計画は滑稽で馬鹿馬鹿しいファンタジーな政策に見える。しかし、本稿で論じた一連の対日接近政策の文脈で考えると、ドイツの外務省がその可能性を信じていたとしても不思議ではない。(65)だからこそ、ドイツ外務省はメキシコへ電文を発すると同時に、日本との単独講和交渉を再開するようスウェーデンの公使館にも発令していたのである。

以上のように、日本側から見れば独墨との同盟、ならびにアメリカ参戦の隙を突いて対米攻撃を仕掛けるなど荒唐無稽であり得ない想定であった。しかし、ドイツだけでなく欧米ではその可能性を真剣に考慮する人々が多数いた事実も忘れてはならない(66)。独米戦争に際して、アメリカは日本に「わき腹」をさらけ出すことになるという認識は、当時多くの人々の間で共有されていた(67)。特に日米関係の表層だけを見る者にとっては、日本はこの千載一遇の機会を座視せず、フィリピンやグアムを襲い太平洋からアメリカ帝国を脅かす存在であった。ドイツが抱いた極秘同盟計画は、まさしくアメリカにとって「背中に突きつけられたナイフ(68)」であったが、その際日本は目に見える先の尖った「ナイフ」としてドイツ政府の目に映っていた。ヨーロッパの視線に立つと、東アジアと日本はイギリス帝国ならびにロシア帝国の背面としてだけではなく、新興の「アメリカ帝国の背後」に位置する現実が浮かび上がったのである。

おわりに

本稿では、第一次世界大戦下のヨーロッパと東アジアをつなぐ政治・軍事的な関係性を探るため、大戦中期にドイツ政府が進めた対日接近政策に注目した。ドイツはストックホルム、北京、メキシコを舞台に日本との単独講和（ならびに同盟）を密かに画策し、一九一五年から一七年までその試みは断続的に続けられた。もっともこの史実そのものは、従来の研究がいうように、ドイツ首脳部の自己中心的で独り善がりの外交が生み出した些末な「幻想」物語であったのかもしれない。しかし、この政策をドイツ外交史の狭い枠から外し、グローバルな地図の上にプロットしたとき、一つの重大な真実が内包されていたことも本稿では明らかになった。当時の欧米人の目から見たとき、東アジアはグローバルな西洋植民地帝国の背後に位置するという事実である。

その地政学的なリアリティは、欧州大国間に戦争が勃発したことでとりわけ大きな意味を持つことになった。ドイツが干戈を交える相手国は、いずれも対外的に膨張を遂げた「帝国」であり、その最果てにあるのが東アジアと西太平洋であった。ドイツは敵対する諸帝国の背後たる東アジアの戦略的価値を悟り、なかでも地域最大の実力を持つ日本に目を向けた。ここでドイツが見据えていたのは、単なる地域大国としての日本の姿ではない。大戦の行方を一変しかねないグローバル・プレイヤーとして日本が持つ潜在的な可能性である。ゆえに、ドイツは大戦を大きく好転させる一撃として日本との講和を志向したのであった。

逆にいえば、協商陣営にとっても日本はオセロの盤面に並ぶ石の色を一気に反転させかねない最東端のマスとして映り、それゆえ陣営内での日本の立場は強まることになった。ここから重要な事実が見えてくる。すなわち、地球規模の帝国支配はイギリスにとって強みであるが同時に弱みでもあり、また、広大な大陸支配はロシア帝国の強みであり弱みでもあったということである。そして、大西洋と太平洋の二つの海洋に面した位置環境は、アメリカの強みであると同時にやはり弱みでもあった。それぞれの弱みの部分、つまりヨーロッパの戦場から見て「帝国の背後」に東アジアと日本は位置していたのである。拡張した領土は帝国の力の源泉であるとともに、戦時にはアキレス腱になりかねない、そうした帝国主義が抱える必然の理を第一次世界大戦は列強に突きつけることになった。帝国主義下の大国間戦争が抱えるこのさだめは、二〇年後に欧州で大戦が再発したとき再び姿を現し、帝国の時代に終わりをもたらす決定的な一打となるのであった。

註

(1)100 Years after 1914: Still in the Grip of the Great War, in: *The Economist*, Mar 29. 2014, p. 87.

(2)第一次世界大戦は世界各地の政治システムや社会、文化や思想、精神などに多面的な影響を与える出来事でもあった。山室信一、岡田暁生、小関隆、藤原辰史編『現代の起点 第一次世界大戦』全四巻、岩波書店、二〇一四年。

(3)Michael S. Neiberg, *Fighting the Great War: A Global History* (Cambridge, Mass., 2005); William Kelleher Storey, *The First World War: A Concise Global History*, 2nd ed. (Lanham, 2014). 他にもクラウス編の論文集が戦場のグローバル性を描くため、英独戦争ではない第一次「世界」大戦の歴史像を提示しようと試みている。しかし、主たる関心の対象はあくまでヨーロッパの戦場に集中しており、付随的に中東、東アフリカ、南太平洋の戦場が取り上げられているにすぎない。Jonathan Krause (ed.), *The Greater War: Other Combatants and Other Fronts, 1914-1918* (Basingstoke, 2014).

(4)Jay Winter/The Editorial Committee of the International Research Centre of the Historial de la Grande Guerre (eds.), *Global War* [The Cambridge History of the First World War, Vol. 1] (Cambridge, 2014).

(5)Hew Strachan, The First World War as a Global War, in: Ashley Jackson (ed.), *The British Empire and the First World War* (London/New York, 2016).

(6)Maximilian Lakitsch/Susanne Reitmair/Katja Seidel (eds.), *Bellicose Entanglements 1914: The Great War as a Global War* (Wien/Zürich, 2015).

(7)Bernhard Bachinger/Richard Lein, Globaler Krieg. Visionen und ihre Umsetzung, in: *Militärgeschichtliche Zeitschrift*, 75-1 (2016). 一方で、そうした欠陥を補う研究は日本の学界で数多く登場し、とりわけ対華二十一カ条要求やシベリア出

兵に関するものが充実している。たとえば、『東アジア近代史』一八、二〇一五年、奈良岡聰智『対華二十一カ条要求とは何だったのか 第一次世界大戦と日中対立の原点』名古屋大学出版会、二〇一五年、麻田雅文『シベリア出兵 近代日本の忘れられた七年戦争』中公新書、二〇一六年など。

(8) Santanu Das (ed.), *Race, Empire and First World War Writing* (Cambridge, 2011); Robert Gerwarth/Erez Manela (eds.), *Empires at War, 1911-1923* (Oxford, 2014).

(9) Heather Streets-Salter, *World War One in Southeast Asia: Colonialism and Anticolonialism in an Era of Global Conflict* (Cambridge, 2017).

(10) Guoqi Xu, *Asia and the Great War: A Shared History* (Oxford, 2017).

(11) Guoqi Xu, *China and the Great War: China's Pursuit of a New National Identity and Internationalization* (Cambridge, 2011); Id., Asia, in: Winter (ed.), *Global War*; Kimloan Vu-Hill, *Coolies into Rebels: Impact of World War I on French Indochina* (Paris, 2011); Oliviero Frattolillo/Antony Best (eds.), *Japan and the Great War* (Basingstoke, 2015).

(12) Tosh Minohara/Tze-ki Hon/Evan Dawley (eds.), *The Decade of the Great War: Japan and the Wider World in the 1910s* (Leiden, 2014).

(13) Christian E. Rieck/Angela Abmeier, Was the War Won in Delhi? Globalizing Peripheries in the Great War and the Twilight of Empire, in: Lakitsch/Reitmair/Seidel (eds.), *Bellicose Entanglements 1914*, pp. 137-139.

(14) 船越光之丞述、関野直次編『日独国交断絶秘史』日東書院、一九三四年、一頁。

(15) 三宅正樹「ドイツの歴史学と極東(二) 第一次世界大戦をめぐるヘルツレの研究」『人文研究』(神奈川大学)三六、一九六七年、同「第一次世界大戦における独露単独講和問題と日本」『歴史教育』一五—二、一九六七年、同「第一次世界大戦における日独関係と日露関係 日独ストックホルム交渉と対露武器供与問題」『国際政治』三八、一九六九年、早島瑛「ドイツの戦争目的政策における所謂『ストックホルム交渉』について」『西洋史学』一〇一、一九七六年、同「史料紹介 内田定槌日誌」『史学雑誌』八八—八、一九七九年。Akira Hayashima, *Die Illusion des Sonderfriedens. Deutsche Verständigungspolitik mit Japan im ersten Weltkrieg* (München/Wien, 1982); Ders., Admiral von Hintze als Diplomat in Peking. Zum Problem der Deutschen Sonderfriedenspolitik 1914-1918, in: *Kwansei Gakuin University Annual Studies*, 28 (1979). 他に Frank Iklé, Japanese-German Peace Negociations during World War I, in: *American Historical Review*, 71 (1965) もあるが、利用できた史料に限界があったため同稿の議論は不十分なものとなっている。

(16) Hayashima, *Die Illusion des Sonderfriedens*, S. 33-36.

(17) L'Allemagne et les Problèmes de la Paix pendant la Pre-

mière Guerre Mondiale, Documents extraits des archives de l'Office allemand des Affaires étrangères, I.Des origines à la declaration de la guerre sous-marine à outrance（以下P. G. M. と略記）, (Paris, 1962), p. 44, No. 32.

(18)P. G. M., p. 51, No. 36; Hayashima, *Die Illusion des Sonderfriedens*, S. 31-33, 59.

(19)P. G. M., pp. 55-56, No. 40; Hayashima, *Die Illusion des Sonderfriedens*, S. 60-67; 三宅「第一次世界大戦における日独関係と日露関係」、一〇八―一一〇頁。

(20)P. G. M., p. 69, No. 53.

(21)Hayashima, *Die Illusion des Sonderfriedens*, S. 71-72.

(22)P. G. M., pp. 103-104, No. 83.

(23)青島の領有権がドイツに残っており、これを戦時外交のカード、あるいは講和会議の際の交渉カードとして利用する意図は膠州湾喪失直後の早い段階からドイツ政府内に存在していた。小池求「対中依存を深めるドイツの東アジア政策　第一次世界大戦初期の『青島』をめぐる折衝」『東アジア近代史』一八、二〇一五年、一七―一九頁。

(24)意見書が受け入れられた他の要因として、ドイツ外務省の専門部局が有した発言力の大きさを挙げることもできる。というのも、宰相や外務省幹部は東アジアの案件に関して十分な知識を欠いており、そもそも東アジアはドイツの対外政策全体のなかで低い位置にあったため専門部局の判断に委ねられる傾向があったという。Hayashima, *Die Illusion des Sonderfriedens*, S. 44-46.

(25)Ebenda, S. 72.

(26)外務省編纂『日本外交文書』大正四年第三冊下巻、一一一八―一一二八頁、「列国ノ和平工作一件」。

(27)Hayashima, *Die Illusion des Sonderfriedens*, S. 60-69.

(28)Ebenda, S. 73-79.

(29)Ebenda, S. 79-81.

(30)Ebenda, S. 82.

(31)Ebenda, S. 36-37, 80-82.

(32)P. G. M., p. 123, No. 103, pp. 238-239, No. 176, pp. 240-241, No. 178. ヤーゴウの同意の背後には、外務省が反対しても最終的には海軍に説得された皇帝が軍部の意向に沿った裁定を下すであろうという諦念があった。Hayashima, *Die Illusion des Sonderfriedens*, S. 83.

(33)P. G. M., pp. 365-366, No. 270, p. 379, No. 275.

(34)Hayashima, *Die Illusion des Sonderfriedens*, S. 86-92.

(35)P. G. M., pp. 286-287, No. 209.

(36)P. G. M., p. 287, No. 210.

(37)シュティンネスは、以前から現地駐在の代理人を通じてストックホルムの情報を得ており、その情報はドイツ外務省や戦争指導部に転送されていた。三宅「ドイツの歴史学と極東（二）」、八〇頁。

(38)P. G. M., pp. 290-292, No. 214; Hayashima, *Die Illusion des Sonderfriedens*, S. 93-94.

(39) Ebenda, S. 94-96.
(40) Ebenda, S. 97-99.
(41) P. G. M., pp. 293-294, No. 216, pp. 294-295, No. 217; 外務省編纂『日本外交文書』大正五年第三冊、八二―八三頁、六九文書。
(42) Hayashima, *Die Illusion des Sonderfriedens*, S. 114-119.
(43) 三宅「第一次世界大戦における日独関係と日露関係」、一二五頁。
(44) 同論文、一二三―一二六頁、外務省編纂『日本外交文書』大正五年第三冊、八四頁、七四文書以降。Hayashima, *Die Illusion des Sonderfriedens*, S. 101-102.
(45) Ebenda, S. 146-148.
(46) 三宅「第一次世界大戦における日独関係と日露関係」、一二二頁。
(47) Hayashima, *Die Illusion des Sonderfriedens*, S. 52.
(48) Robert Gerwarth/Erez Manela, Introduction, in: Gerwarth/Manela (eds.), *Empires at War*, p. 15.
(49) Hayashima, *Die Illusion des Sonderfriedens*, S. 56-57; Streets-Salter, *World War One in Southeast Asia*; 田嶋信雄『日本陸軍の対ソ謀略　日独防共協定とユーラシア政策』吉川弘文館、二〇一七年、二三―三六頁。
(50) Andreas Leipold, *Die deutsche Seekriegsführung im Pazifik in den Jahren 1914 und 1915* (Wiesbaden, 2012).
(51) Peter Overlack, The Function of Commerce Warfare in an Anglo-German Conflict to 1914, in: *The Journal of Strategic Studies*, 20-4 (1997).
(52) David Stevens, 'The Sea is all one': The Dominion Perspective, 1909-1914, in: Greg Kennedy (ed.), *Britain's War at Sea, 1914-1918: The War They Thought and the War They Fought* (London/New York, 2016), pp. 170-179.
(53) 拙稿「第一次世界大戦の勃発と東アジアのドイツ　ドイツの駐日海軍武官が見た日本の参戦」『世界史研究論叢』六、二〇一六年。
(54) 平間洋一『第一次世界大戦と日本海軍　外交と軍事との連接』慶應義塾大学出版会、一九九八年、拙稿「第一次世界大戦におけるドイツ東アジア巡洋艦隊　E・レーダー『巡洋艦戦争』に見るドイツ海軍戦略の失敗要因」『戦略研究』九、二〇一一年。
(55) Strachan, The First World War, p. 24.
(56) Christopher M. Bell, Sentiment vs Strategy: British Naval Policy, Imperial Defence, and the Development of Dominion Navies, 1911-14, in: *The International History Review*, 37-2 (2015); 横井勝彦「イギリス海軍と帝国防衛体制の変遷」秋田茂編著『パクス・ブリタニカとイギリス帝国』ミネルヴァ書房、二〇〇四年。
(57) 吉村道男『増補　日本とロシア』日本経済評論社、一九九一年、二〇一―二一三頁。
(58) 三宅正樹『ユーラシア外交史研究』河出書房新社、二〇〇〇年。

(59)大戦勃発直後、日本の対露宣戦を伝える誤報がベルリンで拡散し市民や指導者層が真に受けていたように、ドイツは日本の反露感情を過剰に見積もっていた。Akira Hayashima, Die deutsche Japanpolitik im August 1914, in: *Kwansei Gakuin University Annual Studies*, 27（1978）, S. 108; 船越『日独国交断絶秘史』、五六―六〇頁、奈良岡聰智『「八月の砲声」を聞いた日本人　第一次世界大戦と植村尚清「ドイツ幽閉記」』千倉書房、二〇一三年、九―一四頁。

(60)三宅正樹「ドイツの歴史学と極東（二）」、七八―七九頁。

(61)中野耕太郎「第一次世界大戦と現代グローバル社会の到来　アメリカ参戦の歴史的意義」秋田茂、桃木至朗編著『グローバルヒストリーと戦争』大阪大学出版会、二〇一六年、一一〇―一一六頁。

(62)バーバラ・W・タックマン著、町野武訳『決定的瞬間　暗号が世界を変えた』ちくま学芸文庫、二〇〇八年。

(63)Thomas Boghardt, *The Zimmermann Telegram: Intelligence, Diplomacy, and America's Entry into World War I*（Annapolis, MD, 2012）.

(64)Ibid., p. 246.

(65)Hayashima, *Die Illusion des Sonderfriedens*, S. 144.

(66)タックマン『決定的瞬間』、九九―一〇〇頁。

(67)同書、一五九頁。

(68)同書、二七一頁。

『東アジア近代史』第二二号（二〇一八・六）
《特集》第一次世界大戦下の東アジアと世界

米国の参戦が東アジアにもたらしたもの
―米外交のフラストレイションと旧秩序の解体―

中谷直司

一　第一次世界大戦はどのように国際政治を変えたか

一九一七年七月、米国が第一次世界大戦に参戦したことは、米国外交史にとっても、国際関係史にとっても画期となった。前者では建国以来の孤立主義（欧州のパワー・ポリティクスへの不関与）の終焉を意味し、後者については世界政治と欧州の国際政治がほとんど同義であった時代に終止符を打ったからである。もちろん参戦前から米国は、巨大な産業・金融力で、英国などの協商国側を中心に欧州諸国の戦争継続を可能にする存在であった。しかし、参戦で米国は、膠着状態にあった大戦の帰趨に影響を与える戦力を提供しただけでなく、大戦後の講和と国際秩序の再建に最大の発言力を持つ国家となった。中立の立場を離れたことで、参戦前からの産業的・金融的な貢献も、政府の組織的な計画として大規模に展開される。一〇〇億ドル（約二〇〇億円）の資金を集めた「自由公債」キャンペインの成功はその代表例である。このことも当然、戦後国際政治における米国の発言力を強めることになった。

もちろんドイツの無差別潜水艦戦の再開を受けての参戦は、それまでは自国の仲介による「勝利なき講和」を目指していた米外交の一つの挫折でもあった。だが交渉（妥協）による終戦が不可能になったことで、米国は民主政の擁護と自由主義の拡大を中核とする自国の理想を交戦国として直截に追求できるようになる。当然こうした米国の「理想主義」が、協商国側の戦争目的を全く上書きできたわけではない。しかし民主政国家とは呼びようのないロシア帝国の崩壊と、その後に協商国間の秘密協定を暴露したボルシェヴィキ政権の外交的挑戦にも助けられる形で、大戦開始時にはいずれの交戦国も意図していなかったゴールが米国参戦によって持ち込まれ、講和と戦後秩序構築の主要な基準点となったことは確かである。(1)

以上の米「新外交」の最も代表的なテキストは、ウィルソン(Woodrow Wilson)大統領が一九一八年一月に発表した一四か条演説であり、そこでは公開外交による講和の実現やネイションの自決の尊重、完全な航海の自由に象徴される経済的な自由主義の擁護、そして「諸国間の総体的な連合」(a general association of nations)の創設が、来たるべき講和と戦後秩序の原則として掲げられていた。ウィルソンが目ざしたゴールが、植民地主義や勢力均衡に代表される力による不公正で不安定な国際政治を克服し、公正で安定した国際関係を構築することにあったのは明らかである。その中核として期待されていたのは、先に述べた「諸国間の総体的な連合」、つまり国際連盟が不安定な勢力均衡にかえて実現するはずの集団安全保障であった。

しかし、軍事史はともかく、米外交史や国際関係史上の「画期」と呼ぶためには、ウィルソン流の理想主義は無残に失敗したのではなかったか。確かに一九三〇年代の国際連盟による集団安全保障と政治的・経済的自由主義の機能不全を背景に、(2)ついに二度目の世界大戦にいたった国際政治の展開を考えれば、力が不公正に支配する国際政治は何ら姿を変えなかったように見える。国際関係が比較的に安定していた一九二〇年代を含めて考えても、その印象は大きく変わらないかもしれない。国際連盟は実現したが、ネイションの自決原則が形式を越えて適用されたのは、中欧と東欧に限られていた。敗戦国が手放したアジア・アフリカの植民地も、その多くが委任統治の形で戦勝国に引き継がれる。さらに提唱国であり、世界最大の経済を持つ米国の連盟不参加は「諸国間の総体的な連合」としての連盟の性質を大きく傷つけたのである。

だがウィルソン主義に立脚した大戦後秩序の失敗が、すなわち旧来の国際政治の継続ではない。多くの論者が指摘するように、元来ウィルソンの構想は、国際政治を革命的に作りかえようとするものではなく、国家間の関係を規定する基本ルール、すなわち「制度」(institutions)を、あるいは漸進的に改善し、あるいは徐々に置き換えることを志向するものであった。なぜなら、少なくともウィルソンの理解では、ルールとはそのようにしか変わらないからである。(3)よってウィルソンのプログラムは、大きく二段階であったと考えるべきである。第一段階は旧秩序の解体である。もちろん大戦の勃発と総力戦化そのものが、欧州大国を中心とする旧来の国際政治に大きなダメージを与えていた。同時にすでに述べた米国の仲介失敗は、妥協による「勝利なき講和」——つまり（元よりこれは米国の望むものではなかったが）旧来の大国間関係の「復元」を不可能にしていた。[4]しかしそれでも、未曾有の一〇〇〇万人にのぼる戦死者を記録しながら、大戦の戦火だけで勢力均衡にもとづく旧秩序が完全に破壊されると期待するほど、ウィルソン大統領もその外交官たちも楽観的ではなかった。

当然以上の図式でも単純に過ぎる。どのようなものでも秩序移行は、実際には第一段階とした旧秩序の解体と第二段階である新秩序の構築が、両者の相互作用や衝突をともないながら、同時進行するだろうからである。だがここで重要なことは、大戦後の国際政治、特に一九一九年のパリ講和会議を中心とする戦後構築の過程では、旧秩序の解体が重要な課題であったことを理解することである。

以上の視点は、第一次世界大戦と特に米国の参戦が東アジアの国際秩序に与えたインパクトを考える際にも有用である。いやむしろ東アジアでこそ、旧秩序の解体を米外交は一層意識的に追求したといえるかもしれない。ウィルソンが当時の駐米中国公使である顧維鈞に述べたように、大戦の周辺であった東アジアで旧来の国際政治のルールが残り続け、次の世界的な危機を生み出すことを、米外交の指導者や当局者が強く恐れたからである。[5]さらに敗戦側の中核国家ドイツが東アジアの国際関係で占めた地位は、欧州ほど決定的なものではなかった。もちろん大戦の勃発は、中国に押し付けられた不平等条約体制の大国による〝共同運営〟を崩壊させる出来事といえた。[6]しかし、東アジアの旧秩序の中心と米外交が見なしたのは、ドイツではなく、条約体制の中心にいた英国であり、何よりも二十一か条要求で中国の苦境を一層悪化させた日本であった。結果欧州とは違い、「勝者」が「敗者」に原則を押し付けることで、旧秩序の解体と新秩序の構築を始動するわけにはいかなかったのである。[7]

米国の参戦が東アジア国際政治に与えた最大の影響とは、以上に述べた秩序移行の二つの段階のうち、旧秩序の解体を疑いなくもたらしたことであった。このことを筆者は『強いアメリカと弱いアメリカの狭間で』（千倉書房、二〇一六年）[8]によって、日米および英国の三国間の国際関係史として明らかにした。本稿では、同書の分析に基づきながら、米国外交に焦点をあわせて、東アジアにおける旧秩序解体のプロセスを再確認する。結果、同国の参戦が東アジアの秩序移行にとって決定的な意味をもったことがわかるだろう。もし主要な参戦国が欧州大国と日本に限られていれば、甚大な被害にもかかわらず、大戦はこのような影響力を発揮できなかったはずである。しかし米外交の当事者たちは、こうした成果を十分に認識することができなかった。なぜなら、その影響は東アジアにおける「新外交」の最大の障害であるはずの日本を介して発揮されたからである。

結果彼らは自国の外交努力が東アジアで引き起こした変化と比較すると釣り合わないフラストレイション（失望、挫折感とそれに伴う怒り）を抱え込み、外交記録にもそれを残した。このことは、当該期の米外交史や国際関係史の叙述や理解を難しくしているだけではない。パリ講和会議直後の連盟不参加も相まって、自国外交に対する過小評価は、旧秩序解体の成果を新秩序の構築にスムーズに接続するための米国のイニシアティブ発揮を制限したのである。

二　東アジアでウィルソン外交が目ざしたもの

大戦への参戦を契機に、米国は東アジアで古い秩序の解体を目指した。ここでいう秩序とは、社会科学で一般的に「制度」として以下の様に定義されるものを意味する。それは「ゲームがいかにプレイされるかにかんして、集団的に共有された予想の自己維持的なシステム」である。[9] つまり本稿がいう「秩序」とは、主要なプレイヤー間の相互作用のなかで理念的に形成され、維持され、そして破壊されるゲームのルールである。[10]

ウィルソン率いる米外交が東アジア旧秩序の根幹的なルールと見なしたものは、大国間の激しい権力闘争というよりは、協調のための慣習である。二〇世紀初頭から、米国を除く英国やフランス、日本、ロシア、ドイツといった各大国は中国の各地で排他的な経済的特権（特に投資優先権）や場合によっては政治的な影響力を主張するために、「勢力範囲」（特殊利益範囲）を設定していた。当然勢力範囲の境界や、その中で主張できる権利・利益をめぐって大国間で争いは存在した。しかし大国間政治の基調となっていたのは勢力範囲の相互尊重であった。入江昭がかなり早い段階で指摘していたように、東アジアにかぎらず、大国による植民地支配や勢力圏（ただしそれには様々なタイプがあったが）の設定が常態であった大戦前の国際政治では、「お互いの特殊権益を維持するために、列強はしばしば同盟や協商関係に入り、できる限り相互の地位を調和させていこうとしていた」のである。[11] 筆者が「勢力圏外交秩序」と呼ぶ東アジアにおける旧制度も――〝後進地域〟の公然の犠牲の上に――大国間の協調を確保するためのゲームのルールの一つであった。

慣習と述べたように、以上のゲームのルールは、公式の条約や協定で十分に確認できるものではない。もちろん各大国は個別に結んだ条約や、もしくは国際会議の議事録などで、それぞれの権利や利益に言及し、なるだけその内容を明確化し、制度を安定させせようとした。だが不平等条約などによって「文明国」と「半文明国」「非文明国」を平然と区別した大戦前の国際政治でも、[12]勢力範囲の設定は十分な正統性をもつものではなかった。結果、たとえば「東亜及印度の地域」における領土権とならんで「両締盟国の特殊利益を防護すること」を約した日英同盟（第二回と三回）は、その利益の内容についてほとんど何も説明していない。むしろこうした利益の前提として、勢力範囲や特殊利益と対立しかねない機会均等・門戸開放の原則が強調されている。[13]当然もっとあからさまに特殊利益範囲の境界線とその相互尊重を約した例もあった。満州の分界線を引いた第一回日露協約と、それを前提に当該地域内ひいては内モンゴルも含めてそれぞれの「特殊利益」の相互尊重を明確化・強化していき、最終的には事実上の同盟関係にいたった第二回から第四回の日露協約が代表例である。[14]しかし当該部分はいずれも秘密協定（第一回の場合はさらにその追加約款）であり、内容が関係国に通知されることはあったが、正統性が高いものとはいえなかった。実際に、あとでみる新四国借款団交渉（一九一八〜一九二〇年）では、日本の同盟国で勢力圏外交秩序の主宰者といえた英国が、少なくとも内モンゴルに日本の特殊利益範囲が存在したことはないとの立場をとった。[15]つまり大戦勃発時の日露は、

大国の共通理解とはいえない満蒙（特に内モンゴル）に対するそれぞれの特殊利益の主張を、二国間の協約を梃子に徐々に制度化しようとしていたのである。[16]

よって米国が古い制度を解体したければ、そういった内容の国際協定を結ぶだけではだめである。もちろん条約・協定の締結や、共同声明の発表、国際法の設定は、制度変化のための主要手段であり、次節でみる石井・ランシング交渉（一九一七年九月〜一一月）を皮切りに米外交が試みたところでもある。だが条約や国際法そのものが制度ではない。勢力圏外交秩序の解体を実現するためには、主要大国の対外政策のフレームワーク（基本的な方針・価値観、問題意識）となっている理念上の秩序観を、米「新外交」の目ざす方向に変えていく必要があった。事実、大戦の勃発とさらに従来の勢力圏認識を一部無視するかのような日本の二十一か条要求[17]によって大きく動揺しながら、勢力範囲の相互尊重のルールは日本や英外交のフレームワークとして機能し続けた。[18]二十一か条要求を提出した大隈重信内閣の中国政策を強く批判して、日中親善の樹立と何よりも大国間協調への回帰を目ざした寺内正毅内閣の外交方針は、ロシア革命の勃発を受けて〝変質〟するまで、まさにそうした秩序観の継続を確認できる代表例である。[19]むろん二十一か条要求と寺内内閣が当初とったような「勢力圏外交」

を、米国の「新外交」が常に明確に区別していた（できていた）わけではない。しかし米「新外交」が東アジアの旧秩序に終止符を打ちたいのであれば、克服すべきなのは大戦を「天佑」とした日本の排他的な勢力拡張策に限らなかったのである。

三　戦時協力の拘束

(一) 石井・ランシング協定

本稿のテーマである米外交の「フラストレイション」は、まったくの誤認に基づいていたわけではない。少なくとも東アジア国際政治の文脈でみた場合、米国の参戦は、長期的には旧秩序の解体に向けた米国のイニシアティブの端緒となるとともに、短期的には日本との戦時協力を理由とした理念外交の抑制につながったからである。

以上の複線的な国際政治過程の特徴を最もよく確認できるのが、米国参戦の直後に持たれた石井・ランシング交渉と協定の締結である。[20] この交渉において米外交は、一方で勢力範囲の廃止に向けた日米共同のイニシアティブを提案しながら、他方で協定（交換公文）では——政治的な意味を持たないとの留保つきではあるが——地理的近接性にもとづく日本の「特殊の利益」が中国に存在することを認めた。[21] 筆者がこれまでの研究で明らかにしたように、石井・ランシング交渉を契機に日本外交では、勢力範囲の撤廃を積極的に支持する、「新外交」呼応論と呼ぶべき新たな外交構想が形成され始める。[22] しかしこうした変化は大戦終結までは政策に反映されなかったため、米国側に知るすべはなかった。唯一、米外交の成果と言えたのは、大戦を利用して「友好国の市民もしくは臣民の権利を侵害しかねない特殊の権利または特権を獲得」しないと日本に約束させたことである。[23] しかし以上は附属の秘密議定書中の誓約であり、交換公文の本文で「日本国が支那に於て特殊の利益を有することを承認する。日本の所領に接壌せる地方に於て殊に然りとす」と認めた事実を相殺するほど強力な内容ではなかった。結果、欧州での戦争に集中するために、自らの外交原則にもとる一方的な譲歩を東アジアでなしたとの反省が、米国側には強く残ったのである。

むろん以上にみた対日宥和策の原因を理解するにあたって、米国側の交渉当事者であったランシング（Robert Lansing）国務長官の個人的な志向を無視するわけにはいかない。一九一七年時点でのランシングは、ウィルソンの理念外交から一定の距離を取っており、山東や満蒙に対する日本の特殊関係の主張をある程度認めることで、二十一か条以来対立を深めていた日米関係を調整しようとしていた。そうして、中国における米国の通商上の利益を守り、同時に移民問題で日本の譲歩を引き出そうとしたのである。[24]

さらに、こうしたランシングの態度は、各国の勢力範囲を前提に、通商上の機会均等を求めた従来の「門戸開放」政策とも合致していた。[25] 事実、協定本文では、先ほどの日本の「特殊の利益」への言及に続いて、こうした「地理的位置の結果」を利用して「他国の通商に不利なる偏頗の待遇を与へ又は支那の従来他国に許与せる商業上の権利を無視」するようなことはしないと日本が「保障」していた。[26] 中国の独立と領土保全の原則についても、両国一致した強力な支持が明記されている。日本の「特殊の利益」の承認は、ランシングの意図としては、門戸開放原則の確認に日本を同意させるための前提条件であり、日米諒解の骨子・眼目ではなかった。

しかし、勢力範囲撤廃を交渉相手の石井菊次郎に提唱したことからもわかるように、大統領以下政権全体の意向が、勢力範囲と併存してきた伝統的な門戸開放政策への回帰を是とはしていたわけではない。特にウィルソンは、二十一か条要求時の「不承認」に代表される対日抑制方針の堅持に強い意欲を持っていた。[27] くわえて、協定の成立によってモラルサポートを与えられるはずの中国は、一九一七年九月に分裂したばかりの南北両政府がともに強い失望と抗議を米政府に伝えている。[28] 国際政治の改革を志向するウィルソン外交のフレームワークから考えても、もしくは数年前に誕生したばかりの「姉妹共和国」中華民国の擁護者を自任する対中政策の効果から考えても、石井・ランシング交渉は、米外交にとって不満足な結果に終わったのである。

さらにその後の日本の中国政策の展開は、ランシングによる米外交の〝失敗〟を、同国の外交官たちに印象づけることになる。実際には石井・ランシング協定の結果といえるものではなかったが、一九一八年の西原借款、同年のシベリア出兵（ただし発端は米国の勧誘である）、さらにパリ講和会議における山東権益の無条件譲渡要求と、日本の大陸拡張策が再び活発化した（山東問題に関してはそう見えた）からである。[29]

決定的であったのは、次節でも触れる新四国借款団交渉（一九一八～一九二〇）である。新借款団の活動範囲から満蒙を丸ごと除外することを日本は提案し、交渉は膠着状態に陥る。実際には、以上にみた日本外交の行動は一貫した拡張方針に基づかず、特にパリ講和会議を契機に日本外交は、米「新外交」の原則に積極的に呼応する路線に転換する。しかし、そのような事情を知らない米国からみれば、石井・ランシング協定附属の秘密議定書で約束した不拡張を、日本がまったく無視しているとみえた。結果、国務省内では秘密議定書を持ち出して、日本に態度変化を迫るプランが検討される。しかし、同じ協定のしかも本文中で、中国――なかでも「日本の所領に接壌せる地方に於て」日本の「特殊の利益」を米国が「承認」している事実が足かせとなった。もちろん米国側の理解では、協定がいう「特殊の利益」(special interests) とは、地理的近接性が自然と作り出すものである。よって当時国務省で東アジア政策を統括していた第三国務次官のロング (Breckinridge Long) にいわせれば、領有するフィリピンによって中国と隣接する米国も、日本とまったく同じ意味で特殊利益を中国に有していた。しかし、いくら米国の理解が〝正解〟だとしても、解釈の問題を持ち出せば日米関係の一層の紛糾は避けられそうになかった。さらに米外交としては、早く過去のものとしたかった失点に再び脚光をあてる結果にもなる。[30] 対照的に、日本側の協定に対する評価はこれほど単純ではなかった。確かに対米交渉で自身の満蒙権益を正当化する根拠にも使われたが、政府内の政策過程では、拡張的な大陸政策への歯止めとして言及されることもあった。[31] さらに大戦終結が目前に迫るころには、米「新外交」への呼応を主唱する外務省政務局の第一課 (中国課) が、石井・ランシング協定の空文化を予想するほどであった。[32] だがこうした日本外交の変化は米国側に伝わらなかった。戦時協力のための妥協は、大戦後に至るまで米国外交の選択肢と、なによりも自らの「新外交」が東アジアにもたらした変化を認識するための視野を制約し続けたのである。

参戦が米国外交の足かせとなったのは、石井・ランシング協定に限らない。自身の参戦が転機となって、ドイツに宣戦する中国への財政的な援助策でも、米国は日本の後塵を拝したのである。[33]

(二) 中国援助政策

石井・ランシング交渉の背景として、ともに参戦国となった日米の関係調整だけでなく、米資本の大規模な中国進出に対する日本側の警戒があったことはよく知られている。事実、石井・ランシング交渉と軌を一にするように、参戦直後の一九一七年の後半から米国務省内では、①中国の幣制改革のために現行の国際借款団と共同で一億ドルを拠出し、②参戦支援と湖広鉄道の建設援助のために五千万ドルを貸与する構想が検討されていた。特に国務省が重視したのは、湖広鉄道の建設である。中国の行政上の統一を損なっていると非難するウィルソン政権の意向を受け、米銀行団が対華借款団 (当時は六国借款団) を脱退した後も、[34] 一九一〇年四国借款団 (英仏独米) が権利を設定した同鉄道建設については、自国銀行団の権利は消滅せずと米国は主張していた。[35] 第三国務次官のロングが強調したように、湖北省～湖南省～広東省を縦貫する同鉄道は、完成すれば中国の南北を結びつける一大鉄道システムとなることはもちろん、米資本の参加による建設は勢力圏システムにも打撃を与えるはずであった[36]。米資本の主導で湖広鉄道を完成させる野心的な構想を軸に、国務省は米銀行団の再結成に進もうとしたのである。

ただし以上の対華借款計画の最大の動機となっていたのは、東アジアにおける米外交の現状に対する焦りである。米国が脱退した借款団内では、欧州諸国が軒並み資金提供力を失う状況で、日本の影響力のみが増大していた。特に先述の幣制改革借款に関していえば、このままでは日本単独での実施が濃厚であった[37]。こうした事態になれば、中国の財政上の独立が制限を受ける。このように駐華米国公使のラインシュ（Paul Reinsch）は本国に注意し、早急な対応を求めたのである[38]。

よって国務省は自国と中国の参戦を契機に、借款団脱退以来の中国政策の〝不調〟をばん回しようとしていた。だがそれは適わなかった。六国借款団からの脱退を望んだ大統領の支持は獲得できた。しかし問題は欧州向けの自由公債との競合であった。その責任官庁である財務省は明確に抵抗した。自由公債の募債で主力を担うウォール・ストリートの「東部資本家」も同様である。自由公債のように政府の全面的なバックアップがあれば当然彼らは協力しただろうが、それも欠く状態で、規模が小さくかつ不安定な中国市場に、モルガン（J.P. Morgan）などの米金融界の中核銀行が積極的な関心を向けることはなかった。総力戦を戦う英国やフランスなどの連合国側に一〇〇億ドルを用立てるよりも、南北分裂状態の中国に一億ドルを融通する方がリクスが大きいとの判断だったのである[39]。

結果、大戦中の米国の対中援助政策を評価したとき、その成果はきわめて限られている。具体的には、ウィルソン政権と関係が深い中西部資本のシカゴ銀行が手がけた五〇〇万ドルの借款契約（二五〇〇万ドルの追加借款優先権付）と、ナショナル・シティー銀行頭取のヴァンダーリップ（Frank Vanderlip）が主宰する対外投資団ＡＩＣ（American International Corporation）による山東省の運河改修事業の獲得である（後者は、その後日米共同事業となった[40]）。しかしどちらも一九一六年の成立であり、同種の成果は参戦後には続かなかった。国務省の極東専門家の期待とは裏腹に、参戦がかえって足かせとなったのである[41]。

日本側に視点を移せば、特にシカゴ銀行借款の巨額の優先権は、寺内内閣が対米経済提携を政策的に追求する契機となった。かつ米政府内で一致できれば、自由公債とは別に日本と（日米提携の形態も含めて）競合可能な対中援助政策を実施する余地を見いだせたはずである。だが、まず政府内政治の結果、自国の図抜けた金融力を東アジア政策に接続できなかった経緯は、すでにみたところである。他方、日本側の対米経済提携への期待（もしくは恐怖）は米国側も認識していた。しかし、それはもっぱら対日宥和の正当化に使われた(42)。結果、米国外交は、最終的に一億円以上に及んだ西原借款の実施に衝撃を受け、大戦の終結が視野に入り始めた一九一八年十月、ようやく新借款団の結成を英国、フランス、日本に提議するのである(43)。

安定した投資環境を望むウォール・ストリートの協力を取りつけるためもあり、国務省内の政策立案で強調されたのは、依然として大国間協調の確保であった(44)。だが英仏日への通知にあたって、既存の借款団の全ての権利を吸収するとともに、個別の事業を除いてこれまで対象ではなかった実業借款を包含する意図を明かしたことは重要である。実業借款とは中央や地方政府主体の公共事業を対象とするもので、その共同化は各国が中国の各地域で主張していた概括的な投資優先権を、米国主導の新借款団に回収することを意味したからである。第一節でも少し触れたように、概括的な投資優先権は、各大国の勢力範囲を確認する最も有力な権利といえた(45)。東アジアの旧秩序の解体を目ざす米外交のイニシアティブがようやく動き始めたのである(46)。

四　講和会議から新四国借款団交渉へ

大戦の終結は、日本との戦時協力の必要から米外交を解放し、パリ講和会議（主たる交渉は一九一九年一月～六月）を契機に対日圧力を急速に強めていく。むろん講和会議の議題がそうであったように、米国外交の主たる関心を占めていたのは欧州問題であった。だが、米代表団が東アジア問題を軽視したわけではまったくない。特にウィルソン大統領は、第一節でも触れたように、東アジア問題に強い関心を持ち、過剰なほど彼自身の時間と労力を投入した。結果、大統領は旧秩序の解体を決定的にする日本外交の転換をもたらすことになる。

ウィルソン率いる米国代表団の対日強硬姿勢は、旧来の大国間協調（勢力圏外交）による個別権益の確保と国際連盟の「議定」の「延期」を指示する日本政府の「大勢順応」方針を貫徹不可能にした。しかしより重要なのは、以上の結果、大戦中から日本外務省内で形成され徐々に支持を広げながら、国内の政策論争で劣位にあった「新外交」呼応論に絶好の機会を提供したことである。国内の政策決定過程で外務省政務局第一課の「新外交」呼応論に基づく論陣を張り、その上でパリの日本代表団を事実上統括した次席全権の牧野伸顕は、「勢力範囲」の撤廃を含む中国政策の原則を提起したが、それらは東アジアにおける米「新外交」に強く対応するものであった[47]。その後の日本外交の政策過程をみれば、以上に述べた牧野の「新外交」呼応策が常に引照基準となったことがわかる。新四国借款団交渉でも、さらに東アジアでの戦後構築の一つの到達点といえたワシントン会議（一九二一～一九二二年）でも、勢力範囲の撤廃――つまり勢力圏外交秩序の終焉を前提に、基本方針が立案されたからである[48]。

しかしパリでの大統領の奮闘も、米外交のフラストレイションを解消するには至らなかった。理由は大きく以下の三つである。第一に、外交官や極東専門家はもちろん、国務長官のランシングでさえも、日米交渉から実質的に排除された。第二に、日本の「新外交」呼応策を踏まえて、将来の連盟での善処を前提に山東の旧ドイツ権益に対する日本の主張をそのまま――ただし無条件譲渡を明記するという形式面に限ってだが――認めたウィルソンの決断が、中国全権による講和条約の調印拒否に結びついた。第三に、以上の日米妥結を独り推進したウィルソンは、講和会議後にその真意を十分に政権内でも説明せぬままやがて重病に倒れ、外交指導が不可能となった。よって、その後の新四国借款団の設立交渉では、日本外交はパリでの日米妥結の延長線に基本方針を定めたが、米国外交はそうはならなかったのである。

もちろん新四国借款団交渉の紛糾の要因は、講和会議に関する日米の認識ギャップだけではない。実業借款の共同化に賛成しながら、満蒙のみの概括除外を求める日本側の当初の方針は、もしウィルソンが陣頭指揮を執っていても、交渉の紛糾を必至にしただろう（ただしウィルソンは、パリで日米妥結をなした牧野らに配慮して、より穏健な態度をとった可能性はある[49]）。より深刻だったのは、日本の原敬首相が、当時の日本の政治指導者としては例外的に対米関係を最重視しながら、同時に伝統的な勢力圏外交の発想を色濃く残していたことである。原のこうした特異な外交観は、講和会議では「新外交」呼応論と彼の対米協調を区別しなかった（できなかった）こともあって、大きな問題にはならなかった。しかし新借款団交渉では、米国の反発を受けて外務省が早々と個別権益の列挙除外に後退しようとする場面で、最大の障害として働いた[50]。こうした経緯もあわさって、日本側（特に原首相）とは対照的に、米国側は交渉決裂を覚悟するまで思い詰めたのである[51]。

しかし最終的には、原の対米協調主義と勢力圏外交の組み合わせが、大戦後日本外交の基調とはならなかった。新四国借款団の設立にあたっては、満蒙に関する概括的な留保をすべて撤回した（ワシントン会議にもこの方針は引き継がれる[52]。確かにそれと引き替えに、米英両政府が満蒙における日本の「緊切なる利益」（vital interets）を尊重すると約束している。しかし日米および英国の交渉過程をみれば、この表現は――語感から受ける印象とは裏腹に――勢力圏外交秩序の解体のなかで満蒙の例外扱いを求める「特殊利益」論からの大幅な後退であった[53]。同時に「勢力圏外交秩序の解体のなかで」と述べたように、旧秩序再建のための対英協調を日本外交が試みることは、講和会議後には一度としてなかったのである。ワシントン会議を待たずに、勢力圏外交秩序は溶解したのである[54]。

結び

最後にみた新借款団交渉の決着は、米外交がその影響力とは裏腹に、東アジアで苦しんできたフラストレイションをようやく払拭する契機となった。自らの外交努力が日本外交の変化をもたらしつつあるとの実感を米国の東アジア政策の担い手たちが持ち始めたからである。だが、今度は米国内政治の波乱が、米外交のイニシアティブを制約する。対独講和条約の調印から一年をまたずに、同条約の批准承認案は上院で二度否決され、一九二一年三月の民主党から共和党への政権交代で米国の連盟不参加が確定的となったからである。一般的に東アジアの戦後構築の頂点とされるワシントン会議は、ウィルソンの戦後構想を結果的に否定した共和党政権の下で開催された。こうして大戦の勃発で欧州の国際政治との連関を相対的に弱めていた東アジアの国際政治は、その独自性を一層強めたのである。

この二つに分裂した国際政治を再結合する可能性を持っていたのは、一方では米国を欠くとはいえ、日本や中国も参加する連盟である。他方で米国自身も、ワシントン会議での海軍軍縮条約の締結やその後の不戦条約の成立に見られるように、グローバルな外交努力を放棄したわけではなかった。同じ「理念」に起源を持つ連盟と米国のイニシアティブは、再び接近していくのである。しかし両者を最初に（不十分ながら）結びつける役割を果たしたのは、ウィルソンが恐れていた極東の国際危機――満州事変であった。

であるからには、それでも本稿のように、少なくとも東アジアでの旧秩序の解体を主張できるのだろうか。否むしろ、東アジアの旧秩序の解体と大戦および米国の連盟不参加による国際政治の分裂という本稿の視点に立ってこそ、満州事変の国際関係史上の意義をより良く理解できるというのが筆者の立場である。さらには東アジアに限らない、戦間期の国際政治の特質を新たな視角から分析することにもつながると考えるが、これらの点は別稿で論じる。

註

(1)米国の参戦が、協商国側の戦争目的と大戦の性格そのものに与えた影響については Michael Howard, *The First World War: A Very Short Introduction* (Oxford: Oxford University Press, 2002), 76-80が簡潔に整理している。

(2)特に欧州諸国における政治的・経済的自由主義の機能不全については、マーク・マゾワー（中田瑞穂、網谷龍介訳）『暗黒の大陸――ヨーロッパの二〇世紀』未來社、二〇一五年、特に第四章。

(3)以上の視点にたって、米国の国際主義の長期的な潮流変化を分析したものとして、森聡「リベラル国際主義への挑戦――アメリカの二つの国際秩序観の起源と融合」『レヴァイアサン』五八号、二〇一六年、二三～四八頁。森聡「〈書評論文〉東アジアにおける不完全な秩序移行とアメリカ」『レヴァイアサン』六一号、二〇一七年、一七二～一七七頁も参照。

(4)米外交の仲介に少なくとも形式上は応える、もしくは対抗するために、両陣営が示した和平案は、実際に終戦を望むのであればともに自己に有利にすぎた。しかし軍事史家のハワード（Michael Howard）は、どちらかが相手の勝利をこの時点で予測していれば、終戦に値する内容であったろうと指摘している。もちろん以上の論評は、その後知恵を誇るためではなく、米国の仲介による「勝利なき講和」の失敗＝総力戦の貫徹が、大戦の性格に与えた影響を強調するためのものである。Howard, *The First World War*, 79.

(5)Memorandum by Koo, 26 November 1918, Arthur S. Link, ed. *The Papers of Woodrow Wilson*, vol. 58 (Princeton, NJ: Princeton University Press, 1988), 634-635.

(6)この点については、本特集の特に大井論文もあわせて参照されたい。

(7)実際には欧州でも、秩序そのものを「押し付ける」ことなどできなかっただろうが。

(8)中谷直司『強いアメリカと弱いアメリカの狭間で――第一次世界大戦後の東アジア秩序をめぐる日米英関係』千倉書房、二〇一六年。

(9)青木昌彦（滝沢弘和、谷口一弘訳）『比較制度分析に向けて』ＮＴＴ出版、二〇〇一年、三三頁。

(10)より正確にいえば、どのような「ゲームのルール」もそのようにしか存在できない。以上の秩序（制度）理解の多くを、筆者は盛山和夫『制度論の構図』創文社、一九九五年に負っている。

(11)入江昭『極東新秩序の模索』原書房、一九六八年、六頁。飯倉章『イエロー・ペリルの神話――帝国日本と「黄禍」の逆説』彩流社、二〇〇四年、第一章も参照。

(12)文明国標準を基軸に、こうした階統的な世界秩序の中での日本外交を描いた研究として、酒井一臣『近代日本外交とアジア太平洋秩序』昭和堂、二〇〇九年。

(13)外務省編『日本外交文書並主要文書』上、原書房、一九六五年、二四一頁および三五一～三五二頁（以下、『主要文書』

と略す)。

(14)同右、二八〇~二八三頁、三三六~三三七頁、三六九頁、四二〇~四二一頁。

(15)中谷『強いアメリカと弱いアメリカの狭間で』二四七頁。中谷直司「東アジア『新外交』の開始――第一次世界大戦後の新四国借款団交渉と『旧制度』の解体」伊藤之雄、中西寛編著『近代日本の秩序変容とリーダーたち――明治維新から敗戦後の秩序変容まで』京都大学学術出版会、二〇一八年、一一四頁。日露戦争後の日本の南満州権益に対する英国の弱い支持と東部内モンゴル権益に対する否定的態度については、塚本英樹「満蒙特殊権益をめぐる日本外交――対中国借款問題を中心に」『法政史学』第七七号、二〇一二年三月。

(16)日露戦争後の日露関係や日本の対露政策については、井口和起『日露戦争の時代』吉川弘文館、一九九八年、バールイシェフ・エドワルド『日露同盟の時代一九一四~一九一七年――「例外的な友好」の真相』花書院、二〇〇七年、千葉功『旧外交の形成――日本外交一九〇〇~一九一九』勁草書房、二〇〇八年、片山慶隆『小村寿太郎――近代日本外交の体現者』中公新書、二〇一一年、二〇〇八年を主に参照。ロシアの満州「経営」とそれをめぐる国際関係については、麻田雅文『中東鉄道経営史――ロシアと「満州」一八九六―一九三五』名古屋大学出版会、二〇一二年。

(17)入江『極東新秩序の模索』六頁。

(18)中谷『強いアメリカと弱いアメリカの狭間で』の特に第一章および第四・五章。中谷直司「第一次世界大戦後の日米英関係――中国をめぐる大国間関係の変容」小林道彦、中西寛編著『歴史の桎梏を越えて――二〇世紀日中関係への新視点』千倉書房、二〇一一年も参照。二十一か条要求が東アジアの国際政治に与えたインパクトについては、奈良岡聰智『対華二十一ヵ条要求とは何だったのか――第一次世界大戦と日中対立の原点』名古屋大学出版会、二〇一五年と久保田『対中借款の政治経済史』第三章も参照。

(19)中谷「第一次世界大戦後の中国をめぐる日米英関係」九一―九四頁、一〇四―一〇五頁。中谷『強いアメリカと弱いアメリカの狭間で』第一章。

(20)交渉の経緯については、以下の研究を主に参照。Burton F. Beers, *Vain Endeavor: Robert Lansing's Attempts to End the American-Japanese Rivalry* (Durham, N. C.: Duke University Press, 1962), ch. 9; Sadao Asada, "Japan and the United States, 1915-25" (PhD. diss, Yale University, 1962), 24-53; 長岡新治郎「石井ランシング協定の成立」『国際政治』第三七号、一九六七年、五四―七一頁、三谷太一郎「大正デモクラシーとワシントン体制 一九一五―一九三〇」細谷千博編『日米関係通史』東京大学出版会、一九九五年、八六―八七頁、高原秀介『ウィルソン外交と日本――理想と現実の間一九一三―一九二一』創文社、二〇〇六年、第二章、中谷『強いアメリカと弱いアメリカの狭間で』六六~七七頁。

(21)Mamorandum by Lansing, 6 September 1917. U.S. Department of State ed., *The Lansing Papers 1914-1920*, vol. II (Washington D.C.: U.S. Government Printing Office, 1940), 433-434.『主要文書』上、四四〇頁。

(22)中谷直司「対列強協調から対米協調へ——日本外務省の政策構想の変容一九一六—一九一九」『同志社法学』第五八巻四号、二〇〇六年九月。中谷『強いアメリカと弱いアメリカの狭間で』第一章。ランシング国務長官による勢力範囲の撤廃提唱の意義については、明石岩雄『日中戦争についての歴史的考察』思文閣出版、二〇〇七年、第一章と酒井『近代日本外交とアジア太平洋秩序』一六八—一六九頁も参照。

(23)『主要文書』上、四四〇頁。

(24)Beers, *Vain Endeavor*, 40-41, 109.

(25)ヘイ（John Hay）の門戸開放通牒にはじまる、米国の門戸開放政策とその限定的な内容については、以下の文献を主に参照。James C. Thomson, Jr., Peter W. Stanley, and John Curtis Perry, *Sentimental Imperialists: The American Experience in East Asia* (New York: Harper Torchbooks, 1981), ch. 9; Warren Cohen, *America's Response to China*, 4th edition (New York: Columbia University Press, 1990), 38-54; 池井優「門戸開放・機会均等主義」外務省外交史料館、日本外交史辞典編纂委員会編『新版 日本外交史辞典』山川出版社、一九九二年、一〇〇六—一〇〇七頁。

(26)『主要文書』上、四三九~四四〇頁。

(27)Beers, *Vain Endeavor*, 109, 111-113; Asada, "Japan and the United States," 36-37.

(28)Madeleine Chi, *China Diplomacy 1914-1918* (Cambridge, Mass: East Asian Research Center, Harvard Univeristy, 1970), 113-114.

(29)シベリア出兵をめぐる日米関係については、高原『ウィルソン外交と日本』第三章が最新かつ包括的。シベリア出兵の最新の研究成果は、麻田雅文『シベリア出兵——近代日本の忘れられた七年戦争』中公新書、二〇一六年。

(30)同内容のプランは、新四国借款団交渉時に二回検討されている。中谷『強いアメリカと弱いアメリカの狭間で』二二九~二三〇頁、二四一~二四四頁。

(31)同右、八五頁、九五頁、一九八~九九頁、二一六頁。永井より内田、一九一九年六月二〇日、外務省編『日本外交文書』大正八年第二巻上、二九〇—二九一頁（以下『日外』⑧二上）。外務省意見「吉黒両省森林鉱山」一九一八年六月八日『日外』⑦二下、八三三頁。

(32)「講和ノ基礎条件ノ東洋ニ於ケル帝国ノ地位ニ及ボス影響ニ就テ」日付不明「支那政見雑纂」第三巻、外務省記録1.1.2-77／アジア歴史資料センター Ref. B03030277800.

(33)参戦をめぐる中国政治については、楊海程「第一次世界大戦期における中国の参戦問題と日中外交」『東アジア近代史』第一六号、二〇一三年三月。本特集の川島論文も参照のこと。一九一七年の寺内内閣による援段政策は、斎藤聖二「寺内内閣における援段政策の確立経緯」『国際政治』第八三号、一九八六年一〇月に詳しい。

(34)六国借款団と米国の関係、特に脱退の背景については、Cohen, *America's Response to China*, 71-72; 三谷太一郎『ウォール・ストリートと極東——政治における国際金融資本』東京大学出版会、二〇〇九年、七六頁。

(35)湖広鉄道借款の沿革については、田村幸作『支那外債史論』外交時報社、一九三五年、一九九—二二五頁。三谷『ウォール・ストリートと極東』七五頁も参照。対華国際借款団の変遷については、久保田裕次『対中借款の政治経済史——「開発」から二十一ヵ条要求へ』名古屋大学出版会、二〇一六年、九～一〇頁（特に九頁の図序-1）が明快である。

(36)Long to Lansing, 12 February 1918, 893.51/1894, cited in Noel H. Pugach, *Paul S. Reinsch: Open Door Diplomat in Action* (Mill Wood, New York: KTO Press, 1979), 235.

(37)酒井『近代日本外交とアジア太平洋秩序』一九五頁。Beers, *Vain Endeavor*, 143.

(38)Lansing to Sharp, 22 November 1917, U.S. Department of State, ed., *Papers Relating to the Foreign Relations of the United States, 1917*, 156-157 (cited hereafter as *FRUS*).

(39)以上の経緯は、中谷『強いアメリカと弱いアメリカの狭間で』一八六～一八九頁。

(40)高橋勝浩「中国借款と日米提携——大運河改修をめぐって」『東洋学報』第八一巻三号、一九九九年一二月、三四六—三七三頁。

(41)中国の南北分裂の影響ももちろん無視できない。ただしこの点ついても、広い意味で米国参戦の影響といえるかもしれない。

(42)中谷『強いアメリカと弱いアメリカの狭間で』一九一頁。

(43)Lansing to Jusserand, 8 October 1918, *FRUS, 1918*, 193-196.

(44)Lansing to Reading, 10 July 1918, *FRUS, 1918*, 175-176; Certain American Bankers to Lansing, 8 July 1918, *FRUS, 1918*, 172-173; 石井より後藤、一九一八年七月一四日、七月一六日『日外』⑦二上、二一三—二二三頁。

(45)勢力範囲については、中谷『強いアメリカと弱いアメリカの狭間で』三一頁、七五頁。川島真「領域と記憶——租界・租借地・勢力範囲をめぐる言説と制度」貴志俊彦、谷垣真理子、深町英夫編『模索する近代日中関係——対話と共存の時代』東京大学出版会、二〇〇九年、一七〇—一七四頁も参照。

(46)概括的な借款優先権を共同範囲としたのは六国借款団が最初だが、対象となったのは行政借款（政府運営の行政費）のみで、実業借款の包含には至っていない。久保田『対中借款の政治経済史』九～一〇頁。

(47)松井より内田、一九一九年四月二二日『日外』⑧三上、二四五—二四六頁。松井より内田、一九一九年四月二二日『日外』⑧三上、二四九—二五〇頁。

(48)パリでの日米交渉を含めて、詳しくは中谷『強いアメリカと弱いアメリカの狭間で』第三章～終章。

(49)例えば Arthur S. Link, ed., *The Papers of Woodrow Wilson*, vol. 60 (Princeton, NJ: Princeton University Press, 1989), 101-104, 483-484.

(50)この点については、中谷「東アジア『新外交』の開始」一〇九―一一〇頁を参照。

(51)たとえば、Polk to Morris, 28 Feburary 1920, *FRUS*, 1920, vol. 1, 497-499.

(52)当然以上の見解には異論がある。最新の成果は、佐々木雄一『帝国日本の外交一八九四―一九二二――なぜ版図は拡大したのか』東京大学出版会、二〇一七年、第六章。

(53)この問題に関する筆者の最新の見解は、中谷「東アジア『新外交』の開始」一一九―一二〇頁。別の見解をとる代表的な研究は、種稲秀司『近代日本外交と「死活的利益」――第二次幣原外交と太平洋戦争への序曲』芙蓉書房出版、二〇一四年、第二～五章。

(54)ただし熊本史雄は、新借款団交渉に際して、外務省政務局第一課が推進する「新外交」呼応策が、幣原喜重郎外務次官の主導で勢力圏外交よりに修正されたとの注目すべき議論を提示している。本稿とあわせて参照されたい。熊本史雄「大戦間期外務省の情報管理と意思決定――新四国借款団結成問題への組織的対応と幣原喜重郎外務次官の外交指導に即して」『日本史研究』第六五三号、二〇一七年。

『東アジア近代史』第二二号（二〇一八・六）

《特集》第一次世界大戦下の東アジアと世界

コメント

千葉　功

第一次世界大戦をどのように考えるかは、きわめて難しい問題である。初めての世界大戦であり、交戦国の多さや、交戦国が植民地の人員を動員したこと、さらに中立諸国もまったくの「中立」ではいられなかったという状況を考えると、世界大戦に関与した国や民族、人々は無数と言ってもよく、よって第一次世界大戦への関わり方も無数ということになる。これら無数の事例を積み上げれば第一次世界大戦という全体を描くことができるのかというとそう楽観的にはいられないが、かといって細部の個々の事例を抜きにした「全体」研究ほど、地に足のつかない、先行研究をなぞっただけの研究に終わるであろう。結局はもとに戻って、個々の事例を積み上げつつも、常に「第一次世界大戦とは何だったのか」という視点から考え続けるという、無難な、しかし実行するには気の遠くなるほどの労力を必要とするやり方しかないのであろう。その意味で、第一次世界大戦というテーマほど、シンポジウムのような共同研究を俟たなければならないと思われる。

今年度の大会シンポジウムは第一次世界大戦の、それも「展開期から終焉期に向けた時期」をおもに扱い、視点としては大戦の戦闘行為の中心ではなかった「東アジアの側が大戦環境にどのように対処して行ったのか」（趣旨文）を見るというものである。すなわち、「東アジア内部の動向を見ると同時に、欧米からの視点を絡めることで、より大きな視野のもとで変化過程を見て行」（趣旨文）くというものである。さきほど第一次世界大戦はシンポジウム向きと申したが、全世界において第一次世界大戦のシンポジウムや共同研究が行われつつあるなかで、本学会の独自性はそこにあると思われる。

今回、それこそ地域もテーマもバラエティに富む六本の興味深い報告を聞いて、それを第一次世界大戦研究の文脈の中に適切に位置づける能力は私にはないので、それぞれの報告のうち私なりに興味深いところを指摘したうえで、質問を提示することで責を塞ぎたい。

久保田裕次報告は、従来の研究ではたとえ西原借款の局面でもバイプレーヤーとしてしか見られてこなかった勝田主計蔵相に焦点をあてることで、先行研究とは違った視点で一貫した説明を行ったことが斬新的である。久保田報告によると、勝田のアメリカへの視線は当初冷淡だったのが、のち変化してイギリスの代わりにアメリカの政治的経済的台頭に注目するようになったという。第一次世界大戦期の研究において、徐々に世界秩序の中心となっていったアメリカというファクターを各政治アクターがどのように見ていたのかは興味深いところである。そして、久保田報告は寺内内閣期の諸政策（①物価問題、②税制、③正貨政策を重視した政策形成）を描いて、「このような政策構想・主導は、言うまでもなく、戦後構想と密接に関わっていた」（サマリー）という興味深い指摘をされている。このうち、戦後世界を展望するうえで大きなウェイトを占めた「資源競争と「自給自足経済」」（レジュメ）という発想、特に「資源」という概念がどのように獲得されたのかを御聞きしたい。私のようにふだん明治期の日本を見ている者からすると、極端に言うと、明治期には「物産」という概念はあっても「資源」という概念はなかったように思われる。それが戦間期には「資源」という概念が獲得され、「資源」政策を担当する機関として資源局が設立されることになると私は考えていたのであるが、そうしてみると勝田の事例は早い方に属するのではないだろうか。勝田がどのように「資源」概念を獲得したのか、史料的にわかるのであれば御聞きしたい。

川島真報告は、中国の参戦問題を扱った興味深いものである。私のようにどうしても「日本史」という一国史視点で勉強している者からすると、中国の参戦問題に関する「日本史」研究でのよくある説明（中国政府は戦後の講和会議での発言権を確保するために参戦した）ではそれこそ説明のつかない中国参戦にいたる複雑な過程を、川島報告は的確に論点整理している。黎元洪は参戦に反対したのではなく、参戦までのプロセスとそれを誰が主導するかで反対（段祺瑞が主導することに反対）したとか、段や黎などにとって中国参戦の最大のメリットは財政問題、特に義和団賠償金の支払い解除ないし猶予であったことなど、一次史料にアクセスしないとわからない発見であろう。説得的な御報告であるため質問もしづらいのであるが、あえて御尋ねすると、北京政府における財政問題のウェイトの大きさは今回の時期の前後で一貫したものなのだろうか、それとも対独墺参戦が問題化したときに固有な現象なのだろうか。また、もしも前者だとした場合、交通部なり何なりの金融・財政機関のウェイトの上昇を意味するのだろうか。

古泉達矢報告は、それこそ日本史研究者からは皆目見当もつかない、「華工」送出と威海衛統治問題を扱った報告である。特に、威海衛と言えば、日清戦争後、日本軍が威海衛撤兵後イギリスに引き渡したというぐらいしか知識のない私にとって、興味深い報告であった。ドイツの要請で鉄道が敷設できなかった威海衛は常に赤字財政で、その威海衛を経済開発するために威海衛を拠点とした華工のヨーロッパへの送出計画が立てられたという。しかし、日本軍による青島占領後は、青島から威海衛を経由せず輸送するようになり、フランスとの競合や船舶不足もあって最終的には成功しなかった。こうしてイギリスは第一次世界大戦の勃発をもって威海衛の租借を確固とすることができず、このこともあってワシントン会議で中国への還付を公言することにつながったという。非常に説得的な立論であり、疑問点もないのであるが、あえて御聞きすると、威海衛を拠点とした華工送出の論理や動機はよくわかったのだが、それを阻止ないし妨害するような言説はどのようなものだったのだろうか。具体的には、イギリス本国の自由党政権が華工の輸送を禁止した理由や、イギリス国内における陸軍と植民地省と外務省の華工輸出計画に対するスタンスの異同を御聞きしたい。

大井知範報告は、「とりわけドイツの立場から眺めることで、連合国の視線に立つ「勝者」の東アジア史観では見えなかった諸相を読み解」くことを目標にして、ミクロとマクロの二つの論点からアプローチしようとする野心的なものである。大井報告によると、大戦前の東アジアでは利権獲得をめぐる熾烈な競争が展開されつつも、その裏では強固な協調体制が列強間に構築されていたが、大戦のインパクトはこうした列強同士の対立と協調、ナショナリズムとコスモポリタニズムとのバランスを崩壊させたという。また、大井報告は、東アジアがグローバルな世界政治のなかで欧州の主戦場から見て、①「イギリス帝国」、②「ロシア帝国」、③「アメリカ帝国」の背後に位置したという、興味深く重要な視点を提示する。大井報告のようなグローバル政治、ないし地政学の中で第一次世界大戦下の東アジアを考える視点は有効であろう。そのうえでひとつ質問したい。大井報告では日本や中国といった東アジアの動向が欧州に及ぼす作用というか反作用を指摘するが、その反作用は初めての「世界」大戦を経て、量的な変化以上の質的な変化をもたらしたと言ってよいのか。そして、もしもそのように言えるのであれば、質的な変化の内実はどのようなものと考えてよいのだろうか、御聞かせ願いたい。

中谷直司報告は、アメリカ外交が参戦以後は戦争遂行のため東アジア政策を犠牲にするとともに、中国政府（北京政府）に対する影響力の点でも日本外交の後塵を拝し、実効的な対抗手段を打ち出すことができなかった点で「フラストレイション」を亢進させたという。確かにこのようなアメリカ外交の「自己評価」、ないし自意識はアメリカ外交の内実を見ないとわからない。ただし、中谷報告は、このような自己評価を正確にふまえたうえで、実際にアメリカ参戦が「旧制度」解体にもたらした影響力の大きさ―日本外交においては「勢力圏外交」の放棄、中国外交においては「近代外交」の核となるアイディアの発見―、言い換えると自己評価と実態とのギャップという興味深い事象を明らかにする。中谷氏の近著の成果を十二分に活かした御報告である。そこで質問であるが、参戦後のアメリカ外交の「自己評価」の低さに気がついた日本の外交官ははたしていなかったのであろうか。そして、そのような外交官の有無が日本外交に与えた特質は何だったのであろうか。

麻田雅文報告は、日本外交の中でも例外的ないし変則的に対露協調を主張した後藤新平を扱ったもので、「後藤日記」の翻刻プロジェクトに関わっている私としても興味深く聞かせてもらった。麻田報告が言うように、後藤がロシアに接近したのは満鉄総裁として「ビジネスとしての接近」（サマリー）したことに加えて、先行研究では日露協調により満州権益の回収を主張する中国を孤立化させ、かつ「新大陸」であるアメリカを抑えようとした（新旧大陸対峙論）ことが指摘されている。ちなみに、私は現在、三機関に分立する「寺内正毅関係文書」のうち刊行されていない書翰を悉皆翻刻するプロジェクトを進めているが、その中で興味深いものを紹介したい。それは、一九一二年に桂一行としてロシアを訪問したときのもので、後藤は伊藤の遭難時と違って今回はロシア側警備が行き届いたことを評価している。すなわち、北満における朝鮮人独立運動家を拘禁し、家宅捜索の際の押収資料を日本側領事館へ引き渡してくれたうえ、その分量が朝鮮総督府から応援二名を頼むほどだったという。このように、後藤にとっては日露協調が日本の朝鮮統治の安定化のうえでも多大な効果があることを発見したのではないだろうか。それはさておき、質問に移ると、後藤の構想なり、日露協調論なりがロシア側にはどのように受け取られていて、彼の構想には実現可能性がどれほどあったのだろうか。日本史研究の方からはまったくわからないので、御教示いただければ幸いである。

以上拙いコメントを申し上げてきたが、最後にそれぞれの報告者の方々には御研究をふまえて、「東アジアにとって第一次世界大戦は何だったのか」を一言でいうとどうなるのか聞いてみたい。

『東アジア近代史』第二二号（二〇一八・六）

《特別寄稿》

台湾史研究と公文書

呉　密　察
新田龍希　訳・解題

［解　題］

本稿は二〇一七年一〇月一三日に台湾国家図書館漢学研究センター、東京大学台湾漢学リソースセンター（TRCCS）、同東洋文化研究所、同附属図書館U－PARLの共催で東洋文化研究所大会議室にて開催されたTRCCS第二回台湾漢学講座、呉密察（台湾・国史館館長）「台湾史研究と公文書」の講演記録である。当日は川島真氏（東京大学大学院総合文化研究科教授・TRCCSセンター長）が開会挨拶を、松田康博氏（東京大学東洋文化研究所教授）が司会をそれぞれ務めた。

呉密察氏は言わずと知れた台湾における台湾近現代史研究の泰斗である。一九五六年台南県北門郷生まれ。北門はかつて塩業で知られ現在では水産養殖業の盛んな地方である。北門国中、台南一中を卒業後、台湾大学図書館学系に入学。歴史学系に転部の後卒業、同系で助教、講師をつとめた。その後東京大学人文科学研究科東洋史学研究室に留学し修士号を取得、博士課程単位取得退学後台湾大学歴史学系に戻り副教授、教授を歴任、成功大学歴史学系でも教鞭を執った。またその間行政院文化建設委員会副主任、国立台湾歴史博物館籌備処主任、同博物館館長、台湾研究財団理事長などを歴任、二〇一六年五月に国史館館長に就任するなど狭義の学術活動にとどまらず多方面で活躍している。

呉密察氏の研究領域は多岐に亘るが、中核となるのは清末から日本統治初期にかけての政治史である。とりわけ内地との連関に着目した台湾総督府の統治政策史研究が名高い。単著として纏められたものに『台湾近代史研究』（稲郷出版、一九九一年）があるほか、「明治国家体制与台湾――六三法之政治的展開」（『台大歴史学報』）第三七期、二〇〇六年六月）、日本統治期五〇年の政治を概観した通史「台湾」（松丸道雄ほか編著『世界歴史大系中国史五　清末〜現在』山川出版社、二〇〇二年）などがある。また史学史・史論の方面でも、「台湾史の成立とその課題」（溝口雄三ほか編『アジアから考える三』東京大学出版会、一九九四年）、「『歴史』的出現――台湾史学史素描」（『当代』第二二四期、二〇〇六年）などの重要な作品がある。

このほか特筆すべきは未公刊史料の整理、とりわけ目録作成や史料集出版の仕事である。著名なものとして、清代台湾の地方行政檔案を翻刻・公刊した『淡新檔案』、日本の国立公文書館や外交史料館などに所蔵されている公文書のうち台湾関係の文書を採録した『日本公蔵台湾関係檔案目録』、台湾大学所蔵の伊能嘉矩関係史料、文庫を整理した『国立台湾大学蔵伊能文庫目録』、一九六〇年代に台湾銀行で出版された『台湾文献叢刊』以来の大規模史料集であり、前者を大きく増補改訂した『台湾史料集成』などが挙げられよう。また現在『高雄史料集成』の編纂も進めている。更に一九九〇年代後半以降はインターネット上のデジタルデータベースの構築にも力を入れており、台湾史デジタルライブラリー（THDL）の構築にも尽力した。その他、近年では国立台湾大学出版センターの「台湾研究叢書」主編として、海外で出版された台湾史の著作の翻訳出版にも努め、日本の台湾史研究の成果の台湾における普及にも大きく貢献している。

さて本講演では国民党遷台後の台湾における台湾史研究の動向を、社会的課題及び史料面のインフラ整備を軸として、実体験を交えつつ語られている。前者の社会的課題について、あまり知られていないが、呉氏は台湾の民主化運動が花開きつつあった一九八〇年前後より、ペンネームで党外雑誌（『八十年代』、『暖流』など）に台湾史に関する文章や日本統治期に活躍した民族運動家たちに対する追悼文を発表する形で、党外運動に参与していた。また八〇年代末以降は日本の政治社会状況を台湾社会に紹介し（『日本観察――一個台湾的視野』稲郷出版、一九九二年）、また台湾史の基礎知識を社会に発信する目的で、年表と用語集を併せた形で簡にして要を得た『台湾史小事典』（遠流出版、二〇〇〇年、和訳出版あり）の監修や、歴史漫画『認識台湾歴史』（全一〇冊、新自然主義、二〇〇四〜二〇〇五年）の企画など八面六臂の活躍を見せている。台湾のメディアでの露出も多い。社会的課題を台湾史研究の動向整理の軸にするという視角の設定は、このように社会に発信を続けてきた呉氏ならではであろう。なお後者の史料面のインフラ整備については、日本統治時代以降現代に至る史料の発掘、史料集出版などの状況を整理した文献として「国家史料的編纂」（呉密察ほか『台湾史料集成提要』増訂本、行政院文化建設委員会・遠流出版、二〇〇五年）があるので、より詳しく知りたい向きはこちらをご覧頂きたい。

講演の後半は蔡英文政権成立に伴い呉氏が国史館館長に就任して以降の檔案行政についての紹介である。国史館とは中華民国総統府直属の国史編纂や史料文物の整理収集、総統・副総統関係の史料文物を収集することなどを目的とした政府機関である。呉氏の館長就任以来、従来の史料閲覧制度の変更やデジタル化の急速な促進など大きな動きがあり、前者は台湾内外の中国近現代史研究者を中心に制度変更反対の署名活動が行われ、台湾のメディアでも連日報道された。檔案の機密解除、デジタル化、公開を積極的に進めるためには、まず法制に則った史料の管理運用——国史館も檔案管理局と同一の制度の元に管理運用する——が求められる、という考えが示されている。また、蔡英文政権成立以後、台湾では「移行期正義」が議事日程に上っている。現在立法院では関連する様々な法令が審議されており、そのうちのいくつかはすでに成立しているが、呉氏はこれらにも国史館館長として関わっており、その意味で「移行期正義」をめぐる現代台湾政治のアクターであるとも言えよう。この点についても終盤で少し触れられている。

　今回、筆者は講演の際に周俊宇氏（日本学術振興会ＰＤ）と共に通訳を務めた関係で翻訳を担当することとなった。本稿は講演音源を起こした中国語原稿に呉氏が修正を加えた確定稿を和訳したものである。文字起こしに当たっては徐偉信氏（東京大学大学院総合文化研究科・博士課程）の助力を得た。

　なお本稿において（　）は著者による挿入、〔　〕は訳者による補足を表す。原注は（＊）、訳注は（1）、（2）……と表記した。（新田）

松田〔康博〕さん、川島〔真〕さん、そしてご来場のみなさま、こんにちは。懐かしいこの場所に戻ってこられたことをとても嬉しく思います。三〇年前東京大学で留学していた頃は、毎週この東洋文化研究所の建物で授業を受けていたものでした。三〇年が過ぎ、キャンパスの景色や人々も大きく様変わりしてしまいました。今朝文学部の方へ出かけてみたところ、当時の国史学研究室の同級生にばったり出くわしたのですが、一見お互いを認識できないまでになっていました。

　さて、本日は台湾史研究の発展と、関係する檔案や公文書の公開、利用とをテーマに、皆さんにこの四〇年来の台湾での台湾史研究の展開をお話したいと思います(1)。内容は台湾史研究をいくつかの段階に分けながら回顧すること、そして台湾の檔案や公文書の整理、公開状況を紹介することの二つからなります。

　台湾の台湾史研究を左右する要素はいくつかあると思います。もっとも東アジア各地の学術研究の状況はおよそ類似しており、台湾だけが特殊な状況ではないと思いますので、きっと理解しがたいということはないと思いますが、台湾史研究に影響を与える要素としてまず指摘しなければならないのは、政府機関の支援に大きく依存しているという点です。基本的に台湾の学術研究は国公立の大学や研究機関により担われていますので、おのずと政府が提供する組織やその構成、そして経費の影響を受けます。日本や台湾、更には中国や韓国、香港、シンガポールも同様ですが、東アジアにおける学術研究は国家による支援の割合が相当高く、欧米のような比較的に政府と独立した状況とは大きく異なるのです。

また学術研究に影響を与える重要な要素として、社会的課題が挙げられます。これは台湾の状況に即して言えば、民主化、自由化、本土化であり、近年正面から取りあげられるようになった「移行期正義（Transitional Justice）」です。[2]これらの社会的課題は一方では政府に新たな公的研究機関を設立すること、既存の機関を拡張すること、関係領域に多くの関心や資源を注ぐことなどを求め、他方ではそれぞれの研究者の研究課題に反映されるのです。

さらに、学界の潮流や学界の資源面での環境も、研究の方向性や進展に影響を与えます。歴史研究における重要な研究資源は史料（そしてその発掘と整備）であり、台湾史研究においては檔案が重要な役割を果たしてきました。二一世紀に入って以降は、新たな科学技術（とりわけＩＴ技術）を利用した檔案や史料の整理も歴史研究に影響を与えています。近年強調される学際化や国際化といった学界内部の潮流もまた、台湾史研究に大きな影響を与えています。例えば本日の講座は「漢学講座」と銘打ってありますが、今日の「漢学」はもはや五〇年前のそれとは大きく異なり、既に伝統的なシノロジーではなく、むしろ地域研究のような学際的なものになっています。このように現在の東アジアの学界において、学際化や国際化のスローガンは、既に大きな実質的影響を与えているのです。

また、当然ながら学術研究は研究者それぞれの才能や関心の影響も受けます。学術研究の主体は研究者ですから、研究者の才能や関心も研究の方向性や研究課題を決定するのです。

一九七〇年代以前

本日は以上のような視角を前提として、この数十年間に亘る台湾史研究の展開をお話したいと思います。台湾史研究はいくつかの段階に分類することができるでしょう。

第一段階は一九七〇年代以前です。この段階においては、台湾史研究は基本的に中国の伝統史学における地方志の伝統の中で研究されていました。戦後の台湾ではこのような地方志編纂の伝統に基づき、台湾の省、県に「文献委員会」が設置されます。[3]その主要な業務は地方志の編纂・執筆でした。そして地方志を執筆するにあたって郷土史に類する調査や研究が進められたのです。省政府や県政府の文献委員会の他にも、国立台湾大学で教鞭を執っていた楊雲萍、方豪両教授も、文献学的に台湾史の研究を進めていました。両教授の台湾史研究は、伝統的な漢学研究の手法で行われたものと言ってよいでしょう。この二人の歴史学者の他にも、陳正祥（地理学）、戴炎輝（法学）、陳奇禄（人類学）、陳紹馨（社会学）、劉枝萬（郷土史）、頼永祥（キリスト教史、書誌学）、曹永和（図書館員、歴史学）らが研究を進めていました。彼らの多くは法学や人類学、社会学、地理学など歴史学以外の専門家でしたので、自身の学問領域の外にはみ出す形で台湾史を研究するか、あるいは自身の専門分野において研究する時代を過去へと延伸した結果、現在であれば「学際的」といわれるような研究も登場しました。また彼らに共通する特徴は、日本植民地時代の日本人学者の研究成果を継承——整理・統合——したことです[4]。

そしてこの段階の台湾史研究が依拠していた史料のうち最も重要なものは台湾銀行経済研究室が編纂・出版した『台湾文献叢刊』です[5]。台湾史研究の基礎史料集を台湾銀行経済研究室が編纂・出版したのです。この事実をとりあげるだけでも、この段階の台湾史研究が基本的には学界の主流ではなく、取るに足らない地位にあったということがおわかりになるかと思います。この間、台湾の大学の歴史学系（歴史学部）においては、楊雲萍氏が台湾大学歴史学系の学部において、ときおり「台湾史」という教養科目を開講していたにすぎません。

ここで、一九七〇年代以前の台湾研究に関わるある学術活動を取りあげて当時の台湾研究の特徴をみてみましょう。それは一九六五年の台湾大学創立二〇周年記念の際に、同大学で人類学を教えていた陳奇禄教授が企画した「台湾研究の中国史学における位置」という名の学術シンポジウム（座談会）です[6]。一九六〇年代、欧米の研究者は〔当時の中華人民共和国の政治的状況から〕中国大陸に赴いて調査研究をすることができなかったため、台湾や香港といった華人地域でフィールド調査を実施していたのでした。つまり、香港や台湾、さらには東南アジアの華人社会までも、中国社会研究の代用品として扱われていたのです[7]。座談会はこのような時代背景において生み出されたのでした。それは座談会の名称からも明らかでしょう。

一九七〇年代の新たな動向

一九七〇年代に入ると、いくつかの顕著な動向が新たに生まれてきます。一九七〇年前後というのは、各方面において台湾が大きく変化した時期でした。ここでは直接台湾史の研究や教育に影響を与えた新たな動向を説明しましょう。まず取りあげなくてはならないのは、当時の国民党の組織である救国団が主催した「台湾史蹟源流研究会」です[8]。

みなさんきっと合点がいかないことかと思います。なぜ国民党の救国団が「台湾史蹟源流研究会」を主催したのだろうか、と。当時、台湾の政治には新たな情勢が生じていました。蔣経国時代の幕開けです。これはちょうど中華民国の国際的地位が危機にさらされていた時代でした。そのため国民党は台湾内部においてその統治の正統性を強化する必要があり、いわゆる「本土化」を推進することを迫られたのでした。このような背景から、救国団は夏期休暇、冬期休暇の際に開催していたキャンプやピクニック、ツアーの方式に倣って、台北市文献委員会や台湾省文献委員会と共に〔日本の〕合宿のような「台湾史蹟源流研究会」を創りだしたのです。それは大学生や高校教師で台湾史を知りたいと思う者にとって、またとない機会だったのです。現在でも台湾史研究の世界で活躍している研究者にも、当時若者としてこの研究会に参加した者がいます（許雪姫など）。史蹟源流研究会は狭義のアカデミズムの内部で立ち上げられたものではありませんでしたが、蔣経国が主導する救国団が推進したのですから、「台湾史」は——厳密に言えば「台湾史蹟の源流」は——時の権力者に正面から承認されたと言えます。あるいは台湾史がある意味「市民権」を得たといってもいいでしょう。これは大きな跳躍でした。これより、各大学の歴史学系において陸続と台湾史関係の科目が設けられることになります。例えば成功大学歴史学系では黄典権（元台南市文献委員会委員）が、師範大学では王啓宗（明代史）らが台湾史関係の科目を開設しました。当然、急に台湾史関係の科目を教えようとしても教えることのできる専門教員はあまりいませんでしたので、応急的に中国史（明清史、近代史）の分野に人材を求めることになりました。淡江大学歴史学系では外部の専門家を招聘して特別講義のシリーズを開講しました。

六〇年代の欧米の研究者（アメリカの研究者だと思いますが）が台湾にやって来てフィールド調査をしたのに続き、七〇年代には台湾出身者が組織した大型研究プロジェクトが出現します。それが「台湾省濁水渓及び大肚渓流域自然史・文化史科学技術研究プロジェクト」（一般に「濁大計画」と略称）です[9]。この研究プロジェクトは当時イエール大学で教鞭を執っていた張光直教授が主宰し、一群の若手研究者（修士課程の学生を含む）を養成しました。当時は系統的に学術訓練を受けた戦後世代が育ってきていた時期にあたり、このプロジェクトにより若手研究者が養成され、彼らは台湾の人類学界における漢人研究の重要な担い手となりました。濁大計画は基本的には人類学研究のプロジェクトでしたが、このプロジェクトの漢人研究の成果は台湾史研究に影響を与え、荘英章や陳其南といった漢人を研究する人類学者だけでなく、陳秋坤や林満紅といった同じ世代の歴史学系修士課程の学生も多かれ少なかれこのプロジェクトの影響を受けています。これら当時修士課程に在籍していた学生は、のちにその多くがアメリカに留学し、帰国後は台湾の学界で活躍しました。彼らはおよそ五、六年前に陸続と定年退職しました。

他にも、台北故宮の清代檔案も七〇年代末にようやく整理が始まり、少しずつ利用に供されるようになっていました[10]。また、陳紹馨、戴炎輝、曹永和など一世代上の研究者の研究成果も七〇年代末に単著に纏められました[11]。七〇年代の台湾史の教育及び研究は需要の面からいえば徐々に好転していましたが、供給面ではこれまで述べてきたような状況であり、ようやく動き出した段階であると言えるでしょう。

一九八〇年代

八〇年代に入ると台湾史研究はついに本格的といえる進展をみせます。これは、意外にも中央研究院近代史研究所の中国近代史研究の延長線上にありました。

中国近代史を研究している方はきっとご存じかと思いますが、中央研究院近代史研究所は一九五〇年代に創設され、当初は清末総理衙門檔案の整理と研究を主要な業務としていました（彼らは南港学派と呼ばれることもあります[12]）。総理衙門檔案を利用して清末の「自強運動」（「洋務運動」とも）を研究したので、おのずと清末台湾の自強運動にも研究が及ぶことになったわけです。当時の近代史研究所の清末自強運動研究における黄嘉謨『甲午戦前之台湾煤務』（一九六一年）、呂実強『丁日昌与自強運動』（一九七二年）などの成果はこのような文脈から生み出されたものでした（黄嘉謨には『美国与台湾――一七八四～一八九五』（一九六六年）という成果もあります）。七〇年代末、近代史研究所は「中国近代化の地域的研究」という共同研究プロジェクトを始動させます。そのうち李国祁氏は清末の閩浙総督が管轄していた地域を研究対象に設定しました。このプロジェクトでは当時流行していた近代化論にもとづき、中国各地域の政治、経済、社会の各方面における近代化を整理しました。この研究プロジェクトが進行する最中の七〇年代末、李国祁氏は近代化論にもとづき一九世紀後半の台湾史を考察した論文を数篇発表し、大きな反響を呼びます（李国祁氏の研究のまとまった成果は『中国現代化的区域研究――閩浙台地区（一八六〇～一九一六）』（一九八二年））。李氏の近代化論（一九世紀後半の一連の政治改革に伴い、台湾は移民開墾社会から中国大陸と同様の中華文化的文治社会に転換したとする「内地化」論）に対して、先述した濁大計画の影響を受けた人類学者である陳其南氏は、一九世紀後半における台湾社会の発展は「土着化」、すなわち中国大陸からやってきた移民が植民地に定住し在地の台湾社会を形成してきたと解釈すべきであると反論しました[13]。

一九七〇年代末の李国祁氏による社会科学的な問題関心（近代化論）からの台湾史研究への参入は従来の台湾史研究に新風を吹き込みました。また彼は国立台湾師範大学歴史学系の牽引者でしたので、彼の影響の下、一九八〇年代の師範大学歴史学系では社会科学的な問題関心から台湾史研究に従事する院生が数多く登場します（温振華、蔡淵絜、呉学明など）。このような師範大学の鬱勃たる雰囲気とは対照的に、一九四七年より台湾史の科目を擁していると謳ってきた台湾大学歴史学系の状況は寂寞たるものでした。その原因はおそらく、当時の台湾大学歴史学系には李国祁氏のような壮年の意気軒昂なリーダーがいなかったからでしょう。当時の台湾大学歴史学系で台湾史を教えていたのは楊雲萍氏でした。楊氏は戦前には非常に高名な文学者であり詩人でした。彼は台湾史の文献に関心を寄せていたとはいえ、近代的なアカデミズムの学者というよりはむしろ伝統と近代の交錯する時期に登場した文人といった方がいいでしょう。ですから当時の台湾大学で、学生が時代の変化を敏感に感じ取って台湾史を研究しようと思い立ったとしたら、それは教員の指導啓発のたまものなのではなく、学生自身が模索した結果だったのです（このような学生として周婉窈や翁佳音を挙げることができるでしょう）。皆さんもお気づきかと思いますが、台湾大学のこれらの学生の多くが研究対象としたのは日本統治期でした。しかも、彼らが非常に鋭敏な政治的問題意識を有していることが仄見えることでしょう。対して師範大学の院生たちは主に清末を主題としていました。

一九八〇年代から九〇年代の展開

続いて八〇年代から九〇年代の展開をお話しましょう。八〇年代は台湾の民主化運動が勃興した時期でした。中央研究院も社会における本土化要求に応答し、一九八六年、かつて濁大計画を主宰した張光直氏（当時ハーバード大教授）が「台湾史田野研究室」を立ち上げます。台湾史を目的として設置された組織の名称に「田野（フィールド）」とあるのは、当然ながら多様な分野の研究者、そして研究手法を取り込むことを意図してのことでした。そのためこれまでも台湾史研究に取り組んできた歴史学者だけでなく、施添福氏のような地理学者も参与しましたし、人類学的な要素をもつ平埔族の研究も出てきました[14]。中央研究院台湾史田野研究室の成立は、台湾で最も権威のある学術研究機関が台湾史研究のために制度化された組織を創設したことを意味しました。この研究室はのちに成立する台湾史研究所の基礎となります[15]。

八〇年代末には台湾史研究に一群の新鋭が参入します。米国でアカデミックな訓練を受けた社会科学者たちが留学を終えて帰国したのです。彼らの本職は社会科学の各領域における研究・教育活動でしたが、自身の専門領域に歴史的スパンを求めたり、あるいは台湾社会の現実的な課題に反応した結果、台湾史研究に参入したのでした。先に挙げた施添福氏以外にも、台湾大学の教員だけとりあげても柯志明（社会学）、王泰升（法学）、呉聡敏（経済学）、葉淑貞（経済学）の各氏がいます。彼らが本格的に活躍するのは一九九〇年代末です。

その他、研究材料――つまり史料のことです――のことをお話すると、九〇年代の重要な進展として『淡新檔案』が一般の研究者の利用に供されるようになったことがあげられます。『淡新檔案』とは清末の台湾北部にある淡水庁・新竹県という州県レベルの檔案で、一八九五年に日本の植民地当局に接収された後、一九三〇年代中葉に台北帝国大学に移管されました。戦後、法制史研究者の戴炎輝教授が米国のシアトル・ワシントン大学に招聘されて客員教授になった際、『淡新檔案』を米国に持って行ってマイクロフィルムに撮影したのです[16]。当時この檔案は数少ない清代の州県檔案でしたので学界でも非常に重視され、東京大学法学部などもこのマイクロフィルムのコピーを購入しました。滋賀秀三教授はこのマイクロフィルム版を利用して研究をしていたのです[17]。他方で台湾の一般の研究者は同檔案を利用しようにも利用する術がありませんでした。そこで一九八六年に同檔案が台湾大学図書館に戻された後、私がおよそ二〇年の年月をかけて翻刻本を出版したのです[18]。さらにその全文データベースを構築して、現在では誰もが家に居ながらにしてインターネットを経由して利用することができるようになりました[19]。この翻刻出版プロジェクト以前には戴炎輝教授が『淡新檔案』を利用した研究の草分けとして、『清代台湾之郷治』（一九七九年）に結実する一連の研究を発表していました。そして翻刻本出版プロジェクトの後には施添福教授が同檔案にフィールド調査を組み合わせて台湾歴史地理学の一連の研究を発表しました[20]。

また、九〇年代初期には私たちは図書館の蔵書調査という基礎的な取り組みを始めました。日本統治時代からあった図書館のうち、従来は中央図書館台湾分館（前身は台湾総督府図書館、現在は国立台湾図書館と改称）が蔵書目録を出版していたのみでした（『台湾文献資料目録』一九五八年）。台湾大学などにも多くの台湾研究に関係する図書を所蔵する図書館があるにもかかわらず、系統的に図書目録が整理されることがなかったのです。そこで私たちは当時の学生たちと共に台湾大学内の各図書館が所蔵する台湾研究関係の図書を調査し目録を製作しました。そしてそれらをもとに、台湾大学図書館はついに『台湾大学蔵日文台湾資料目録』（一九九二年）を出版しました。これにより、台湾総督府図書館と台湾大学図書館の蔵書目録に加え、アジア経済研究所が調査出版した『旧植民地関係機関刊行物総合目録』を参照すれば、日本統治期の図書資料の全貌が概ね把握できるようになったのです。これは日本統治期の本格的な研究を進めるにあたり非常に重要なインフラ整備であったといえるでしょう。

そして一九九〇年から九三年の三年間、私たちは台湾、日本、オランダ、米国など〔台湾史研究にとって〕主要な国家檔案の全面的な調査に取り組みました。このプロジェクトは東京大学史料編纂所が進めている日本関係海外史料の調査プロジェクトに類するものといえるかもしれません。ですが、史料編纂所が一〇〇年近くに亘って進めてきたものを、我々は経費の関係から三年で取り組んだのでした。この国内外の檔案史料の調査プロジェクトの成果は、一三冊の目録に纏めて出版しました。[21] その内の一冊は私が一九八〇年代に日本に留学していた時期に国立公文書館などでノートをとり続けていた台湾関係文書の目録です。[22] 当時私は国立公文書館の閲覧室で、書架にあった文書目録の頁をひたすら繰り、その中から台湾関係文書の案件名を書き写すことしかできませんでした。ですが今では国立公文書館の文書目録はインターネット上で公開されているだけでなく、文書そのものまでデジタル化されて公開されており、日本の外からでもインターネットを通じて閲覧することができるようになりました。振り返ってみると、研究材料の増加と利便性は全くもって当時には想像も付かなかったような飛躍的な進展を遂げました。

加えてここで紹介しなくてはならないのは、台湾総督府文書の整理と公開についてです。ここで言う台湾総督府文書とは、「台湾総督府公文類纂」、「台湾総督府専売局公文類纂」、「台湾拓殖株式会社文書」などを含む文書群を指します。台湾総督府文書は戦後に接収されて以降保管されてきましたが、一九八〇年代になっても一般には公開されておらず、特別なコネがないと利用できなかったのです。それが一九九〇年代以降ようやく公開、利用が軌道に乗り始めます。とりわけ中京大学の檜山幸夫教授が一九八〇年代から三〇年に亘り精力を傾けて目録作成・刊行に取り組み、また九〇年代以降はデジタル化を進め、日本統治期の台湾史研究にとって重要な史料的基礎を提供しました[23]。

一九九〇年代以降の新たな課題

先述の通り、一九八〇年代の台湾史研究は史料の整備においては進展があり、実際に檔案が利用されてもいましたが、基本的には清代の檔案が用いられており、研究テーマも清代に集中していました。しかし九〇年代に入ると、主要図書館の蔵書が整理されて蔵書目録が出版され、その上総督府文書も利用可能になったことで、日本統治期を研究する上での史料的基礎が概ね出来上がりました。また大学の歴史学系でも遂に日本統治期の講義が開講されます（私自身も一九八九年七月に留学を終えて帰国し、台湾大学歴史学系で「台湾近代史研究一八九五〜一九四五」を開講しました。これは台湾の大学の歴史学系において最初に日本統治期の台湾史を扱った正規科目でした）。そのため一九九〇年代の台湾史研究の主眼は明らかに日本統治期へと移行します。とりわけ台湾大学歴史学系の院生たちの活躍には目を瞠るものがあり、彼らは今では成熟し台湾史研究の中堅世代の主力になっています。

九〇年代に登場したもう一つの研究テーマは二二八事件の研究です[24]。一九四七年に発生した二二八事件は台湾史に計り知れない影響を与えた大きな悲劇です。ですが、長期戒厳令の関係でこの悲惨な事件は台湾人の心の奥深くにしまっておかれ、公に議論することのできないトラウマとなっていました。一九八七年になってようやく、身を挺して政府に対しこの不幸な歴史的事件に向き合うことを求める人々が現れます。政府はこのような社会的圧力のもと、ついに歴史研究者に二二八事件の調査研究を委託し、当時の被害者に対する補償を開始しました[25]。

一般に、東アジアにおける歴史研究は研究対象とする時代との時間的隔たりが大きいといわれます。日本史研究でも概ね同様で、日本近代史研究が昭和時代に入ったのは、私の先生である伊藤隆教授の世代になってからだったと記憶しています。現代史は現在と時をさほど時を隔てていないため一般に歴史学の対象とはならず、政治学者の取り組むべきものでしょう。ですが台湾においては政府と社会が二二八事件に向き合わなければならなかったことから、おのずと二二八事件という歴史的事件を研究対象の範囲に取り込む必要が生じたのです。二二八事件の名誉回復運動の後、続いて登場したのは戒厳令下での不当裁判の名誉回復運動です。戒厳令下において、国民党政府は政府の政策、方針に異議を唱える人々（共産主義のシンパ、台湾独立の主張者、政治に異を唱える者など）に対して、たとえ軍人でなくとも軍事法廷において処罰を下していたのです。中には連坐させられたり冤罪被害に遭った人も多くいたことから、戒厳令解除後の九〇年代には名誉回復運動が起こったのでした。政府はこれらに向き合い、応答する必要があったのです。

このように見てくると、台湾史研究が七〇年代以降一貫して台湾の政治や社会的課題と密接に関わってきたことがお分かりかと思います。台湾の学術研究は政府の支援に大きく依存していた訳ですが、政府の側も政治的、社会的課題に応答したことで、台湾史研究にとっての制度的条件が整備されたのでした。七〇年代には国民党政府は台湾内での統治正統性を確保しようとする中で台湾史という分野を承認しました。そして九〇年代には、戒厳令解除後の政治的課題に向き合う中で、台湾史研究を戦後の戒厳令時期の研究へと向かわせたのです。九〇年代以降の日本統治期の研究は史料面では台湾総督府文書の整理公開に依拠していましたが、二二八事件や白色テロ時代の研究も当然ながら戦後の政府檔案を史料的基礎とする必要があり、政府としても被害者の名誉回復や補償などの法的課題に向き合う必要があったことから、当然檔案を公開する必要があったのです。

二一世紀の新たな展開

今世紀に入って、台湾では史上初の政権交替が起こり民進党政権が誕生しました。そして政府檔案のうち二二八事件（一九四七年）、美麗島事件（一九七九年）に関する檔案の大規模な調査が実施されます。この際に精査された檔案が、その後十数年のあいだ関連するテーマの研究にとっての基礎史料となりました。また民進党政権下においていくつかの大学に台湾文学研究所、台湾史研究所、台湾文化研究所が新設されます。[26] 既に申し上げた通り、九〇年代の台湾では新たな政治課題——二二八事件及び白色テロ時代の不当裁判の名誉回復や補償——が浮上していました。結果からすると、八〇年代、九〇年代に台湾史研究をリードしてきた台湾師範大学や台湾大学では二一世紀以降になっても研究時期を戦後まで推し拡げる傾向は顕著にはみられませんでした。他方で二〇〇三年に設立された国立政治大学台湾史研究所は、研究所を主導した薛化元教授が戦後台湾史の専門家であったため、新時代の研究課題（戦後台湾史）を引き受けることになったのです。

ここで、現在の台湾における檔案行政と檔案の公開状況についてお話したいと思います。台湾では一九九九年に「檔案法」が制定されました（二〇〇二年施行。同法施行と同時に中央政府の主管機関として檔案管理局が設立されました）。この檔案法施行後に檔案行政に密接に関わる二つの法令が相次いで修正、あるいは制定されます。一つは二〇〇三年に制定施行された「国家機密保護法」で、もう一つは二〇〇五年に制定施行された「政府情報公開法（政府資訊公開法）」です。みなさんは檔案管理における「三〇年原則」というものをご存じでしょうか。檔案は遅くとも作成されてから三〇年後には公開すべきであるというルールのことです。ですが現在世界各国では政府情報公開法に類する法令が整備されており、政府機関に情報公開を義務づけていますから三〇年原則はもはや重要ではありません。政府情報公開法によると、作成後三〇年に満たなくとも国民が公開要求を提出すれば、政府機関は檔案内の情報も含めて公開しなくてはならず、もし公開しないのであれば理由を示す必要があります。とりわけ昨今国民は知る権利を強く求めるようになっており、政府としても情報の透明性をアピールし、オープンガバメントをスローガンにしています。そこで通常、政府機関は積極的に檔案や政府の情報を公開する政策を採りますし、国民も政府の保持する情報に対するアクセシビリティの向上を要求します。しかし情報や檔案の公開促進や利便性の向上といった政策が何の制約もなく進展するわけではありません。当然ながら国家機密保護法は政府の情報へのアクセシビリティ向上に対するハードルとなっていますし、個人のプライバシー保護や人権保護の意識が一般化している現在、「個人情報保護法（個人資料保護法）」もまた、公開を原則とする檔案法や政府情報公開法と競合関係にあるといえます。このような状況はおそらく日本でも同様だと思います。

さて、二一世紀には檔案の整理公開に絶大な影響を及ぼす全く新たな展開がありました。それは当然のことではありますが、ＩＴ技術を利用して大規模な檔案整理を推進し、どこからでもアクセス可能な形で公開できるようになったことです。台湾政府は二一世紀に入って速やかに大規模な国家プロジェクトを二つ始動させました。一つは当時の行政院文化建設委員会による「国家文化データベース」[27]、もう一つは当時の行政院国家科学委員会が推進した「デジタルアーカイブ国家科学技術プロジェクト（数位典蔵国家型科技計画）」です。[28]この二つのプロジェクトで少なくとも八〇〇万件の檔案を含むデジタルデータをアーカイブ化しました。そのほとんどが歴史史料です。

そのうち、直接台湾史研究に関わるものを二つ紹介しましょう。二〇〇二年以降檔案管理局は檔案法に規定された権限に基づき、二二八事件及び美麗島事件を主とした白色テロ時代の檔案に対して全面的な精査を実施しました。それらの檔案は現在檔案管理局に移管され、利用に供されています。また、国立台湾大学デジタルヒューマニティーズ研究センター（台湾大学数位人文研究中心）は厖大な檔案や史料を収録したデータベースを構築しました。そのうち国立台湾歴史博物館と共同で構築した「台湾史デジタルライブラリー（Taiwan History Digital Library, THDL）」には四億字の台湾史関係の史料を収録しており、清代台湾史の漢文史料をほぼ網羅しています。(29) 従来清代台湾史を研究する際に利用していた史料というのは、基本的に先述した『台湾文献叢刊』に収録された文献の範囲を出ていませんでした。ですが現在この台湾史デジタルライブラリーに収録された文字史料は『台湾文献叢刊』の二倍以上ですし、いつでもインターネットで自由に利用できるのです。(30) 現在、檔案の現物が公開されるだけでなく、インターネット上で閲覧可能な史料や檔案だけでも一〇年前には全く想像もつかなかったほどの量になっています。このように史料調査の利便性が向上したことで、みなさんが史料を調査する時間を節約できるだけでなく、研究課題や方法の面でも変化がおとずれることを期待しています。(31)

二〇一六年の政権交替後の政治課題

さて、数日前、私はたまたまある雑誌で川島真教授が執筆した台湾における檔案公開の現状を紹介する文章を目にしました。(32) そこには、蔡英文政権成立以降、台湾における檔案の閲覧利用が困難になった、とありました。ですが、このような理解には問題があります。最も原則的なところから説明しますと、民進党の蔡英文政権は台湾の民意に従う必要があり、かつ選挙期間中の公約通り、「移行期正義」を推進しなくてはなりません。そのためこれまで以上に積極的な政府檔案の公開が求められるでしょう。実際、蔡英文政権が成立して以降、これまでに「政党及びその付随組織による不当取得財産処理条例（政党及其附随組織不当取得財産処理条例）」（二〇一六年八月公布施行）が成立しています。この法令は国民党に対して、これまでに国家から不当に取得した財産を返還するよう求めるためのものです。このように国民党から国家財産を取り戻す作業は、当然ながら文字史料――とりわけ檔案――の基礎の上に構築されなくてはなりません。現在、不当に取得された政党財産の返還を迫る役目を担っている「不当党産処理委員会」にしても、これに抵抗しようとする国民党にしても、しばしば国史館にやって来ては檔案を調査、閲覧し、檔案をそれぞれに有利な証拠にしようとしています。このような状況に対して、国史館としても当然これまで以上に積極的に檔案の整理、公開をしていかなくてはなりません。

また総統府は「先住民族の歴史的正義及び移行期正義委員会（原住民族歴史正義与転型正義委員会）」も創設しました。総統自ら委員長となり、委員の多くは先住民から任命されています。私も政府機関の代表として委員に任命されています。ここでも先住民がこれまで何百年もの間にいかなる正義にあらざる仕打ちを受けてきたのかを理解するためには、政府機関の檔案、さらには日本植民地時代の檔案も含めてこれまで以上に積極的に精査、整理、公開をしなくてはなりません。これらの既に動き出したプロジェクトの他にも、移行期正義にかかわる法律案である「移行期正義促進条例（促進転型正義条例）」と「政治檔案法」も既に立法院で審議中であり、もうすぐ進展があることでしょう[*]。これらの移行期正義にかかわる法律やプロジェクトは政府機関の檔案の積極的な公開を強力に推進していくことでしょう。私たち学界の人間は動もすれば檔案を利用して研究ができるかどうかにばかり関心を寄せてしまいがちですが、学界もまた社会の一部――それもほんの小さな一部分――に過ぎません。学界が政府に対して檔案を公開するよう求めたとしても、あまり実効性はないでしょう。私が日本に留学していた頃、日本の歴史学界では公文書行政の立法化を長年に亘って推進しようとしていましたが、一九八七年になってようやく公文書館法が制定され（国立公文書館法は一九九九年）、公文書管理法に至ってはさらに二〇年以上もの歳月を経て二〇〇九年にようやく制定されました。これと較べて台湾では二〇〇二年に檔案法が施行され、遅れて檔案行政が動き出した訳ですが、結果的にはその後一五年間に一連の檔案公開にかかわる法令が陸続と通過しました。日本に較べれば、台湾はいかにも急行軍のようです。それは台湾においては檔案の公開は学者たちの関心にとどまらず、国民の多くが期待しているからこその成果なのだと思います。

国史館の新たな檔案閲覧制度

最後にみなさんが関心を持たれている国史館の新しい檔案閲覧制度についてご説明したいと思います。二〇一六年五月、私は国史館館長に就任し、八月には国史館の檔案閲覧規則を調整しました。私が国史館の閲覧規則を調整したのは国史館の檔案管理が全くもって既存の檔案管理関係の法令に則って運用されていなかったからです。そこで私は新たな檔案閲覧制度の基本原則を「法制に回帰し、最大限公開する」としました。「法制に回帰する」とは檔案管理関係の法令にきちんと則るということです。檔案行政に関係する法令としては、主要なものとして檔案法、政府情報公開法、国家機密保護法、個人情報保護法などがあります。これらの四つの法令のうち、檔案法と政府情報公開法の精神は「公開」にあります。対して国家機密保護法と個人情報保護法の原則は「公開の制限」ですから、両者は競合関係にあるのです。

あらゆる国家は国家の機密を保護する必要がありますが、自由で民主的な国家においては一般に法令でもって国家機密をどのように保護するか、どの程度保護するかを明文規定するものです。そのため檔案管理機関は機密檔案については遵守すべき明確な規則があり比較的容易に処理できるのですが、他方で人権や個人のプライバシーの保護については実際に対応するのはなかなか困難です。それは人権やプライバシーの認定基準が曖昧で、問題になりやすいからです。これはおそらく世界中の文書館が直面している難題でしょう。私の知る限り、日本の文書館は文書中のプライバシー保護や人権に対する配慮について、台湾よりも厳格ではないかと思います。三〇年前、私が国立公文書館で文書を閲覧していたとき、明治時代の官僚の汚職であっても、文書目録中の官僚名は墨塗りにされていました。現在の台湾では個人情報の保護は存命中の自然人に限られており、公務員の個人情報は完全な保護の対象ではありません。ですから先の国立公文書館における明治期の官僚の個人情報保護の例は、日本が台湾の檔案館よりも厳格であることを示しています。檔案を利用したい側からすると、檔案が閲覧できなかったり、檔案の一部がマスキングされたりするのは当然楽観視できることではありませんが、檔案を管理する側からすれば人権保護もまた昨今遵守が求められる普遍的な価値観ですから、適切に保護することが求められます。そのため利用者と管理者は多くの点で対立するのです。このような問題に対処するには継続的に異なる立場の者同士が対話を続けるしかないのだと思います。積極的な公開と人権保護との間でどのようにバランスをとるかは大変難しい問題で、檔案館の実務においても大きな負担となっています。檔案館は大量のマンパワーを投入して檔案内の個人情報（姓名、住所、身分証番号、電話番号など）をマスキングし、個人が特定できないようにしています。いっそのこと檔案全体を閲覧に供さないようにする、というような処置はとっていないのです。これは閲覧者が檔案の中からより多くの情報を得られるようにするための措置なのですが、檔案館のこのような情報処理はしばしば利用者には「閲覧制限」であると受け取られてしまうのです。これは閲覧者側の公平さに欠けた論難ではないでしょうか。

国史館の檔案の新閲覧制度に対する批判として、中国

（大陸）、香港、マカオの人々が中華民国政府の檔案を閲覧申請できないという点があります。この点についても「法制に回帰する」原則の一環で、中華民国の現行法制に明確に規定されていることなのです。ここで皆さんにインターネットのリンクをご覧に入れましょう（https://www.archives.gov.tw/Publish.aspx?cnid=1626&p=453）。このリンクは檔案管理局ホームページにある、檔案法第一条に関する法務部の解釈函令です[33]。中華民国法務部は法令の解釈機関ですが、これは二〇一三年に法務部が檔案法第一条に対して加えた解釈で、これによれば「大陸地区人民は当該条文にある『中華民国籍を有し、中華民国に戸籍を設けている国民』或いは『中華民国パスポートを有し国外に居留する国民』のいずれの要件にも符合しないことから、我が国行政機関の檔案を申請利用することはできない」となっています[34]。

続いて、国史館の新原則「法制に回帰し、最大限公開する」のうちの後者、「最大限公開する」についてお話しましょう。先述の通り、国家機密保護法や個人情報保護法は公開を制限する性質を有するのに対して、檔案法や政府情報公開法は檔案管理機関に公開、さらにいえば積極的に公開する義務を課す性格のものです。とりわけ現在政府はオープンガバメントを提唱しており、ＩＴ技術の力を借りることもできますので、私たち国史館は条件が許す範囲内で、これまで以上に積極的に檔案を公開することを決定しました。ここでいう条件とは（1）檔案が既に機密解除されていること、（2）檔案内の個人情報が既に適切に処理されていること、（3）檔案が既にデジタル化されていること、の三点です。積極的に公開するというのは、これらの条件を満たした檔案のデジタルデータをウェブサイトにアップロードし、日本のアジア歴史資料センターでの文書公開のように、世界中に公開し国籍を問わず利用できるようにするというものです。

国史館は昨年（二〇一六年）八月に閲覧に関する新ルールを打ち出して以後、すぐさま国民政府檔案全巻をインターネット上で公開し、同時に「大渓檔案（蒋中正総統檔案）」の名で知られる檔案のインターネット公開に向けた作業を進めています。昨年末の時点で大渓檔案のうち一六万件の機密檔案の機密解除作業を完成し、今年（二〇一七年）一月より毎月五万件のペースでインターネット公開を進め、五月には全ての檔案を公開できました。五月からは定期的に先に述べた三項目の条件に適合する檔案のデジタルデータをインターネット公開し、九月までに合計二六六万頁を公開しています[35]。

現在、国史館では最大限の透明化を方針としています。

利用者に私たちが所蔵する檔案の全貌と整理の進度を理解してもらい、もし閲覧に制限があるとすればその理由を明示することにしています。具体的にはいくつかのレベルで作業を進めています。まず国史館所蔵史料のガイドブックとして『国史館現蔵重要檔案文物史料概述』を出版しました[36]。次に所蔵する全ての檔案の簿冊名もしくは件名を、可能な限りインターネット上で検索、閲覧できるようにしました。「可能な限り」とは、今のところ（まだ機密解除ができていなかったり、個人情報の観点から閲覧が制限されているものなど）閲覧できない檔案であっても、その簿冊名もしくは件名をインターネット上で公開するということです。一般的に檔案館の慣例としては、閲覧に供する檔案のみ採録して検索、閲覧できるようにし、機密檔案など閲覧に供さない檔案は検索できないようにします。ですが私たちは現在閲覧できない檔案であっても採録して検索を可能にし、当該檔案の詳細ページ下欄に現在閲覧ができない理由を記すようにしています。このようなやり方をすれば利用者は国史館に所蔵されている史料の全貌を理解することができますし、また檔案館の檔案管理を透明化することもできます。このほか、檔案目録の「全面化」と「精緻化」も目指しています。「全面化」及び「精緻化」とは、正確な檔案目録を完備し、重要な檔案については簿冊単位の目録ではなく件単位の目録を作成するということです。現在大渓檔案の件名目録をインターネット公開し、インターネット上で検索できるようにしましたし、台湾大学出版センター（台湾大学出版中心）と協力して、大渓檔案の件名目録を出版しました[37]。本年末には国民政府檔案全巻の件名目録も完成するでしょう。来年には蒋経国総統檔案全巻の件名目録を完成させる予定です。

檔案管理者と利用者の責務

最後に檔案の管理者と利用者双方の責務について少しお話をして講演を終えたいと思います。檔案管理者は政府機関ですから、その主要な責務は当然ながら国家の法令を遵守し、法に基づいた行政をすることです。一口に文書館（檔案館）といっても、各国家が定める法令は完全に同じとは限りませんので、遵守しなくてはならない法令が同じだとは限りません。先述の中国や香港、マカオの人々が現在中華民国の檔案の閲覧申請をすることができないのはこの一例です。第二に、檔案館は国民に対して制度上の平等性とアクセシビリティの高いサービスを提供しなくてはなりません。ここでいうアクセシビリティは制度に裏付けされたもので、個々別々のものではありません。また出来る限り利便性を追求する必要もあります。東アジアでは動もすれば特定の利用者（学者など）に対してのみ特別な便宜を図ることがありますが――これには社会的、文化的な原因もあることでしょう――、これはみようによっては利用上の「特権」を供与していることになるのです。

他方、檔案の利用者にも責務があります。まず、法に則らない特別なサービスを要求すべきではないということです。つまり檔案管理者に対して法に則らないサービスを提供するよう求めるべきではないということです。次に檔案管理者が確実に責務を全うできていなかったとしても――例えば個人情報を保護すべきなのにもかかわらず個人情報が保護されていない場合など――、利用者は注意深く自重しなくてはなりません。大阪大学の片山剛教授は数年前に国史館で南京市政府檔案中の土地登記史料を閲覧しましたが、当時国史館は個人のプライバシー保護に全く注意を払っておらず、檔案中の個人情報に該当する箇所をマスキングしておりませんでした。ですが片山教授は研究成果を発表される際に自主的に引用史料に対して個人が特定できないよう処理を施しておりました[38]。このような作法は称賛すべきものでしょう。

以上、簡単ながら数十年来の台湾における台湾史研究の展開と、台湾史研究と檔案及び公文書の公開、利用の関係についてご紹介しました。台湾史研究の進展には制度的な枠組み、社会的条件、学術上の課題、それに技術的要因などが常に相互に影響を与えてきました。本日のささやかな紹介が、皆さんにとって数十年来の台湾における台湾史研究の動向と檔案及び公文書の整理、公開、利用に対する理解に役立つことがあれば、これ以上の喜びはありません。

原註

（＊）本講演記録整理中の二〇一七年一二月五日、移行期正義促進条例が立法院を通過し制定された。

訳註

（1）本稿における「檔案」及び「公文書」の用法について。中国語の「檔案」には主に①檔案法（一九九九年制定、二〇〇二年施行）第二条の定義のように、各政府機関が管理規定に基づいてアーカイブとして保管する文字資料、非文字資料及びその附属物を指し、およそ日本語の「公文書」に相当する、②各種組織、機関、個人などが業務を遂行する際に発生し、保管された記録類のことでおよそ日本語の「文書」に相当する、③各種組織、機関などの人事部署が保管する個人の身上調書（「人事檔案」と呼ばれる）、などの意味がある。そのため日本語の「公文書」や「文書」よりも幅広い含意があることから、本稿では原文のニュアンスを残しつつ原則として原語のまま「檔案」とした。ただし明らかに「文書」や「公文書」とした方が良いと訳者が判断した箇所はその限りではない。

（2）Transitional Justice の訳語としては「移行期正義」の他にも「移行期の正義」や、Transitional Justice の中国語訳である「転型正義」を用いるなど論者により様々だが、本稿では訳語の適切性に関わる問題には立ち入らず、「移行期正義」と訳出した。なお台湾における移行期正義の理論、実践に関する文献は数多くあるが、代表的なものとして台湾民間真相与和解促進会編『記憶与遺忘的闘争――台湾転型正義階段報告』（全三巻、衛城出版、二〇一五年）、呉叡人『受困的思想――台湾重返世界』（衛城出版、二〇一六年）などを参照のこと。日本語文献では呉豪人「転型不正義（Transitional Injustice）論」（『思想』一一一九号、二〇一七年七月）、呉叡人「〈声〉なき民を救い、過去を贖う――過去の経験から考える移行期正義」（『ワセダアジアレビュー』一五号、二〇一四年二月）などがある。

（3）一九四八年に創設された台湾省通志館が一九四九年に改組され、台湾省文献委員会となった。同委員会は通志編纂のほか、台湾史研究の学術雑誌である『文献専刊』（のちに『台湾文献』に改称）を刊行、現在も刊行を続けている。同委員会は台湾省が一九九八年に凍結された後、二〇〇二年に国史館の附属組織「国史館台湾文献館」となり現在に至っている。ほかにも各県市に一九五三年頃までに文献委員会が陸続と設置され、地方志編纂業務を担ったが、現在までにその多くが各県市政府の文化局に吸収される形で廃止された。なお台北市、台南市、高雄市をはじめとする比較的規模の大きい文献委員会では学術雑誌が発行され、現在でも刊行が続けられている。戦後の地方志編纂については尹章義「台湾地方志的数量、品質与方志学的発展――『台湾地方志総目録』試析」（国史館台湾文献館編輯組編『方志学理論与戦後方志纂修実務国際学術研討会論文集』国史館台湾文献館、二〇〇八年）などを参照。

（4）例えば曹永和は村上直次郎や岩生成一、中村孝志らの研究を継承し、陳奇禄は臨時台湾旧慣調査会や金関丈夫、国分直一らの研究を発展させたほか、陳紹馨は富田芳郎が引揚げの際に遺した原稿をまとめて『台湾郷鎮地理学的研究』（台湾風物社、一九五五年）を出版した。

（5）台湾銀行経済研究室では経済学の古典の翻訳や台湾の特産品の研究、金融に関する研究などのほか、歴史史料の発掘整理も行われ、台湾銀行経済研究室編『台湾文献叢刊』（全三〇九種五九五冊、台湾銀行経済研究室、一九五七～一九七二年）及び同編『台湾文献叢刊外編』（全三種、開明書局、一九七五年）、『台湾研究叢刊』（全一二二種、一九五〇～一九八八年）が刊行された。『台湾文献叢刊』の収録史料の概要については同編『台湾文献叢刊提要』（台湾銀行経済研究室、一九七七年）参照のこと。なお同叢書の編纂方針や史料の取り扱い方に関する問題点については呉密察・李文良・翁佳音・林欣宜撰文『台湾史料集成提要』（増訂本、行政院文化建設委員会・遠流出版、二〇〇五年）参照のこと。

（6）シンポジウムの内容は陳静遠・黄浚容紀録「台湾研究在中国

史学上的地位――国立台湾大学二十週年校慶文学院学術研討会」（『国立台湾大学考古人類学刊』二七期、一九六六年五月）［国立台湾大学文学院考古人類学系編『台湾研究研討会紀録』一九六七年、同編『台湾研究研討会紀録続集』一九六八年に再録］参照。なお国立台湾大学の前身である台北帝国大学は一九二八年に創設されたが、ここでは台湾省行政長官公署が同大学を接収して国立台湾大学となってより二〇年であることを記念している。この例に限らず、台湾では公的機関などをいつを起点にして「記念」するかということがしばしば歴史認識や政治的対立を引き起こさざるを得ない状況が存在する。

(7)ウィリアム・スキナーやモーリス・フリードマンらの研究を指す。張隆志「当代台湾史学史論綱」（『台湾史研究』第一六巻第四期、二〇〇九年一二月）参照。

(8)一九七一年より台湾省文献委員会が台北市文献委員会と共に「夏期台湾史講習会（暑期台湾史講習会）」を開始し、一九七三年には「台湾史蹟研究会」に改称、一九七五年からは冬期の研究会も開始し、冬期は台北市文献委員会が、夏期は台湾省文献委員会が主催することとなった。そして一九七八年の冬期講習会より台北市文献委員会は教員クラスの研修活動を開始し、これより台湾省文献委員会は学生クラスに特化することとなった。同年、救国団総部は「台湾史蹟研究会」を「台湾史蹟源流研究会」と改称。一九八七年の夏期研修以後、「台湾史蹟源流研習会」と改称され、一九九七年には更に「台湾史蹟研習会」となり、現在に至る。

(9)研究成果として『中央研究院民族学研究所集刊』（三六期、一九七三年）で「濁大流域人地計画民族学研究」特集が組まれたほか、張光直編『台湾省濁水渓与大肚渓流域考古調査報告』（中央研究院歴史語言研究所、一九七七年）が刊行された。

(10)故宮檔案は影印本として刊行された。国立故宮博物院編『宮中檔光緒朝奏摺』（全二六輯、一九七三〜一九七五年）、『宮中檔康熙朝奏摺』（全七輯、一九七六〜一九七七年）、『宮中檔雍正朝奏摺』（全二七輯、一九七七〜一九八〇年）、『宮中檔乾隆朝奏摺』（全七四輯、一九八二〜一九八八年）。他にも中央研究院歴史語言研究所で張偉仁主編『明清檔案』（全三二四冊、中央研究院歴史語言研究所、一九八六〜一九九五年）が順次刊行された。また故宮檔案のうち台湾関係のものを集めた「清代台湾文献叢編」は一九九〇年代以降に続々と刊行された。『清宮月摺檔台湾史料』（全八冊、一九九四〜一九九五年）、『清宮諭旨檔台湾史料』（全六冊、一九九六〜一九九七年）、『清宮廷寄檔台湾史料』（全三冊、一九九八年）、『清宮洋務始末台湾史料』（全四冊、一九九九年）、『清宮宮中檔奏摺台湾史料』（全一二冊、二〇〇一〜二〇〇五年）、『清宮台湾巡撫史料』（全二冊、二〇〇六年）、『軍機処奏摺録副台湾原住民史料彙編』（全三冊、二〇〇九年）。なお故宮博物院所蔵の台湾史関係史料については荘吉発総編『故宮台湾史料概述』（国立故宮博物院、一九九五年）参照。

(11)これらの多くは聯経出版から「台湾研究叢刊」として刊行された。陳紹馨『台湾的人口変遷与社会変遷』（一九七九年）、戴炎輝『清代台湾之郷治』（一九七九年）、曹永和『台湾早期歴史研究』（一九七九年）。その他同叢書には張宗漢『光復前台湾之工業化』（一九七八年）、李亦園『台湾土著民族的社会与文化』（一九八二年）、劉枝萬『台湾民間信仰論集』（一九八五年）、陳奇禄『台湾土著文化研究』（一九九二年）、王世慶『清代台湾社会経済』（一九九四年）などがあり、現在も刊行継続中。

(12)中央研究院は一九二八年に南京で創設された国民政府（「憲政」実施後は総統府）直属の研究機関で、近代史研究所はその籌備処が一九五五年に成立し、六五年に正式に創設された。「南港学派」とは中央研究院の位置する台北市東郊の南港という地名に由来した呼称である。彼ら「南港学派」の研究動向や成果については、日本語文献では川島真「東アジア国際政治史——中国をめぐる国際政治史と中国外交史」（日本国際政治学会編『日本の国際政治学四　歴史の中の国際政治』有斐閣、二〇〇九年）を参照のこと（なお同論文では「南港学派」を「台北学派」と呼称する）。

(13)陳其南『台湾的伝統中国社会』（允晨文化、一九八七年）、特に第六章「清代漢人社会的転型」参照。李国祁の「内地化」論に対する今日的評価については、さしあたり林文凱「晩清台湾開山撫番事業新探——兼論十九世紀台湾史的延続与転型」（『漢学研究』第三二巻第二期、二〇一四年）を参照のこと。

(14)平埔族研究については潘英海・詹素娟主編『平埔研究論文集』（中央研究院台湾史研究所籌備処、一九九五年）、詹素娟・潘英海編『平埔族群与台湾歴史文化論文集』（同上、二〇〇一年）などが刊行された。

(15)一九八八年に設置された台湾史田野研究室は一九九三年に台湾史研究所籌備処に改組され、二〇〇四年には正式に台湾史研究所が発足した。

(16)同大学は戴炎輝を招聘して共同研究を行った。その成果としてはDavid C. Buxbaum, "Some Aspects of Civil Procedure and Practice at the Trial Level in Tanshui and Hsinchu from 1789 to 1895", *Journal of Asian Studies*, Vol. 30, No. 2, 1971などがある。

(17)滋賀秀三『清代中国の法と裁判』（創文社、一九八四年）、同「淡新檔案の初歩的知識——訴訟案件に現れる文書の類型」（『東洋法史の探求——島田正郎博士頌寿記念論集』汲古書院、一九八七年）、同「清代州県衙門における訴訟をめぐる若干の所見——淡新檔案を史料として」（『法制史研究』三七号、一九八八年）［後二者は同『続・清代中国の法と裁判』創文社、二〇〇九年に収録］などを指す。

(18)淡新檔案校註出版編輯委員会編『淡新檔案』（全三六冊、国立台湾大学、一九九五～二〇一〇年）。同檔案の概要や構成については呉密察「清末台湾之『淡新檔案』及其整理」（『中国社会経済史研究』二〇一七年第二期、二〇一七年）［呉佩林主編『地方檔案与文献研究第三輯』（国家図書館出版社、二〇一七年）再録」参照。

(19)二〇〇三年に全文を入力したデジタルアーカイブが構築された。「深化台湾核心文献典蔵数位化計画」（http://dtrap.lib.ntu.edu.tw）にて原本のデジタル画像及び翻刻版を閲覧できる。また後述の「台湾歴史数位図書館」（http://thdl.ntu.edu.tw）でも閲覧可能。

(20)主な成果は施添福『清代台湾的地域社会――竹塹地区的歴史地理研究』（新竹県文化局、二〇〇一年）として纏められたほか、その後も竹塹地区（桃園・新竹・苗栗一帯）に限らず様々な地域の研究や客家研究を精力的に進めている。

(21)台湾史檔案・文書目録編輯委員会編『台湾史檔案・文書目録』（全一三冊、国立台湾大学、一九九七年）。各冊の表題は以下の通り。

第一、二冊：黄富三主編『岸裡大社文書』

第三冊：呉密察主編『国立台湾大学蔵伊能文庫目録　附蕃地開発調査報告書』

第四、五冊：荘吉発・許雪姫主編『月摺檔』

第六、七冊：許雪姫主編『軍機処檔月摺包』

第八、九冊：許雪姫主編『宮中檔』

第一〇冊：曹永和・包楽史（Leonard Blussé）・江樹生主編『荷蘭東印度公司有関台湾檔案目録』

第一一冊：呉密察主編『日本公蔵台湾関係檔案目録』

第一二冊：費徳廉主編『美国公蔵及聯合国檔案館所蔵有関台湾事務檔案目録』

第一三冊：劉錚雲主編『中央研究院歴史語言研究所蔵内閣大庫有関台湾檔案』

なお第三冊については、呉密察「台湾大学蔵『伊能文庫』」（『大学図書館』第一巻第三期、一九九七年七月）、「特集　伊能嘉矩の世界」（『遠野物語研究』第三号、一九九九年）、夏麗月・国立台湾大学図書館伊能嘉矩与台湾研究特展専刊編輯小組編『伊能嘉矩与台湾研究特展専刊』（国立台湾大学図書館、一九九八年）、胡家瑜・崔伊蘭主編『台大人類学系伊能蔵品研究』（台湾大学出版中心、一九九八年）、陳偉智『伊能嘉矩――台湾歴史民族誌的展開』（国立台湾大学出版中心、二〇一四年）も併せて参照のこと。

(22)上掲呉密察主編『日本公蔵台湾関係檔案目録』を指す。また日本各地に所蔵されている台湾史関係の私文書を概説した文献として、呉密察「日本近代私文書与台湾近代史研究」（張炎憲・陳美蓉・黎中光編『台湾史与台湾史料（二）』財団法人呉三連史料基金会、一九九五年）がある。

(23)「台湾総督府文書」は檜山幸夫が一九八二年に目録整理に着手して以降、一九八六年には許雪姫らにより簿冊に附されていた原目録を複写し、原目録欠如分を加筆した影印本の目録が作成された（『現蔵台湾総督府檔案総目録』全一八三冊、中央研究院近代史研究所・台湾省文献委員会、一九八八年。中央研究院近代史研究所図書館及び国史館台湾文献館蔵）。檜山らの目録は「台湾総督府文書」の中核をなす台湾総督府本府の行政文書である「台湾総督府公文類纂」のうち、永久保存文書を明治二八年分より順次作成したもので、一九九三年に中京大学社会科学研究所台湾総督府文書目録編纂委員会編『台湾総督府文書第一巻』（ゆまに書房）が出版されて以後、現在までに第三〇巻、大正四年分まで刊行されている。また同年より同文書を収蔵する台湾省文献委員会は文書のデジタル化を進め、一九九七年までに簿冊番号二〇〇〇番以下の文書のうちA３以下のサイズの文書のデジタル化を終えた。同年より中央研究院がデジタル化作業に協力することとなり、その後も順次デジタル化を進め、台湾省文献委員会は「台湾総督府公文類纂查詢系統」（http://ds3.th.gov.tw/ds3/app000/）を構築し、二〇〇八年には「国史館台湾文献館館蔵史料查詢系統」（http://ds3.th.gov.tw/ds3/index.php）を完成させた。他方中央研究院の側でも「台湾総督府公文類纂查詢系統」（https://sotokufu.sinica.edu.tw）を公開した。双方がそれぞれデータベースを公開しているので利用者にとって紛らわしいが、現行のデータベースを比較すると台湾文献館の構築したデータベースでは文書のサイズを問わず閲覧が可能なのに対して中央研究院のものはA３以下の文書しか閲覧できないという違いがある。

　さて、従来これら総督府文書を閲覧するには①国史館台湾文献館に赴き、設置されているパソコンを利用してデジタル画像を閲覧する、②デジタル化作業を共同で行った中央研究院の台湾史研究所檔案室にて同様の方式で閲覧する、③中華民国国籍保持者の場合、インターネット上の台湾文献館版データベースで画像一枚につき二元（二〇一二年より一元）で閲覧する、④同様に中華民国国籍保持者の場合はインターネット上の中央研究院版データベースで③と同様の価格で閲覧する、のいずれかの方式を採る必要があった。だが二〇一六年に呉密察氏が国史館館長に就任すると閲覧方式の改正に着手し、九月には新たな閲覧方式が採用された。それにより③④の方式での課金は廃止され無料で閲覧ができるようになり、さらに④では国籍制限が撤廃され、国籍を問わずアカウントが申請できるようになった。そのため利用者にとり利便性が大幅に向上した。なお台湾総督府文書の目録編纂及びデジタル化の経緯については檜山幸夫「台湾総督府文書と目録編纂について」（『台湾総督府文書第一巻』）、同「台湾総督府文書と日本の近代行政文書」（同編『台湾総督府文書の史料学的研究——日本近代公文書学研究序説』ゆまに書房、二〇〇三年）、中央研究院日治時期檔案整理小組編『台湾総督府数位化檔案整理紀要』（中央研究院台湾史研究所籌備処、二〇〇二年）、林蘭芳・鄭麗榕訪問「許雪姫女士訪問記録——我的台湾史研究之路」（黄克武ほか主訪『近史所一甲子——同仁憶往録』下、中央研究院近代史研究所、二〇一五年）参照。

(24) 呉密察氏自身も二二八事件について論文を発表している。呉密察（若林正丈訳）「台湾人の夢と二・二八事件——台湾の脱植民地化」（大江志乃夫ほか編『岩波講座近代日本と植民地八　アジアの冷戦と脱植民地化』岩波書店、一九九三年）。

(25)事件の調査報告書は行政院研究二二八事件小組『二二八事件研究報告』（時報文化出版、一九九四年）として公表、出版された。また一九九五年一月には「戒厳時期に損なわれた権利の回復に関する条例」が、そして三月には「二二八事件処理及び補償条例」が制定され「二二八事件記念財団（二二八事件紀念基金会）」が設立された。更に一九九八年には「戒厳時期反乱事件及び共産党スパイ事件不当判決補償条例（戒厳時期不当叛乱暨匪諜審判案件補償条例）」が制定され、こちらも基金会が設立された。これらの経緯については若林正丈『台湾の政治――中華民国台湾化の戦後史』（東京大学出版会、二〇〇八年）三〇五～三一九頁参照。

(26)二〇〇三年に国立政治大学台湾史研究所が、翌年に師範大学台湾史研究所がそれぞれ新設された。また様々な大学で台湾文学研究所や台湾文化研究所など台湾研究関係の研究所（大学院）が開設された。そのほか一九九九年より籌備処としてスタートした国立台湾歴史博物館が二〇〇七年に正式に開館し、二〇一一年には国家人権博物館籌備処も新設された。

(27)「国家文化資料庫」（http://newnrch.digital.ntu.edu.tw/nrch/）。

(28)同プロジェクトの成果は現在「典蔵台湾」という名称のデータベースとして公開されている（http://digitalarchives.tw）。

(29)「台湾歴史数位図書館」（http://thdl.ntu.edu.tw）。本文で紹介されている全文データベースの他、「清代台湾文官官職表査詢系統」をはじめとする有益な「デジタル工具書」ともいうべきデータベースが公開されている。

(30)本文では紹介されていないが、この時期の画期的な仕事として、「台湾史料集成」プロジェクトがある。これは行政院文化建設委員会及び国立台湾歴史博物館により進められたもので、呉密察氏が中心的役割を果たした。同プロジェクトの成果として台湾史料集成編輯委員会編『明清台湾檔案彙編』（全一一〇冊、行政院文化建設委員会・遠流出版、二〇〇四～二〇〇九年）、同編『清代台湾関係諭旨檔案彙編』（全九冊、二〇〇四年）、同編『台湾総督府檔案抄録契約文書』（全三五冊、二〇〇五～二〇〇七年）、同編『清代台湾方志彙刊』（全四一冊、行政院文化建設委員会・国立台湾歴史博物館・遠流出版、二〇〇四～二〇一一年）のほか、前掲『台湾史料集成提要』が刊行された。

(31)デジタルヒューマニティーズ時代の歴史学について、台湾史でも近年模索が進められている。台湾大学出版センターが刊行中の項潔編『数位人文研究叢書』（台湾大学出版中心、二〇一一年～）参照（現在までに六冊刊行）。またGISの歴史研究への活用に関しても、これまでに林玉茹・詹素娟・陳志豪主編『紫線番界――台湾田園分別墾禁図説解読』（中央研究院台湾史研究所、二〇一五年）、葉高華編著、蘇峯楠地図製作『十八世紀末御製台湾原漢界址図――解読』（国立台湾歴史博物館・南天書局、二〇一七年）、呉密察・翁佳音審訂、黄清琦地図製作、黄験・黄裕元撰文『台湾歴史地図』（増訂版、遠流出版、二〇一八年）などの成果が出ている。

(32)川島真「台湾の檔案館とその政治・社会的位置――政治・行

政・市民・歴史研究」(『歴史学研究』九六〇号、二〇一七年八月)を指す。

(33)檔案法第一条の全文は以下の通り。

政府機関檔案を健全に管理し、檔案の公開と利用を促進し、檔案を機能させるため、特に本法を制定する。

本法に規定していないものについてはその他法令の規定を適用する。

なお解釈函令とは「函釈」とも呼ばれ、法規に疑義がある場合や他の機関、もしくは人民の請求に応じる形で発布するもので、法令を適切かつ統一的に運用するための法規解釈である。上級機関から下級機関に対して発布する場合は原則的に解釈性の行政規則とみなすことができる。

(34)中華民国の法制は一九四九年以後の歴史の中で「中国大」のそれから徐々に「台湾化」してきており、現在では実質的に「中華民国法」は「台湾法」と化しているといっても過言ではない。だがそれでも「唯一の合法中国政府」という建前は法制の各処に遺っており、現在でも中華人民共和国の国籍保持者(香港及びマカオの居住者を除く)は各種法令において「大陸地区人民」とされている。台湾法の概要については日本語文献では蔡秀卿・王泰升編著『台湾法入門』(法律文化社、二〇一六年)を参照のこと。

(35)「国史館檔案史料文物査詢系統」(https://ahonline.drnh.gov.tw/index.php?act=Archive)にて検索可能。アカウントを申請取得すれば史料の閲覧が可能。

(36)国史館編著『国史館現蔵重要檔案文物史料概述』(国史館・政大出版社、二〇一七年)。同時期に蕭碧珍ほか撰稿『国史館台湾文献館現蔵台湾文献及文物概述』(増修訂版、国史館台湾文献館、二〇一七年)、徐国章『台湾総督府檔案学習入門』(国史館台湾文献館、二〇一七年)も出版された。

(37)国史館現蔵総統副総統檔案目録蔣中正編輯委員会編『国史館現蔵総統副総統檔案目録——蔣中正』(第一編一二冊、国史館・国立台湾大学出版中心、二〇一七年)。ほかにも簿冊目録として王学新主編『台湾拓殖株式会社檔案清冊目録』(国史館台湾文献館、二〇一七年)、顔義芳主編『台湾総督府専売局檔案清冊目録』(全二冊、国史館台湾文献館、二〇一七年)が、件名目録として蕭碧珍主編『台湾省行政長官公署檔案細目』(全八冊、国史館台湾文献館、二〇一七年)が刊行されている。

(38)片山剛編『近代東アジア土地調査事業研究』(大阪大学出版会、二〇一七年)などの成果を指す。

『東アジア近代史』第二二号（二〇一八・六）

《独立論文》

上海租界をめぐる日本海軍の対英米政策
―一九三七～一九四〇年―

小磯隆広

はじめに

本稿は、日中戦争期の上海租界をめぐる日本海軍の対英米観と政策について論じるものである。海軍は、軍艦外務令（一八九八年制定）を根拠に、中国に居留する邦人の生命と財産保護の警備を担った[1]。日中戦争勃発後、海軍は支那方面艦隊を新編するが、その中枢基地は上海だった。また、上海海軍特別陸戦隊（以下、陸戦隊）は上海租界の警備や防衛を担った。そのほか上海には、在中国大使館付海軍武官室、上海在勤海軍武官府などが置かれ、同地は中国における海軍の諜報・政治工作の拠点でもあった。

そのため、海軍は「［上海、筆者註］租界問題ニ関シテハ海軍之ガ指導的立場ヲ保持シ現地政府機関ヲ誘導シテ施策ノ統制ヲ期」すという姿勢を終始崩さなかった[2]。外務省も第二次上海事変勃発後、上海租界内の治安維持と行政については海軍に委ねるとの立場をとった[3]。もちろん、外交機関との折衝そのものは総領事館や外務本省が担った。しかし、本稿でも具体的にみるように、海軍は上海租界をめぐる問題への対応、殊に治安維持や警備問題に関しては事実上、これを主導し得る立場にあった。

さて、当該期の海軍の対英米姿勢について論じた代表的な研究としては、麻田貞雄、加藤陽子、森茂樹、相澤淳によるものが挙げられる[4]。麻田は「良識派」の衰退と、親独・反英米派中堅層の台頭という点から分析している。加藤は、防共協定強化問題において中堅層が一貫して対米牽制の要素を条約に持たせないようにしていたことを指摘した。しかし、中堅層の影響力を重視する見解は今日ではかなり修正されている。森は、防共協定強化問題や仏印問題への対応の重点が対米戦のための態勢づくりにあったことを指摘しているが、分析視点が対米戦を有利に進めるための国際戦略や軍事力の配備という点にあるため、対英米政策そのものにはほとんど触れていない。相澤は親独、反英という視点から海軍の対外政策を説明しているが、日中戦争を解決するにあたり、中国に大きな権益を有していたイギリスにどう向き合おうとしたのかという点から分析する余地もあろう。また、所々で対米観に触れているものの、全体を通じてその位置づけには曖昧なところがある。

上海租界と海軍との関係について論じた研究はあまり多くない。影山好一郎と樋口秀実の研究が対象とする時期は日中戦争以前に限定されている。また、樋口は海軍の対中政策という視点から分析しており、英米に対してどのような政策をとろうとしていたのかという点にはほとんど言及していない。後藤春美は、一九二〇年代後半から第一次上海事変期までの上海をめぐる日英関係を考察し、その中で海軍の動向にも触れている。とはいえ、分析対象は上海租界での排日貨をめぐる海軍と外務省との関係や海軍の対応であり、海軍の対英姿勢そのものを論じているわけではない[5]。

以上の研究状況を踏まえて、本稿では、日中戦争勃発後、海軍が上海租界をめぐりどのような対英米観を抱き、また、それに基づき、具体的にどのような政策を打ち出していったのかを考察する。そもそも中国問題を離れた日本の対英米関係はほとんどあり得ず[6]、海軍の対英米姿勢も中国問題をめぐる両国との関係如何に左右されることが多かった[7]。さらに、海軍は上海を基点に中国情勢をめぐる列国の動静を分析する傾向があった[8]。

こうした状況を考慮すれば、海軍が上海租界をめぐる英米との関係をどう認識し、それにどう対処しようとしていたのかを明らかにすることは、海軍の対英米姿勢そのものを考察する上できわめて重要であると考えられる[9]。また、従来の上海史研究は、日中戦争期の上海租界をめぐる問題に関する日本側の認識と対応について、興亜院や陸軍、総領事館を主な分析対象としてきた[10]。しかし、上海では陸軍や総領事館も、租界の治安維持や警備問題に大きな発言力を有していた海軍の意向を尊重せざるを得ず、租界をめぐる日本側の認識と対応の全体像を把握するには、海軍の動向を明らかにすることが不可欠である。

上海租界をめぐる問題は、青天白日旗掲揚問題、法院(裁判所)接収問題、土地記録引渡し問題など多岐にわたるが、本稿では、治安維持・警備問題に着目する。それは、何より海軍が同問題を租界問題の最重要課題と位置づけていたことによる。陸戦隊が租界の警備や防衛に当たっていため、治安維持・警備問題は海軍に直結する問題として考えられていた[11]。さらに、英米仏伊の各国軍隊、義勇隊も租界の警備・防衛に従事しており、その点からも海軍の対英米観を追いやすいと思われる。

具体的な分析に入る前に、行政と軍事の面を中心に列国と上海租界との関係を纏めておく。上海租界は、仏専管租界と、列国が共同で管理する共同租界から構成されていた。仏租界は一八四九年の設置以来、同国の駐華公（大）使および上海総領事の管理下にあった。

共同租界は、一八四二年の南京条約により開港場の一つとなった上海に設置された、外国人居留地（英租界）をその起源とする。フランスを除いて、中国と条約を結んだ列強各国は上海では個別に租界を設定せず、共同租界を拠点とすることとなった。列国は租界行政の運営には直接関与せず、条約国を代表する領事団および外交団の監督の下に、それら団体より委任を受けた租界行政の執行機関（工部局市参事会）が自治行政を担っていた。中国との間に治外法権を含む条約を締結し、共同租界に対して「共同行政権」を有していた国は、一九四一年時点で、英、米、日、仏、伊、蘭、ベルギー、ポルトガルなど十四ヵ国を数えた。このように、共同租界は「国際行政」の管理下にあった。多国間体制が事実上、確立していたといえる[12]。

共同租界の行政組織は工部局であり、その最高意思決定機関が市参事会だった。市参事会の下で租界行政の実務を担当したのが、総務局、財務局、警務局、義勇隊などの各部局だった。共同租界の治安維持や警備を担った工部局警察は、警務局の管轄下にあった。義勇隊は外国人居留民の民兵隊だった（指揮官は英陸軍大佐）。工部局で実質的権限を握っていたのは英（米）人であり、中でも工部局警察は英本国と連携した英帝国における諜報ネットワークの一部としても機能していた[13]。

英、米、日、仏、伊の五ヵ国は、艦艇のほか陸上部隊を上海に常駐させ、租界防衛を担っていた。上海に駐屯する軍隊は華北駐屯軍と異なり、国際的な取極め上の根拠を有するものではなかったが、「事実ハ明瞭ニ駐屯権ヲモ有スル」とみなされていた[14]。上記五ヵ国と工部局は、各国警備軍指揮官から成る共同防備委員会を設け、租界の共同防備計画を定めていた。共同防備計画は、各国警備軍の担当区画を設定していたが、同時に「国際的協同動作及相互依存ノ原則」の「維持」も定めていた。租界防衛は関係国全体の問題として認識されていたのである[15]。つまり、租界防衛においても多国間体制がとられていたといえる。

第一章　日中戦争の勃発と上海租界問題の「対英」問題化

本章では、日中戦争勃発後から第二次大戦勃発直前までの上海租界をめぐる海軍の対外政策を考察する。

上海では一九三七年八月十三日から日中両軍の間で本格的な戦闘が始まり、共同租界の日本軍警備区も戦場となった。そうした状況の中、九月中旬に参謀本部は「戦争指導要綱案」なる和平条件案を策定したが、同案は対中要求を華北関連のものに絞り、上海に関しては極力強い要求を避けようとしていた。しかし、軍令部は上海について、非武装地帯の設定と「日本ノ経済発展ヲ安全確固タラシムル必要ノ根拠基地建設」を強く求めた[16]。

一方、海軍は上海租界については現状を維持するつもりだった。九月十九日の軍令部の会合で、近藤信竹第一（作戦）部長は「〔共同租界は〕概ネ現状」、福留繁第一（作戦）課長も「共同租界ハ現状ノ通トス」とそれぞれ述べている[17]。また、出先も中央と同じ考えだった。十一月十二日に松井石根中支那方面軍司令官が、長谷川清支那方面艦隊司令長官兼第三艦隊司令長官および川越茂駐華大使との会見で、共同租界中心部からの英軍撤退、「共同租界〔英人〕警視総監ヲモ此ノ際軍ノ威力ヲ用ヒテ交代セシメ以テ英米勢力ヲ圧迫」することなどを主張した。これに対し、長谷川は「租界内ノ問題ニ深入リ」しても対中作戦遂行上、「得ル処僅少」であると反論している[18]。この時点では、海軍は基本的に上海租界に干渉する意思はなかったのである。

しかし、こうした方針は租界を取り巻く情勢の推移により大きく変化する。上海租界は、自由貿易機能と豊富な工業生産力により多くの物資を蒋介石政権（国民政府）に提供した。租界は建前上「中立」でも、そこに住む中国人は日本の侵略に反対し、蒋政権および中国共産党とも地下組織を通じ、英米支援の下で抗日運動を展開する余地があった。また、租界には英米の金融機関のほか、国民政府系の政治・金融機関が存在し、日本側の経済封鎖もザルのようであった。しかし、日本軍は列強権益が錯綜する上海租界を接収できず、ここに日本側のいわゆる「上海租界問題」が登場した[19]。

日中戦争が長期戦の様相を呈するようになると、日本は、「事変処理完遂の目標」は「援蒋国の敵性除去」にあり、「その敵性の最も露骨に且つ執拗に存在するは上海租界、就中共同租界をその尤たるもの」とみなしていく[20]。そもそも租界の存在は欧米に支えられてはじめて可能だった。かくして、日本は、占領地経営上、さらには日中戦争解決上の「眼中の釘」となっている上海租界の「敵性色」の除去をはかるようなるのである。[21]

注目すべきは、上海租界問題が浮上した当初から、日本側がこれを対英問題と認識していたことである。一九三七年十月末、多数の中国兵が租界の英軍警備区に籠城したが、その際、中国兵は英軍から補給を受けていたという。[22]この一件は、海軍部内でイギリスへの反発を強める一つの要因となった。三八年九月に軍令部中堅層レベルで作成された「対英感情は何故に悪化したか（改〔訂第〕三〔稿〕）」は、「支那事変に於ける英国の態度は我に敵意を有するものと断ぜざるを得ない」理由として、本件を挙げ、「共同租界が反日陰謀策動の根拠」であるにもかかわらず、イギリスは「之を庇護」し、中国軍を「幇助」していると同国を強く非難している。[23]

日本当局は治安維持の徹底や日本人警官の増員を工部局に度々求めていたが、一九三八年一月一日に日本総領事館や日系工場を狙ったテロが起こるに及んで、その態度は強硬になった。工部局警察の治安維持能力を疑問視した日本は、四日に出先陸海軍の代表と岡本季正在上海総領事から市参事会議長に対して、反日活動の取締り、日本人警官の増員と待遇改善、工部局全部局の幹部職への日本人登用などの要求を突きつけさせた。工部局の警察権と人事をめぐる問題は、以後、日本当局の要求の基本路線となる。[24]

この要求に最も危機感を強めた国は、イギリスであった。イーデン（Anthony Eden）外相は、二月八日の議会で、共同租界の地位と行政機構は現状を維持すべきと発言した。十六日には、プリマス（Ivor Windsor-Clive, 2nd Earl of Plymouth）外務政務次官が議会で、英米仏は租界行政への日本の干渉に反対であり、工部局はいかなる政府の下にも置かれるべきではないと述べている。[25]イギリスは、租界をめぐる多国間体制を堅持すべきとの姿勢を明らかにしたのである。

翌年二月、共同租界では、中華民国維新政府外交部長の暗殺、日本人襲撃などが発生したため、二十二日、三浦義秋総領事は出先陸海軍と協議の上、抗日テロの厳格な取締り、憲兵隊および領事館警察の租界内での自由な活動を認めるよう工部局に申し入れ、三月十日には、出先陸海軍が日本人警官の増員や給与増額などを工部局に求めた。日本側の圧力に屈した工部局は、同月、日本軍との間に共同租界の治安維持に関する協定を結んだ。また、工部局は抗日テロ取締りの強化、日本警察との協力、日本人警官の増員を申し出た。[26]

工部局警察への日本勢力の拡充は、租界の治安維持において「主導的立場」にあった海軍が重視するところであった。[27]四月十八日に海軍中央は「外交交渉ヲ支援シ速ニ懸案中ノ工部局内日本側警察権ノ強化ヲ実現ス」としている。[28] また、大本営海軍部の同月十五日付「情況判断」は次のように述べている。「抗日策動ノ巣窟タル共同租界及仏租界」を現状のまま放置すれば、占領地の治安を確保できない。「我占拠地域ニ於ケル治安確保」は「対支処理上絶対的必要事項」であり、そのため「租界処理ノ基礎タルベキ租界警察」に「我方勢力ヲ注入扶植」し、これを「我管制下」に置くことにより「租界処理ヲ容易」にする。[29] 海軍は、租界警察を掌握することにより、戦争遂行上の重要課題の一つである租界問題を処理しようとしたのである。

二月二十八日、イギリスは、二十二日の日本の要求について、工部局の権限を著しく剥奪するものであり、租界行政権の一方的変更は黙過できないと申し入れてきた。[30] その前日には、アメリカが「上海ニ於ケル状勢ハ支那ニ権益ヲ有シ且支那ト通商関係ニアル凡テノ列強ニ対シ重要ナル問題」であり、日本はほかの全ての国の権益を尊重すべきと抗議してきた。[31] アメリカも、租界をめぐる多国間体制の堅持を日本に求めてきたのである。

しかし、海軍は、上海租界問題をあくまでもイギリス一国との関係で捉え、これを処理しようとした。先の「情況判断」は、租界問題を幣制問題、海関問題などとともに日英懸案中の「重要問題」と位置づけている。その上で「事変処理上ノ自主的見地ヨリ之ヲ処理シ、此ノ結果英ノ重大権益ヲ不利ナラシムルニ至ルモ已ムナシトノ態度」をとり、「彼ヲシテ自国権益擁護上我ニ接近スルノ已ムナキニ至ラシム」としている。[32] 海軍は「英ノ重大権益」に圧力を加えて、同国を日本の対中政策に同調させようとしていたのである。

日本は、英仏警備軍と工部局が蔣政権を支援しており、それが日本の占領地政策、延いては日中戦争解決上の「重大支障」となっているとみなした。[33] また、大本営海軍部は「英国ハ法幣維持政策ニ依リ財政的ニ蔣ヲ金縛リ」にしているとみていたが、[34] 租界では法幣が流通し、英米系の有力銀行は巨額の法幣援助金を提供していた。[35] それゆえ、海軍は、租界を、イギリスをして日本に「接近」させるための取引材料と位置づけたのである。[36]

三月の日本軍と工部局間の協定成立後も、租界では抗日テロが絶えなかったため、五月二日、出先陸海軍は租界当局の注意を喚起する声明を発した。[37] 翌日には、沢田廉三外務次官が英米の駐日大使に、共同租界の機構および制度の改訂、工部局日本人職員の地位向上と増員を申し入れた。[38]

日本の申し入れに英米は強く反発した。イギリスは十九日、「現在上海に於ける状態は改組問題を根本的に取上げ得べき時期ではない」と日本に抗議した。[39] その二日前、アメリカが、租界の諸問題を討議すべきという日本の提案に根拠はなく、また、上海があらゆる多数国の相互利益のため多数国民によって開発された大国際都市であり、租界の安寧と現状に影響ある行動は全てアメリカを含む多数国の重大関心事であるとの覚書を日本に寄せた(40)。英米は、租界をめぐる多国間体制を維持する姿勢をみせた。結局、三日の日本の要求は、英米両国の強硬な反対により、曖昧な決着をみることになった。

アメリカは一九三八年十二月に中国に二五〇〇万ドルの借款を供与するなど、対中支援へと舵を切り始めていた(41)。しかし、海軍は、在華権益をめぐり日米間に深刻な利害対立はないとみていた(42)。また、上海租界問題をめぐってもアメリカの動向を比較的楽観視していた。十一月十六日、在中国大使館付海軍武官兼臨時海軍特務部長の野村直邦は、海軍省での任務報告において、イギリスは上海で「抗日支援」しているが、アメリカは「終始一貫紛争不介入主義」をとっていると述べている(43)。松田千秋軍令部第五（米州情報担当）課長も、野村と同じような認識を持っていた(44)。

上海租界問題をめぐる対米楽観論は、暗号電報の解読により、一層強まった可能性も否定できない。蒋政権は一九三九年四月、国民精神総動員週間を設けて、反日世論の盛り上がりに努めていたが、共同租界内でもこれに呼応する動きが抗日団体を中心にみられた。この動きについて、五月十九日、ハル（Cordell Hull）国務長官はペック（Willys R. Peck）駐華代理大使に、アメリカは共同租界の厳正中立を重視するが、租界で政治運動を起こすことは、たとえそれが愛国的なものであっても租界の地位を危険に晒す恐れがあるので、租界内での愛国的行為を抑えるよう「国民政府ノ啓蒙ニ努ムル」必要があると訓令した。この電報を解読した軍令部は「租界問題ニ対スル米国ノ肚裏ヲ洞察スル好資料タリ」と注記している(45)。政策立案への影響という点では、さらなる検討が必要であるが、こうした情報が対米楽観論に拍車をかけた可能性は十分に考えられる。

上海租界問題をめぐり海軍の念頭にあったのは、やはりイギリスの存在であった。先にみたように、大本営海軍部は租界問題をあくまでも対英問題と位置づけていた。こうした認識は、五月下旬の浦東英系工場周辺への英軍の無通告上陸と、それに続く浦東英系工場での陸戦隊員によるイギリス人労働者監督の殺害（ティンクラー事件）とも相俟って、一層強まった。阿部勝雄軍令部第三（情報）部長は「コイ、英国何モノゾ」、「英国ト正面衝突、ドウセコウナル」と日記に書いている(46)。大使館付海軍武官兼上海在勤海軍武官となった野村も、英軍の「無断上陸」に強く反発し、「今後反英運動熾ントナルベシ」と述べている(47)。海軍は明らかに上海租界問題を対英問題と認識していた。

注目されるのは、この時期、出先において従来以上に強硬な発言が目立ったことである。五月十二日に出先海軍の報道官が記者会見で、共同租界の武力制圧を示唆した(48)。二十六日には、野村も海軍大臣室での情勢報告で「租界占領」に言及している(49)。

占領の詳細にまで踏み込んだ史料は管見の限り見当たらず、出先が武力行使にどこまで本気であったかわからない。むしろ四月七日に野村がクレーギー(Robert L. Craigie)駐日大使に「英国カ対蔣援助ノ態度ヲ改メ日本ト協力セントスル方向ニ向ハルルニ於テハ事態ハ改善セラルヘシ」と述べていることから(50)、イギリスの対日譲歩を引き出すための圧力や威嚇であった可能性が高い。

このように、日中戦争勃発後、海軍は上海租界問題を対英問題と認識するようになり、租界問題の解決、さらに、イギリスの対日姿勢の変更を企図して、租界に圧力を加えるようになった。租界の多国間体制を重視するアメリカが抗議を寄せてきても、海軍は上海租界問題を対英一国の問題とみなし続けた。しかし、こうした認識は、アメリカによる日米通商航海条約の廃棄通告と、第二次大戦の勃発により修正を余儀なくされる。

第二章　第二次大戦の勃発と上海租界問題の「対米」問題化

第一節　欧州交戦国軍隊撤退問題をめぐる対米顧慮

九月三日、英仏が対独開戦に踏み切ると、翌日、日本政府は欧州戦に介入しないことと、専ら日中戦争解決に邁進することを声明した。日本は、欧州戦への中立不介入と引き換えに、日中戦争への中立不介入を欧州交戦国に要請したのである。それに付随して、五日、英仏に対して、中国における日本の勢力範囲(租界を含む)から軍隊と艦艇を撤退させるよう勧告した(51)。予てより上海租界では、英仏軍は日本軍に非協力的とみられていた。

二日、陸海外三省の出先は、漢口の仏租界と上海に駐留する英仏伊軍の処理方針を決定した(伊の参戦は翌年六月)。すなわち、陸海軍最高指揮官の名をもって欧州交戦国軍隊指揮官に軍隊の撤退または武装解除を申し入れ、これに応じない場合は「武力ヲ以テ強要スルコトアルヲ仄カス」。これと並行して外交機関を通じて同趣旨の通報を行う。交戦国軍隊撤退後の警備は日本軍が行う。軍隊撤退後の警備をめぐる交渉については「要スレハ」共同防備計画改定のための協議を行うこともあるとしていた。撤退に応じず日本軍が武装解除に踏み切る場合には、まず英仏軍警備区域周辺に「兵力ヲ集中増加シ脅迫」した上で、武器を提出させ、兵員には外出制限を課す。交渉に応じない時は「脅威的」に交渉を行うとともに「兵力ヲ更ニ集中脅威」するとしていた。これらは「海軍側ノ提案ニ基」づいていた[52]。

五日、出先陸海外は、交戦国軍隊の撤退・武装解除の要求は「単ナル申入ノミニテハ効果ナ」く、申し入れ後、「成ルヘク速ニ日本軍ヲ進入セシメ其ノ警備ヲ継承スル如ク措置セサレハ目的ヲ実現スルコト困難ナリ」と中央に意見した。もとより、これら措置の実施に際しては「英仏軍トノ衝突ヲ避クル如ク万全ノ策ヲ講ズル」としていたが、出先がいかに英仏警備軍の撤退・武装解除、日本軍による警備継承を重視していたかがうかがえる。出先は「租界ヲ我管制下ニ置クコトハ当地〔上海〕ニ於ケル重慶政府ノ策動ヲ封シ事変ノ解決促進上効果甚大」であり、そのためにも「此ノ際成ルヘク速ニ英仏軍ノ租界撤退ヲ要求」すべきと考えていた[53]。時を同じくして、草鹿任一支那方面艦隊参謀長が「支那事変処理ニ邁進」するため「租界ヨリ第三国勢力」を「圧縮」すべきと海軍中央に意見している[54]。彼らには、大戦の勃発は租界処理を一気に進める絶好の機会と映ったのである。

もとより、海軍中央も租界内英仏軍の撤退を望んでいた。ただ、「我方ノ懇談的説得」により、あくまでも自発的に英仏軍を撤退させ、その上で共同防備計画を改定するのが「当然ノ順序」であり、「右手続ヲ経スシテ直チニ我軍ノ租界進駐ノ実現トハナラス」という方針だった。九月六日、海軍中央はこの旨を出先に通達した[55]。アメリカが七月二十六日に日米通商航海条約の廃棄通告に踏み切っており（半年後発効）、中央としては上海租界問題をめぐりアメリカに配慮を示す必要があったのである。

しかし、アメリカ側の懸念は払拭されなかった。九月七日、ハルが五日の日本の勧告について、「或ハ租界ノ行政権ヲモ把握セントスルモノトモ認メラル」とした上で、欧米人を中国より「駆逐」するかのような措置が次々にとられていることに「米国朝野ハ非常ニ懸念ヲ抱キアリ」と抗議してきた[56]。

海軍中央はアメリカの抗議を受けて、上海租界問題への対応をより慎重に進める必要に迫られた。井上成美海軍省軍務局長は、出先が望んでいた「現地指揮官ノ〔租界内交戦国軍隊の〕撤退勧告」について「慎重ナル考慮ヲ要ス」と草鹿に通達した[57]。中央の指示を受けて、出先も、日本軍進駐の前段階としての共同防備計画改定の必要性を認めて、共同防備委員会（委員長・陸戦隊司令官）の開催を考慮するようになった。とはいえ、「此際欧洲戦争交戦国軍隊ノ撤退ヲ実現スル如ク処置ス」という方針に変化はなく、「現地陸海軍ヨリ正式ニ英軍ノ撤退又ハ武装解除ヲ要求シタル場合」は共同防備委員会で「撤退又ハ武装解除ヲ促進スル如ク指導スル」としていた。また、同委員会で「適時仏軍ニ対シ警備隊ノ撤退ヲ提議シ実現セシム」ともしていた[58]。依然、出先は、英仏軍の撤退実現に向けて、日本（軍）が積極的かつ主体的に関わっていくべきと考えていた。

これに対して、井上と宇垣纏軍令部第一部長は「米国ノ対日態度ニ関スル諸情報ニ鑑ミ帝国海軍トシテモ此ノ際特ニ対策ヲ慎重ニスル」よう草鹿にあらためて求めた。具体的には「此際欧洲戦争交戦国軍隊ノ撤退ヲ実現スル如ク処置ス」、「現地陸海軍ヨリ正式ニ英軍ノ撤退又ハ武装解除ヲ要求シタル場合」は共同防備委員会で英軍の撤退または武装解除を促進するよう指導、仏軍撤退を提議し実現させるなどの文言を全て「削除」するよう指示した。その上で、十四日開催予定の共同防備委員会で「英仏軍ノ撤退ニ関シテハ絶対ニ触レザルコト」を念押しした。海軍中央は、「我ガ方租界対策ハ租界ノ乗取ヲ意図スルニ非ルコトヲ充分説明シ認識セシムルコト」が重要であり、英仏軍撤退は無論望むべくも、「日本側指揮官トシテノ提議ヲ為スガ如キ印象ヲ与ヘ」ず、あくまでも英仏が自発的に申し出ることを期待していた[59]。海軍中央は、この段階になって漸く上海租界問題をめぐり対米顧慮をみせるようになったのである。

九月十四日、各国警備軍指揮官、工部局事務総長ら出席の下、共同防備委員会が開催されたが、宍戸好信陸戦隊司令官が英仏軍撤退に触れることはなかった[60]。こうした上海租界問題における対米顧慮の兆しとともに、海軍では、上海租界問題そのものが対米問題として次第に認識されるようになる。

第二節　対米関係打開工作と上海租界問題

日米通商航海条約の廃棄（通告）は対日禁輸の合法的権限を保留することにより、日本の行動を抑制することを狙っていたが、だからといって直ちに対日禁輸を意味するわけではなかった[61]。しかし、松田軍令部第五課長が十月六日の会議で「最悪ノ場合ハ経済封鎖ヲ行フ」と述べるなど、海軍中央は対米関係を不安視した[62]。十六日に岡敬純軍令部第三部長が「米ノ態度ヲ之レ以上悪化セシムルコトハ不可ナリト認ム」と述べる程に海軍中央は事態を重大視していたのである[63]。

日本はアメリカから大量の軍需物資を輸入しており、是が非でも対米通商関係を維持しなければならなかった。また、英仏が欧州に釘付けになる中、アメリカは日中戦争の帰趨に影響を与える唯一の国家とみられており、日本は、日中戦争を解決しようとするならば、対米関係を調整する必要があった。占領地経済を維持するためにも、アメリカの経済支援が不可欠だった。かくして、外務省と海軍が中心となって日米国交調整が進められる中(64)、海軍では、租界問題と対米政策とが次第に関連づけられるようになる。

十月十六日、岡は、対米政策の要点について「支那ニ於ケル各国権益モ出来得ル限リ尊重スルコト又租界問題等ノ処理ヲコノ根本方針ニ依リ甘ク持ッテ行クコト肝要ナリ」と述べている。対米関係上、租界問題の処理を「甘ク」行うというのである。また、英仏軍撤退問題について「米国ノ反対態度アリ且米ハ英仏ニ撤退セザル様奨メアリ」とした上で「中央トシテハ合理的ニ無理セヌ様目的ヲ達成スルコト」と結論づけている(65)。アメリカを刺激しないように「合理的ニ無理セヌ様」進めるべきとの考えを示している。明らかに岡は、租界問題を対米問題と認識し、租界問題を対米政策の中に位置づけている。

日本（海軍）にとって、蔣政権寄りとみられた上海租界と英仏警備軍の存在は「事変処理上一大障碍」であり(66)、それらの除去や撤退が望ましかった。他方、租界問題をめぐるアメリカの姿勢には必ずしも反感を抱いていたわけではない。だが、日米通商航海条約の廃棄通告と第二次大戦の勃発により、日中戦争解決の鍵を握る国がイギリスではなく、アメリカであることが明らかとなった。したがって、海軍が租界問題においてアメリカの存在を最も重視するようになったのは自然の成り行きともいえる。海軍は租界問題を解決しようとするならば、アメリカと向き合わなければならなかったのである。

十月二十日、海軍省は対米政策の詳細を定めた「対米外交施策案」を作成した(67)。同案は租界問題を対米問題として位置づけるのみならず、そこで示された方針も、これまでみてきたような海軍中央の見解に沿うものとなっていた。「日米間諸懸案」として、「新日米通商航海条約ノ締結」や「九ケ国条約処理」、「揚子江及珠江ノ開放問題」などとともに「租界処理問題」と「在支英仏軍隊撤収」を挙げていた。日米の「友好親善関係ノ確立増進」のために、これら懸案を日本の「対支根本方針」に基づき順次解決すると定めていた。「租界処理問題」の解決策として、「間接的工作ニ依リ租界ノ無力化ヲ図」るとしていた。また、英仏軍撤退については「中立義務ニ基ク欧戦中ノ一時的措置ナルヲ知ラシメ」、「撤退後ノ共同租界警備ハ日米ニテ分担」するとしていた。英仏専管租界の警備も「日米共同警備」を謳っていた。日米提携の下、租界の「無力化」、租界の実権掌握をはかろうとする海軍中央の意図が読み取れる。

他方、海軍出先でも、租界問題と対米政策とを関連づける動きがみられた。十月二十六日付で軍令部出仕となった野村は十一月八日、吉田善吾海相らに対して、「日米国交調整ノ要」があるとした上で、「対米工作」を「不言実行」、「促進スベキ」と述べている。[68] それより前の九月十六日、野村は、工部局への圧力強化を訴える上海特別市（日本が樹立）市長の傅宗耀に「米国ノコトモ念頭ニ入レテ（工部局側と）交渉スル要アリ」と応酬している。しかし、傅は「米国関係ニ付テハ楽観的」であったという。[69] これまで租界問題をめぐり強硬論を唱えてきた野村も対米関係への配慮からその主張を抑えざるを得なくなったのだろう。

十二月二十二日、アメリカは日本側の希望する暫定通商協定の締結を拒否した。また、上海租界問題についても、アメリカは英仏に軍隊の上海残留を求めるとともに、共同防備計画の改定に慎重な態度をとった。[70] 海軍は主観的には上海租界問題を「甘ク」処理しているつもりだったが、それはアメリカの受け容れるところとはならなかった。

このように、対米関係の改善が喫緊の課題として立ち現れる中、海軍は、上海租界問題をめぐりアメリカの出方を注視するようになった。租界問題を対米問題と位置づけ、対米提携の下で漸進的にその解決をはかるようになったのである。

第三章　上海租界問題をめぐる日米海軍の「対抗」

第一節　イタリア軍撤退問題

一九四〇年四月、ドイツが北欧に侵攻した。これに伴い、中立を保っていたイタリアがドイツ側に立って参戦するのではないかという観測が流れた。仮にイタリアが参戦した場合、同国の上海警備軍への対応をどうするのかという問題が関係各国の関心事となった。

まず動いたのはアメリカであった。五月八日、ハート（Thomas C. Hart）アジア艦隊司令長官が嶋田繁太郎支那方面艦隊司令長官に交戦国間の紛争防止の措置として、「英、仏、伊国ト下タ話シ伊国参戦スルトモ上海ハ Status quo ニナシ置クコトニ同意ヲ得タリ、嶋田長官ノ同意ヲ得タシ」と申し入れてきた。[71] イタリアがドイツ側に立って参戦した場合、英仏（米）にとっては敵国になるが、伊軍撤退を求めず、現状を維持したいというのである。米（英仏）は、伊軍の撤退により、各国警備軍の均衡が崩れることを懸念していた。

「帝国海軍トシテハ米国ニ先手ヲ制セラレタ」形となったが、支那方面艦隊の対処方針は次のようなものであった。まず「交戦国軍隊ノ撤退ヲ要望スル我ガ方ノ見解ヲ明」にする。海軍としては上記の見解を「捨テザルモ」、英仏伊（米）がこれに応じない場合、「上海ニ関スル限リ現状維持ヲ忍」び、「此ノ機会ヲ利用今後ノ処置ハ日米協力シテ『リード』スル如ク導ク」ため、「同〔ハート〕大将ノ措置ヲ支持シ紛争防止ノ実行ニ対シアラユル協同ヲナスノ用意」があることを示す[72]。依然として欧州交戦国軍隊の撤退を望みつつ、他方、日米が協力して租界問題の処理を主導すべきとも考えていた。もとより「日米協力」の下でも租界処理の「合法的措置ノ機会ヲ逸セザル」ことが肝要とされた[73]。

海軍中央でも近藤軍令部次長、宇垣第一部長、阿部海軍省軍務局長などが米海軍の申し入れについて協議を行った。結果、纏められた中央の方針も、交戦国軍隊は撤退または武装解除すべきであり、「米国提案ハ我方見解ト差異」がある。この見解を「変更セザル建前ノ下」に「差当リノ処置トシテ上海租界ニ関スル限リ米ト共ニ紛争防止ノ実行ニ対シ真摯ナル協同ヲナス用意」があるというものだった[74]。出先と中央との間で考えに大きな差はなかった。

海軍が伊軍撤退に拘ったのは、それが英仏軍撤退につながると判断したからだった。すなわち「伊太利側ヨリ日本ノ期待スルカ如キ〔軍隊撤退の〕回答ニ接シタル場合ニハ之ヲ基礎トシテ英仏ニ圧力ヲ加ヘ」ようとしたのである[75]。六月八日に出先陸海外は、イタリア参戦の場合、「中央及現地外交機関」を通じて軍隊撤退勧告を行うとの方針を決定したが、この方針の原案を作成したのは海軍だった[76]。イタリア参戦の翌十一日に谷正之外務次官が英仏伊の駐日大使（伊は代理大使）に対して、十二日には上海の三浦総領事が三ヵ国の総領事に対して、それぞれ勧告を行った[77]。海軍は、英仏軍撤退を策しつつ、同時に対米提携が必要であり、それが可能とも考えていたのである。

第二節　イギリス軍警備区継承問題

上海租界問題をめぐる対米提携路線にもやがて変化が生じるが、その直接の契機が欧州戦局の激変である。六月四日に英仏軍はダンケルクから撤退、十四日には独軍がパリ入城を果した。英仏の敗走は、日中戦争の早期解決を望む日本（海軍）にとって千載一遇の好機であった。七月九日、嶋田支那方面艦隊司令長官は吉田海相に「欧洲戦争ハ我事変処理ニ好波及ヲ与ヘ積極的ニ活躍ノ好機トナレリ、危惧スレハ好機ヲ逸スヘク、在来兎角遠慮勝ニ慣レタル我態度ニ捉ハレズ現在将来ヲ達観シ進ムノ要アリ」と意見している[78]。日本はこの機会に乗じ、英仏にビルマルート、香港、仏印経由の援蔣物資の輸送停止を迫った[79]。

海軍にとってはアメリカの動向も気がかりだったが、この時期、必ずしも憂慮されるような状況ではなかった。英仏軍がダンケルクから撤退したその日、嶋田は、岩村清一在中国大使館付海軍武官兼上海在勤海軍武官から「独国ノ勝利ニヨリ米国ハ東洋問題ニ耳ヲ傾ケズ、米大陸ノコトニ全神経ヲ傾ク」との情報を得ている[80]。実際、アメリカにとっては西半球の防衛と対欧州政策が最重要課題であり、それに比べて対日政策は二義的であった[81]。海軍もそうした状況を理解していた。

欧州戦局の急展開を利用して日中戦争の解決をはかるという動きは、上海租界問題にも波及する。七月七日、中村俊久支那方面艦隊参謀副長と山本善雄先任参謀が「上海租界工作ヲ容易ナラシムル為現地軍当局ヨリ交戦国軍隊撤退ヲ申入ルコト」を中央に「意見具申」するよう嶋田に提案した[82]。これまで欧州交戦国軍隊の撤退勧告は基本的に外交機関を通じてなされていたが、今度は「現地指揮官ニテバックスル」というのである[83]。嶋田はこの提案を「決裁」した。同時期、海軍中央でも「上海租界処理促進」の機運が高まっていた[84]。

こうした状況の中、八月九日、イギリスが在華英軍の撤退を各国に通告してきた。これにより上海租界の英軍警備区（共同租界中心部と西部越界路地区）をどこの国が引き継ぐかという問題が生じた[85]。十日、アメリカはこの通告に遺憾の意を表明した。直後に米海軍が英軍警備区を米海兵隊に委ねることを提案してきたため[86]、支那方面艦隊は、海軍中央および出先陸外とも対策を協議し、共同防備委員会を開くことに決めた[87]。

十五日の共同防備委員会では、武田盛治陸戦隊司令官が日本軍による英軍警備区の「全面的接収」を要求した。ところが、米海兵隊が強く反対し、米軍への移管を求めた。ハートは、日本の共同租界へのこれ以上の進出は租界の政治・経済的保全を危険に晒すこととなり、起きてはならないと考えていたのである[88]。日米の意見が真っ向から対立したため、義勇隊が英軍警備区を日米で分担する折衷案（租界中心部を米軍に、西部越界路地区を日本軍に移管）を提示した。票決の結果、英米軍、工部局警察、義勇隊の賛同を得た折衷案が委員会を通過したが、武田はこれに「断固反対」し、代案提出の権利を留保した[89]（伊は棄権）。

海軍が米案と折衷案に「断固反対」したのは「第一ハ日本ニテ引受、第二案ハ英区ニハ何レノ国ノ軍隊モ入レズ（米国ノ拡大ヲ避ク）」という思惑があったからである。しかし、日本軍接収案に米軍が予想以上に反発したため、海軍は「情勢至難」と判断し、「第二案ノ〔日米両〕軍隊ヲ入レサル案」を推すこととなった[90]。英軍警備区の米軍への移管、すなわちアメリカ勢力の拡大阻止に重点が置かれていた。むろんアメリカとの間で武力衝突を起こす気などなかったが、それまでの日米「分担」、「協力」といった方針と比べると、対米提携姿勢が後退しているのは明らかであろう。堀内干城在上海総領事は、英軍警備区継承問題をめぐり日米海軍間に「火の出るような対抗」が繰り広げられたと回想している[91]。

岩村と米海軍とが協議を重ねた結果、八月十九日、共同租界中心部には日米両軍とも進駐せず、義勇隊に当面その警備を委ねるという暫定的な妥協が成立した（西部越界路地区には触れない）[92]。ウェルズ（Sumner Welles）国務次官も、日米武力衝突を避けるために義勇隊が警備を担当することを認めた[93]。妥協成立を受けて、山本は日記に「英警備区ニハ日米共ニ入ラザルコトニ暫定協議、日米海軍間ニテ成リ先ヅ一安心」と書いている[94]。また、阿部軍務局長はこの問題について、十八日夜に吉田、住山徳太郎海軍次官、近藤軍令部次長と協議しているが、翌日の日記に「昨夜心配セシ米軍上海租界進駐ノ件、米国大使館ニテ取止メノコト及上海現地ノ話モマトマリ安心」と記すなど、安堵の色を隠せなかった[95]。これらの記述は、海軍がいかにアメリカ勢力の拡大阻止に腐心していたかを物語っている。かくして、英軍警備区継承問題は一応解決したが、租界問題をめぐるアメリカの対日不信感が薄らぐことはなかった[96]。

このように、海軍は一九四〇年に入っても暫くは上海租界問題をめぐり対米提携姿勢をみせていた。しかし、ドイツの西方攻勢を機に租界対策をより積極化させるとともに、対米牽制・対抗姿勢を強めるようになったのである。

おわりに

以上、日中戦争期の上海租界の治安維持・警備問題に焦点を当て、海軍の対英米観と政策を論じてきたが、最後に本稿の意義を指摘しておきたい。まず、海軍にとっての、対外関係における上海租界問題の位置づけが明らかになったことである。租界問題は、東アジアおよび欧州情勢の変動により、対英問題、最終的には対米問題へとその意味を変化させていった。さらに、対米問題として位置づけられる中においても、海軍の姿勢が対米提携から牽制・対抗路線へと次第に推移していったことが確認できた。上海租界問題をめぐる海軍の対英米政策は、英米両国との関係はもちろんのこと、東アジア・欧州情勢とも密接に結びついていたのである。

なお、従来の日米関係史や海軍史研究との関係でいえば、一九三九年末から翌年前半にかけて海軍が上海租界問題をめぐり日米提携姿勢を示していたことは重要である。当該期の日米国交調整については、これまで揚子江開放問題が注目されてきたが、実際には租界問題も大きな比重を占めていた。陸海外三省は「今後ノ積極的日米国交打開工作ニ資スル」ために租界問題などを「速急解決」することを決めた。また、アメリカ側も本問題を重視した[97]。租界問題の主導権を有していた海軍は確かに日米提携を模索していた。だが、同時期、海軍が対米通商関係維持のために門戸開放・機会均等の遵守をアメリカに標榜しつつ、その実、中国での日本の優越的地位確立を目指していたように[98]、租界問題においても租界の実権を掌握するという根幹部分で譲ることはなかった。それゆえ、海軍の取り組みが日米関係改善に寄与することはほとんどなかったのである。

二点目は、上海租界をめぐる多国間体制の有名無実化と対英・米個別政策により、租界問題の解決をはかろうとする海軍の姿勢が浮き彫りになったことである。上海租界は政治的にも軍事的にも多国間体制が敷かれていた。海軍はそうした多国間体制の解体を模索するとともに、イギリスに対しては絶対的優位性を、他方、アメリカには対等性を確立することにより、租界問題を解決しようとした。海軍は、九ヶ国条約（集団機構）体制の解体と英米個別・分断政策により、日中戦争全体の解決をはかろうとしたが[99]、その方針を上海租界問題にも適用したといえる。

古厩忠夫によれば、上海租界は重慶（蔣政権）・延安（中共）と並ぶ中国抗戦力の三極構造の一つであると同時に重慶・延安をそれぞれの頂点とする二つの三角形の底辺をなし、さらに、租界は英米に支えられていたという。海軍は中国の抗戦力を削ぐべく、租界問題に深入りするが、それはイギリス、さらにはアメリカを相手とすることを意味した。まさに海軍にとり、上海租界問題は「日中戦争を巡る国際関係を映し出す鏡」となっていたのである[100]。

註

(1) 影山好一郎「第一次上海事変の勃発の構造」（海軍史研究会編『日本海軍史の研究』吉川弘文館、二〇一四年）九一頁。

(2) 一九四〇年六月二十九日付大本営海軍参謀部第一部長、海軍省軍務局長発支那方面艦隊参謀長宛大海機密第四八三番電（「島田文書108」）。東京大学社会科学研究所図書館所蔵。

(3)「上海処理事項」（「支那事変処理」）。防衛省防衛研究所戦史研究センター所蔵。

(4) 麻田貞雄『両大戦間の日米関係』（東京大学出版会、一九九三年）、加藤陽子「第一次日独伊同盟交渉」（海軍歴史保存会編『日本海軍史』第四巻、第一法規出版、一九九五年）、森茂樹「枢軸外交および南進政策と海軍」（『歴史学研究』第七二七号、一九九九年九月）、相澤淳『海軍の選択』（中央公論新社、二〇〇二年）。

(5) 影山好一郎「昭和十一年前後の日本海軍の対中強硬姿勢」（軍事史学会編『日中戦争の諸相』錦正社、一九九七年）。樋

口秀実『日本海軍から見た日中関係史研究』（芙蓉書房出版、二〇〇二年）。後藤春美『上海をめぐる日英関係』（東京大学出版会、二〇〇六年）。
(6)波多野澄雄『「大東亜戦争」の時代』（朝日出版社、一九八八年）二九〇頁。
(7)伊藤隆解説『語りつぐ昭和史』二（朝日新聞社、一九九〇年）二六二頁。拙稿「中国問題をめぐる日本海軍の対英観」（『ヒストリア』第二六一号、二〇一七年四月）。
(8)野村直邦臨時海軍特務部長の一九三八年十一月十六日の任務報告（「中沢佑関係文書31」。国立国会図書館憲政資料室所蔵。以下、本稿で引用する中沢佑関係文書は全て同室所蔵）。水交会編『帝国海軍提督達の遺稿』上（同会、二〇一〇年）三九〇～三九三、六三一～六三二頁。
(9)中国問題をめぐる海軍の対米政策については、前掲『日本海軍から見た日中関係史研究』第八章、細谷千博『両大戦間の日本外交』（岩波書店、一九八八年）第七章が揚子江開放問題への海軍の対応に若干触れているが、その具体的な意図や情勢判断、政策の立案過程には十分に踏み込んでいない。
(10)たとえば、高綱博文編『戦時上海』（研文出版、二〇〇五年）、同『「国際都市」上海のなかの日本人』（研文出版、二〇〇九年）。
(11)一九三九年四月十八日付「上海租界対策ニ関連シ海軍トシテ執ルベキ腹案」（「島田文書１０８」）。
(12)藤田拓之『居留民の上海』（日本経済評論社、二〇一五年）一、二八、四九頁。植田捷雄『支那に於ける租界の研究』（巌松堂書店、一九四一年）六四三～六四四、七八六頁。
(13)同前『居留民の上海』、四〇～四八、一七三頁。
(14)前掲『「国際都市」上海のなかの日本人』、一七六頁。
(15)榎本重治海軍書記官作成の文書（「島田文書１０８」）。前掲「第一次上海事変の勃発の構造」、一一二～一一三頁。警備区画の分担は、仏租界が仏軍、共同租界中心部が英軍、西部が英米伊軍、東部が日本軍とされた。
(16)九月二十五日付軍令部「戦争指導要綱細項」（前掲「支那事変処理」）。戸部良一『ピース・フィーラー』（論創社、一九九一年）六二～六三頁。
(17)「事変解決策（二）（一二、九、一九）」（同前）。
(18)十一月十二日付第三艦隊司令長官発海相、軍令部総長宛第三艦隊機密第二四九号電（「島田文書１０８」）。
(19)高綱博文「日本占領下における『国際都市』上海」（前掲『戦時上海』）三二一～三三三頁。古厩忠夫『日中戦争と上海、そして私』（研文出版、二〇〇四年）一八四～一八七頁。前掲『「国際都市」上海のなかの日本人』、一六六頁。
(20)上原蕃『上海共同租界誌』（丸善、一九四二年）「自序」。上原は日中戦争期に共同租界工部局警視副総監をつとめた。
(21)前掲「日本占領下における『国際都市』上海」、三三三頁。前掲『日中戦争と上海、そして私』、一三九頁。
(22)伊藤隆ほか編『高木惣吉　日記と情報』上（みすず書房、二〇〇〇年）六四頁。

(23)角田順解説『現代史資料一〇』〈日中戦争三〉(みすず書房、一九六四年)三四〇頁。
(24)前掲『居留民の上海』、二三六~二三七頁。馬長林『上海的租界』(天津教育出版社、二〇〇九年)二一五頁。
(25)同前『上海的租界』、二一二頁。
(26)同前、二一六頁。前掲『居留民の上海』、二三九~二四〇頁。
(27)「中沢佑関係文書34」(一九三九年三月二十七日の草鹿任一支那方面艦隊参謀長の発言)。
(28)前掲「上海租界対策ニ関連シ海軍トシテ執ルベキ腹案」。
(29)前掲『高木惣吉　日記と情報』上、二七八頁。
(30)外務省編『日本外交文書　日中戦争』第四冊(六一書房、二〇一一年)二七四二~二七四三頁。
(31)「上海共同租界工部局問題ニ関スル二月二十七日在京米国大使覚書」(「島田文書108」)。
(32)前掲『高木惣吉　日記と情報』上、二七七頁。
(33)前掲『上海共同租界誌』、六二、一五九頁。
(34)前掲『高木惣吉　日記と情報』上、二七五~二七六頁。
(35)前掲『「国際都市」上海のなかの日本人』、一七二~一七三頁。
(36)陸軍中央も同じような観点から天津英仏租界問題を処理しようとしていた(永井和『日中戦争から世界戦争へ』思文閣出版、二〇〇七年、一八九頁)。前掲『日中戦争と上海、そして私』、一三九頁。
(37)『東京朝日新聞』五月三日付。
(38)前掲『日本外交文書　日中戦争』第四冊、二七五九~二七六〇頁。
(39)『東京朝日新聞』五月二十日付。
(40)*Papers Relating to the Foreign Relations of the United States Japan: 1931-1941 Vol.1* (以下、FRUSと略記), 1943, pp.842-844.
(41)福田茂夫「アメリカの反枢軸政策構想の形成」(日本国際政治学会編『太平洋戦争への道』第六巻、朝日新聞社、一九六三年)三〇四頁。
(42)前掲『高木惣吉　日記と情報』上、二六二~二六五、二七六~二七七頁。
(43)「中沢佑関係文書31」。
(44)「中沢佑関係文書33」。一九三九年三月三日条。
(45)五月二十四日付特情軍極秘米1157(「島田文書108」)。
(46)「阿部勝雄日記」。憲政資料室所蔵。五月二十五日、六月十三日条。
(47)「中沢佑関係文書37」。
(48)*FRUS*, p.841. *Oriental Affairs, Vol.11*, Shanghai, June 1939, p.324.
(49)「中沢佑関係文書37」。前掲『高木惣吉　日記と情報』上、二九八頁。
(50)外務省編『日本外交文書　日中戦争』第三冊(六一書房、二〇一一年)一九六二頁。
(51)三谷太一郎『近代日本の戦争と政治』(岩波書店、一九九七年)一六六~一六七頁。

(52)前掲『日本外交文書　日中戦争』第三冊、一八五九～一八六〇頁。
(53)同前、一八六五頁。
(54)「中沢佑関係文書38」。
(55)前掲『日本外交文書　日中戦争』第三冊、一八六九頁。
(56)「山本善雄少将業務関係メモ」。防衛研究所戦史研究センター所蔵。
(57)九月十一日付海軍省軍務長発支那方面艦隊参謀長宛軍務機密第二九〇番電（「島田文書108」）。
(58)九月十日付「共同防備計画改定ニ関スル会議開催要領　陸海軍共同決定案」（同前）。
(59)九月十三日付海軍省軍務局長、大本営海軍参謀部第一部長発支那方面艦隊参謀長宛軍務機密第三〇〇番電（同前）。
(60)九月十四日付上海警備司令官発陸軍次官、参謀次長宛上海警備参電第四八号（「陸支密大日記　昭和十四年第六十号」）。防衛研究所戦史研究センター所蔵。
(61)前掲「アメリカの反枢軸政策構想の形成」、三〇八～三〇九頁。
(62)「中沢佑関係文書40」。
(63)前掲「山本善雄少将業務メモ」。
(64)前掲『日本海軍から見た日中関係史研究』、二五九～二六一頁。
(65)前掲「山本善雄少将業務メモ」。
(66)前掲『上海共同租界誌』、一五九頁。
(67)前掲『日本外交文書　日中戦争』第三冊、二三〇八～二三〇九頁。
(68)「中沢佑関係文書40」。
(69)「九月十六日野村中将、傅市長会談要旨」（「島田文書108」）。
(70)十月三日付特情軍極秘米2727（同前）。ジョナサン・G・アトリー（五味俊樹訳）『GOING TO WAR WITH JAPAN』（朝日出版社、一九八九年）一一九頁。
(71)「嶋田繁太郎大将日記　昭和十五年」。防衛研究所戦史研究センター所蔵。
(72)土井章監修『昭和社会経済史料集成』第九巻〈海軍省資料9〉（大東文化大学東洋研究所、一九八五年）三五八～三五九頁。
(73)「租界問題（15-5-15 CSF〔支那方面艦隊〕山本〔善雄〕先任参謀述）」（「島田文書108」）。
(74)前掲「阿部勝雄日記」、五月九日、十二日条。前掲『昭和社会経済史料集成』第九巻〈海軍省資料9〉、三七四～三七五、三七八～三七九頁。
(75)六月十二日付在上海総領事発外相宛第一一七四号電（「支那事変関係一件／各国ノ態度」外務省茗荷谷研修所旧蔵記録A10）。外務省外交史料館所蔵。
(76)六月十日付在上海総領事発外相宛第一一二九号、第一一三〇号電（同前）。
(77)「山本善雄日記（3）昭和十五年」。防衛研究所戦史研究センター所蔵。
(78)前掲「嶋田繁太郎大将日記　昭和十五年」。
(79)臼井勝美『新版　日中戦争』（中央公論新社、二〇〇〇年）一一六頁。
(80)前掲「嶋田繁太郎大将日記　昭和十五年」、六月四日条。
(81)前掲「アメリカの反枢軸政策構想の形成」、三一四〜三二〇頁。
(82)前掲「嶋田繁太郎大将日記　昭和十五年」。
(83)前掲「山本善雄日記（3）昭和十五年」、七月七日条。
(84)「中沢佑関係文書48」。
(85)越界路とは租界当局が租界境界線からその外方に向かって設置した道路をいう。
(86)*Foreign Relations of the United States Diplomatic Papers 1940 Vol.4 The Far East*, 1955, pp.762-763. 臼井勝美『日中外交年表草稿』（クレス出版、一九九八年）二六七頁。
(87)前掲「嶋田繁太郎大将日記　昭和十五年」、八月十一日、十二日、十四日条。前掲「阿部勝雄日記」、八月十一日、十三日条。
(88)前掲『GOING TO WAR WITH JAPAN』、一六〇頁。
(89)*Oriental Affairs, Vol.14*, September 1940, p.111. 前掲『上海共同租界誌』、一六〇頁。
(90)前掲「嶋田繁太郎大将日記　昭和十五年」、八月十五日、十六日条。
(91)堀内干城『中国の嵐の中で』（乾元社、一九五〇年）一六八〜一七三頁。
(92)八月十九日付第十三軍参謀長発陸軍次官、参謀次長宛登集参電第二三号（「陸支密大日記　昭和十五年第三十号　1／4」）。防衛研究所戦史研究センター所蔵。
(93)前掲『GOING TO WAR WITH JAPAN』、一六〇頁。
(94)前掲「山本善雄日記（3）昭和十五年」、八月十九日条。
(95)前掲「阿部勝雄日記」。
(96)前掲『GOING TO WAR WITH JAPAN』、一六〇頁。
(97)前掲『日本外交文書　日中戦争』第三冊、二三三二〜二三三四、二三三七頁。
(98)拙稿「日本海軍の対米観と政策」（『駿台史学』第一五四号、二〇一五年三月）。
(99)同前。
(100)前掲『日中戦争と上海、そして私』、一七〜一八、一二〇頁。

『東アジア近代史』第二二号（二〇一八・六）

《研究動向》

日清戦争開戦前の日本による清朝対外政策認識

――『蹇蹇録』の史料性の検討――

宮古文尋

はじめに

日清戦争当時の外務大臣、陸奥宗光が著した『蹇蹇録』。この秘録は、日清戦争研究に「不可欠」な、「もっとも重要な文献」と評される(1)。その第八章には、「六月二十二日以後開戦に至る間の李鴻章の位置」が設けられている。陸奥は、この第八章を中心に、李鴻章を軸とした日清戦争開戦前の清朝政府の動向を語る。

『蹇蹇録』の記述の信頼性については、「かれ自身の責任に関する問題について、往往、故意の省略がある」と指摘されるなど、様々な検討が加えられてきた(2)。しかし、陸奥が描いた清朝政府の動向について、注視されることはなかった。

それは、当然のことである。日清戦争における清朝の外交政策、或いは、清朝政府内の動向を研究対象とする際、『蹇蹇録』は、重要史料にはなり得ないからである。

翻って、日本史研究の立場から、「日本が清を含む諸外国をどのようにとらえ、どのような姿が日本の外交政策形成上、判断材料となったのか」を検討するならば、やはり、『蹇蹇録』は重要史料として浮上する。そして、「たとえ誤認」であっても(3)、それが当時の日本政府が清朝を見つめた結果であることに、変わりはない。

ただし、『蹇蹇録』で語られた陸奥の、そして日本政府の、清朝外交に対する認識が虚言であるならば、その前提は崩壊する。その記述は、当時の清朝の対外政策を反映するものでもなければ、当時の日本政府による、清朝外交に対する認識を反映するものですらないことになる。

結論から言えば、陸奥が『蹇蹇録』で語る清朝政府の動向は、正確なものではない(4)。そして、それは誤認ではなく、虚言である。本論では、その内容を検証するとともに、陸奥の意図はどこにあったのか、可能な限り迫りたい。

第一章　日本の清朝対日政策判断

第一節　第一次絶交書通告前の開戦回避策

一八九四年五月初め、朝鮮で甲午農民戦争が勃発した。その鎮圧を名目に、六月八日、清朝軍が牙山に上陸。翌九日には、日本軍の第一陣が仁川に到着した。日本は、清朝が受諾し難いことを承知の上で、日清双方の派遣軍が駐留したまま、日清協同で朝鮮の内政改革を進めるよう要求。清朝がこれを拒否すると、日本は六月二二日、単独で改革にあたる旨を通告すると決定した。いわゆる、第一次絶交書である。

日本は、六月一三日までには、駐日清朝公使汪鳳藻が送受する電報を、ほぼ解読できるようになっていた(5)。一四日から、第一次絶交書の通告を決定する二二日まで、李鴻章と汪鳳藻の間で交わされた、電報数件の解読文の抜粋を、時系列順に示す(6)。

解読電①　李鴻章から汪鳳藻（一四日〇一時三〇分発）

朝鮮政府が、書簡で告げて云うには【函→出（誤読）】、「賊〔農民軍〕はことごとく散じた。朝鮮軍が、自ら善後処置を行うため、我ら〔清朝軍〕の撤兵を望む。ただし、日本も同時に撤兵すべきである【但須→余領（誤読）】」とのこと。現在、袁〔世凱〕に命じ、大鳥〔圭介駐朝日本公使〕と協議させている【定→奪（誤読）】。伊藤に知らせるよう望む(7)。

解読電②　李鴻章から汪鳳藻（一六日一一時三〇分発）

……現在、袁と大鳥は周到に協議している【妥→始（誤読）】。大鳥は、撤退を承諾しながらもなお、躊躇している。外務省、及び伊藤に面会し、適切に伝えるよう望む。「彼〔日本〕が朝鮮に兵を留めるならば、我らもまた、留まることを考慮しなくてはならず、かえって〔事態は〕収束しなくなる」と(8)。

解読電③　汪鳳藻から李鴻章（一七日一五時五五分発、同日二〇時頃着）

……察するに、日本は、我らが急いで撤兵しようとしていることに怯えているようである【欲→頓（誤読）】。狡猾な企みは、ますますうまく進んでおり【狡→狼、愈→惻（誤読）】、その手配りは、大敵に備えているかのようである【敵→整（誤読）】。兵力を厚く結集し、その企みを、秘かに討ち破るべきではないか【隠→〇（不明字扱い）】。残りの災い〔農民軍〕が、ことごとく平定されるのを待ち、再び撤

退を協議するならば、こちらの言う通りにさせられるだろう【望→期、範→節（誤読）】。……[9]

解読電④　李鴻章から汪鳳藻（一七日一八時一三分発）
……朝鮮の賊は、すでに平定されており、我が軍が進撃して討伐することは、決してない。日本軍には、なおさら共同で討伐する理由はない。……[10]

解読電⑤　汪鳳藻から李鴻章（一八日一四時一〇分発、一九日一六時頃着）
管見では、撤兵してから再度、日本側の〔朝鮮内政改革に〕干渉するという主張を、婉曲に拒み【拒→持、較婉→載応（誤読）】、奉じた寒電〔解読電④〕の内容を、袁から大鳥に直接回答させるのが、極めて良いやり方である【截→戮（誤読）】。思うに、日本兵は集結したばかりだが、朝鮮を脅かし、ことを構えることがないとは保証し難い。〔よって〕我らは厳重な備えを固持し【堅→執（誤読）】、進むことがあっても、退くことがないようにすれば【無退→有退（誤読）】、〔前に述べた私案は〕可能となる。貴意が決したならば、指示を待って外務省に赴き、回答する。[11]

解読電⑥　李鴻章から汪鳳藻（一九日一二時頃発）
……外務省、伊藤と適切に協議するよう望む。「増派した兵は、早期に動かし帰国させるべきである。さもなければ、中国もまた、増援部隊を派遣しなければならないことになる。大局を誤るのを恐れる」と。[12]

解読電⑦　汪鳳藻から李鴻章（二〇日一六時五〇分発）
……〔日本に示す〕四カ条は、次の通りである【茲四条→三四案（誤読）】。一、日本は、朝鮮が中国に属すると認める。二、中国は、日本が〔農民軍を〕共同で討伐することを認める。三、乱が収まれば、条約〔一八八五年天津条約〕に従って撤兵する。四、中国と日本は、ともに朝鮮の内政に干渉せず、ただ朝鮮自ら改革を実行するよう勧告するのみとする【清→請（誤植）】。……[13]

解読電⑧　李鴻章から汪鳳藻（二一日二〇時頃発）
総理衙門の回答は、次の通りである。「……汪の回答案のうち、前者の二カ条は妥当ではない【答→策、条→案（誤読）】。朝鮮が中国に属することについて、各国の異論はない。日本が認めなくとも、我らの権利を損ねることはできない。共同討伐について交渉することで、騒動を起こす必要などない【與辯→與辦（誤読）】。〔共同討伐は〕決して認めてはならない【允→免（誤読）】。貴下〔李鴻章〕の返電は、極めて正しい【極→同（誤読）】」。[14]

一四日、一六日、李鴻章は、日清両軍の早期撤退について交渉するよう、汪鳳藻に打電した（解読電①②）。一五日、陸奥は大島に、「我兵ヲ京城ニ留メ置クコト、最モ必要ナリ。李鴻章ハ、日本兵ヲ退去セシムルコトニ甚タ苦心シ、縦令清兵ヲ退去セシメテモ、其目的ヲ遂ケント欲スル如ク見ユレハナリ」[15]と打電している。

一七日、汪鳳藻は、日本への警戒から、完全に農民軍が平定されるまでは、撤退を交渉するべきではない、と意見した（解読電③）。これが届く前に李鴻章は、これ以上農民軍を鎮圧するつもりはないと、汪鳳藻に打電していた（解読電④）。同日、天津の神尾光臣陸軍少佐より、「李鴻章ハ、支那兵引挙ケニ決心シアルモノ、如シ。兵ノ続発ヲ止メシノミナラス、葉〔志超直隷〕提督ヨリ請求セシ、兵ノ雨外套ヲモ送ルヲ止メタリ。又葉ハ、京城ニ進ムヲ乞ヒシモ、許サヾリシ」と、電報が届いている[16]。

一八日、北京の小村寿太郎駐清代理公使より、「李鴻章ハ……本年ハ皇太后ノ慶典アルニ拘ラズ、干戈ヲ動カスガ如キヿアリテハ、其責任甚タ軽カラサル〇ノヿアルガ故ニ、日清両国間ノ葛藤ヲ生セザル様、頻リニ心配シ居ル様見受ケラル」[17]と伝えられた。この日、汪鳳藻は、再び日本への警戒を打電していた（解読電⑤）。しかし、李鴻章はこの電報が届く前、引き続き早期の同時撤退について交渉するよう指示し、目的は開戦回避にあると打電していた（解読電⑥）。

二〇日、汪鳳藻は、日本に提案する善後策の草稿を、李鴻章に伝えた（解読電⑦）。翌二一日、李鴻章はこれに対する総理衙門の見解を、汪鳳藻に伝えた（解読電⑧）。その内容は、日本との衝突の火種になるような文言は避けるべきとするものであり、総理衙門と李鴻章は同意見であるというものであった[18]。

以上が、第一次絶交書の通告前、日本が知り得た清朝の動向である。神尾と小村は、李鴻章に増派の意思はなく、開戦回避を望んでいると報告した。そしてその情報は、解読した電報の内容とも一致していた。

第二節　天津からの誤報

しかし、六月二一日以降、李鴻章の態度が一変したかのような情報が届き始める。

二一日、陸奥は大島に打電し、李鴻章は五五〇〇の兵を朝鮮に派遣するべく、二二日より乗船準備を始めるようだと、天津の神尾より報告があったことを伝えている[19]。また同日、陸奥が大島に宛てた書信では、神尾の他、荒川巳次天津領事からも、同様の報告があったことが述べられている[20]。二二日の夜明け前には、神尾より、「支那ハ確カニ戦争ニ決心セリ」と、電報が届く[21]。

　これらの情報に基づき、二二日、第一次絶交書の通告が決定されたことになる[22]。清朝開戦決意と報じる神尾の電報は、天津より、二一日の午後五時二分に発せられ、二二日午前四時一五分に到着した。一方、汪鳳藻に宛てられた、李鴻章と総理衙門の開戦回避の意向を伝える「解読電⑧」は、同じく天津より、二一日午後八時前後に発せられたものである。その到着と解読は、神尾の電報より遅かっただろう。

　とは言え、日本は第一次絶交書通告決定と前後して、「解読電⑧」の到着と解読により、李鴻章と総理衙門に開戦意志のないことを知ったはずである。この時点で、最も信頼に足る情報は、当然「解読電⑧」であるように思われるが、第一次絶交書の通告を決定し、開戦へと急ぐ陸奥は、その後押しとなる神尾や荒川の情報の真偽を疑うことはなかった。陸奥は、二二日夕方、再び大鳥に打電し、天津からの報告によると、清朝は間もなく五五〇〇の兵を派遣しようとしており、衝突は不可避であろう、と述べている[23]。

　二二日の夜にも、神尾より、「出兵ハ確実ナリ[24]」と電報が届く。翌二三日には、神尾より、「兵ノ出発ハ、北京政府カ李氏ノ戦争説ニ同意シタル時ナリ[25]」と、開戦を主張しているのは李鴻章だと伝えられる。一方、神尾は、「信用シ得ヘキ報告ニヨレハ、支那皇帝ハ、李氏ニ次ノ勅諭ヲ下セリ。『成ルヘク和議セヨ戦ヲ避ケヨ[26]』」と、その李鴻章を諌める動きがあるとも報じた。

　二二日、大鳥は、荒川と伊集院五郎大本営参謀に、清朝が増派の準備をしているのは確かか、と打電した[27]。二三日夕方までに、前述の陸奥の電報二件が大鳥に届き、天津発の清朝増派の報が伝えられる。大鳥は、清朝軍は派遣されたのか、もしもそうである場合は、いつ、どれだけが派遣されたのかと、追って荒川に問い合わせた[28]。

　二三日深夜には、仁川の能勢辰五郎領事より、清朝領事は、清朝軍増派の謡言は、全くの事実無根と述べていると、大鳥に報じられた[29]。しかし、二四日に届いた荒川の返答は、李鴻章は開戦準備に忙しいように見え、五千かそれ以上の軍隊が派遣されそうだ、とするものであった[30]。伊集院からも、清朝が大軍派遣の準備をしていることは大いにあり得ると、返答が届いた[31]。

　以上は、第一次絶交書の通告が、清朝に伝わる前のことである。通告は、二三日の朝であり[32]、汪鳳藻がその旨を李鴻章に打電したのは、その日の午後である。日本はこれを解読しており、発電時刻も把握している[33]。清朝の反応が打電されるのは、二三日の深夜から二四日以降であると、日本は想定できただろう。二四日夕方以降、神尾が打電した情報は、清朝の増派や開戦意志を伝えるものではなかった。

二四日着　今日、又他ノ信用シ得ヘキ処ヨリ報告アリ。李氏ハ、「兵ヲ動カスヲ好マス」トノ勅諭ヲ奉セリト。……[34]

二五日着　北京政府、殊ニ帝室ノ和議主義ナル事ハ、今ヤ疑ナシ。……[35]

二七日着　李氏ハ、昨日左ノ如ク、衛提督へ電報セリ。「総理衙門ハ、兵ヲ出スヲ好マス、暫ク忍ベ[36]」。

二四日午前、李鴻章は総理衙門に、袁世凱より伝えられた情報を打電していた。その内容は、仁川からの電報によると、「清朝が五千の兵を増派し、すでに漢城に至ったとの謡言」にかこつけて、日本は漢城に進軍しようとしている、というものであった[37]。

第三節　ロシアとイギリスへの干渉依頼

袁世凱からの情報を得た李鴻章は、日本の増派を警戒し、その動向を確認するべく、汪鳳藻に打電した。

解読電⑨　李鴻章から汪鳳藻（二五日九時三〇分発）

……我が兵、二千五百が牙山に駐留しているが、専ら土匪の処理に当たっているのみで、漢城との距離も二百里余りある。決して増派ではない。……[38]

翌日までに電報が到着、解読されたと仮定すれば、「解読電⑨」により、二六日までに、清朝増派の報が誤報であることが明らかになった。また、二七日までに、次の電文が解読された。

解読電⑩　李鴻章から汪鳳藻（二六日〇六時発）

ロシア皇帝は、すでに駐日公使に、「〔日本と清朝の〕同時撤兵について清朝と協議し、再度善後策について適切に議論するよう、日本に勧めるように」と命じている【切→函（誤読）】。どのように述べたか、内情を探るよう望む[39]。

二五日には、駐日ロシア公使ヒトロヴォが陸奥を訪れ、「清国ニシテ撤兵スルトキハ、日本政府ニ於テモ撤兵スル事ニ不同意ナキヤ」と尋ねていた[40]。「解読電⑩」より、ヒトロヴォの訪問が、清朝の依頼によったこと、その目的は、依然として日清の同時撤兵にあることが明らかになった。

二六日、小村は、李鴻章は態度を変え、日本への抵抗を決意したようだと、陸奥に報じた。さらに、駐清イギリス公使が、対清交渉についての提案をしてきたと伝えるとともに、列強の干渉と清朝の戦争準備に時間を与えないため、強硬かつ断固たる行動が必要ではないかと、陸奥に建議した[41]。しかし、陸奥は、李鴻章の方針転換は誤報だと判断した。二七日、提案に応じる用意があると、小村の私見としてイギリスに返答するよう指示した[42]。

二七日、陸奥は伊藤に宛てた書信の中で、「昨日、小村より申越したる如き他の強国の干渉」と、イギリスの干渉についての危惧を述べるとともに、「清国政府は、頗る増兵を避くるが如し」と述べている[43]。

二六日、小村は大鳥にも、李鴻章は日本への抵抗を決したと打電していた[44]。しかし、翌二七日、荒川より大鳥に、李鴻章から葉志超への電報では、外国公使より助言を得た北京政府は派遣を好まず、と述べられていることが伝えられた[45]。

大鳥は、荒川の電報を受け取るとすぐ、小村に打電して荒川の電文を伝え、真の清朝政府の意向の確認を求めた。一方、荒川にも小村の電文を伝え、いずれを信頼すべきか確認を求めた[46]。

陸奥と大鳥から、自身が報じた李鴻章の開戦意志に対する疑いが届き、小村は、改めて動向を調査しただろう。二八日、ロシアの干渉は、北京政府が与り知らぬところで李鴻章が依頼したものであると、小村はその結果を陸奥に報じた[47]。ここで、李鴻章に増派や開戦意志のないことは、はっきりとした[48]。

古結諒子は、「北京の総理衙門と天津の李鴻章の異なる姿勢により、清は兵の増派に至らなかった」とし、「李鴻章は方針を変えて列強を動かそうとした」としているが、こうした事実、また、日本政府の認識は、存在しなかったことになる。

仮に日本が、「総理衙門の意向により、李鴻章は兵を増派するに至らなかった[49]」と判断したとするならば、それは、六月二七日から翌日にかけての、僅かな時間に限られる。李鴻章の開戦意志、増派の準備が伝えられたのは、六月二三日である。総理衙門の意向が、これに反するとの情報がもたらされたのは、二七日昼に届いた、「総理衙門ハ、兵ヲ出スヲ好マス」と報じた、神尾からの電報である。ただし、二八日深夜には、日清同時撤兵を果たすべく、ロシアに干渉を依頼したのは、李鴻章であったことが伝えられた[50]。ここで、両者の意向は一致していることが判明する。

三〇日以降、陸奥は、李鴻章と総理衙門の意向が異なることを疑うが、その相違は、増派の意志の有無ではなく、交渉開始の条件を、即時撤兵とするか否かについてであった。

三〇日、再びヒトロヴォが陸奥を訪れ、同時撤兵を迫った[51]。この日荒川[52]、神尾[53]、青木周蔵駐英公使からも、ロシアに干渉を依頼したのは李鴻章だと、相次ぎ電報が届く。青木の電報では、「斯ル有様ニ立到リタル上ハ、一大紛議ヲ生ゼザルヲ保セズ。其場合ニハ、英国ニテモ拱手傍観スル事能ワズ[54]」と、ロシアの干渉についての、イギリス外務大臣の見解も報告された。

三〇日には、ヒトロヴォだけではなく、駐日イギリス代理公使ページェットも、陸奥を訪れていた。ページェットは、「日本政府ノ提議ニシテ、朝鮮国独立及ビ変乱予防ノ事ニ止マリ、属邦問題ニ論及セザルニ於テハ、清国政府ハ、之ヲ受理スルノ意アリ」と述べた。

陸奥は即答を避けつつも、前向きな回答を示した(55)。この日、伊藤もまた、「北京之電報写ニ而推考スル時ハ、我ハ英ニレラーイ〔依頼〕スルノ傾向ヲ取リ候事ハ、不得策トハ不被察候(56)」と、陸奥に書き送っている。

同時撤兵に即時応じるよう迫るロシアと、「属邦問題ニ論及セザル」ことを条件に、清朝との交渉にあたるよう促すイギリス。陸奥と伊藤は、後者を仲介役として選択しようとしていた。ただ、イギリスが代弁する、「清国政府の意」とは、誰の意向であるのか、なぜ、ロシアが代弁する李鴻章の要求と異なるのかについては、判然としていなかった。

三〇日、陸奥が駐露公使西徳二郎に打電した電文では、「伊藤伯ト本大臣ハ同意見ニシテ、即チ日本ハ決シテ露国ノ差図ニ従ハザルベシトス。露国へ対シ、確定ノ回答ヲ閣下へ電報スル迄ニ、若シ必要ノ場合モアラバ、閣下自己ノ説トシテ、以上ノ事ヲ発言サレテモ苦シカラズ(57)」と、述べられている。

この時点で、「英ニレラーイ〔依頼〕スル」こと、「露国ノ差図ニ従ハザル」ことは、確定していない。

しかし、三〇日の深夜、北京から届いた電報は、今後の方針を確定させた。「二三時五五分、「総理衙門王大臣ハ、六月二十九日英国公使ヲ訪ヒ、朝鮮事件ニ関シ、深ク言辞ヲ慎ミ其ノ意見ヲ陳述シ、且ツ両政府ニ於テ談判ニ取リ掛ル第一着手トシテ、先ツ日本ヲシテ朝鮮自主国論ヲ唱フルヲ止メシメ、並ニ其ノ派遣兵ヲ撤回セシムル事ヲ主張シタリ(58)」と、小村から電報が届く。「属邦問題ニ論及セザル」ことを、交渉開始の条件としたのは、総理衙門であった。

翌七月一日午前三時、陸奥が青木に発した電報では、「伊藤伯及本大臣ハ、決シテ露国ノ差図ニ従ハザルノ決心ナリ」と、イギリス外務大臣に伝えるよう述べられている(59)。

翌二日、陸奥は、ヒトロヴォに即時撤兵の拒否を回答した(60)。

第四節　李鴻章と総理衙門の政策相違への疑念

六月三〇日に得た情報を総ずるならば、次のようになる。

李鴻章の依頼により、ロシア公使は、日本に同時撤兵を迫ってきた。イギリスは、ロシアの干渉が強硬であるならば、介入も辞さない意向である。前日、総理衙門は、イギリスに仲介を求めていた。この日、イギリス公使は陸奥を訪れ、総理衙門の意向を代弁した。つまり、李鴻章が進めているロシアへの干渉策を、総理衙門が妨害したことにもなり得る。

陸奥は、李鴻章と総理衙門が求める交渉開始の条件が異なることに、疑問を抱いた。三〇日、「過日露公使と第一次談話の始末、小村代理公使へ通知したる所、同代理公使より別紙の通り申来り候。左すれは、北京政府にては、英公使に依頼する間に、李鴻章は、天津にて露代理公使に依頼せしにあらざるか。果して此推量の如くなれは、清国が露英両国に対する位置は、随分奇怪なるものとなるべし、如何」[61]と、伊藤に書き送った。しかし、この疑問は明らかにならないまま、交渉は進む。

七月三日、陸奥は、「独立ノ問題ハ之ヲ起サス」とし、交渉に応じるとページェットに伝えた[62]。九日、総理衙門に交渉に出向いた小村に、総理衙門大臣孫毓汶は、「談判ヲ開ク前ニ於テ、同時ニ両国ノ兵ヲ撤回セシメ、然後貴我両国間ニ於テ、善後ノ策ヲ協議致シ度」と述べた。ロシアを通じた李鴻章の要求と、同内容であった。

小村がこれを拒否すると、総理衙門大臣徐用儀は、李鴻章が進めているロシアの干渉に関知しないことを匂わせながら、それに対する日本の態度について、探りを入れた。小村は、そもそも、「聞ク所ニ拠レバ、李中堂〔李鴻章〕ハ、露国へ仲裁ヲ依頼セラレタル」のではないか、と問い返すと、徐用儀は、「夫レハ全ク偽説ナリ」と答えた。

小村の理解からすれば、李鴻章が、日本に即時撤兵を迫るようロシアに依頼した一方、総理衙門は、日本が「朝鮮自主国論ヲ唱フルヲ止メ」るならば交渉に応じると、イギリスに干渉を求めたはずである。小村は、「貴政府ニ於テ、強テ即時ノ撤兵ヲ主張セラルル時ハ、英国公使折角ノ尽力モ無効ニ帰スル次第ニテ、誠ニ遺憾ニ耐ヘズ」と、李鴻章と総理衙門の意向は異なるのではないか、その自身の、そして、日本政府の理解は正確であるのか、探りを入れた。徐用儀は、「先ツ撤兵ヲ実行セシ上、改良〔朝鮮内政改革〕ノ事ニ付、御協議致シ度所存ナリ」と答え、態度を変えなかった[63]。

一方、一〇日には西より、即時撤兵拒否に対する、ロシアの回答が届いた。ロシアは、「露国政府ハ、貴大臣ノ回答ニ満足シ、可成速ニ、清国ト平和ノ取極メアラン事ヲ冀望セリ」[64]と、即時撤兵を交渉開始の条件としないことを認めた。

一二日、小村より、総理衙門との交渉についての報告が届く。小村は、総理衙門には撤兵後の策がなく、ロシアの干渉により、日本が撤兵を決することに不安を抱いているのではないか、それが態度を変えた理由ではないか、と報じた[65]。これを受けた陸奥は、「第二次絶交書」を総理衙門に通告するよう、小村に指示した[66]。一五日、清朝政府が世論に圧されて宣戦することに疑いはないと、小村より報告が届いた[67]。

一方、陸奥には気がかりなことがあった。六月三〇日時点に比して、李鴻章と総理衙門の態度は変化したが、依然として、その方針は異なって見える。つまり、ロシアと総理衙門の返答は、李鴻章が懐柔策に出た一方、総理衙門が日本を挑発しているように見える。一三日、陸奥は、両者の態度の相違について調査するよう、荒川に打電した[68]。

一六日、荒川から回答が届いた。荒川は、両者の態度が異なることについて、李鴻章の幕僚伍廷芳に探りを入れた。その結果、荒川が見るに、李鴻章は、朝鮮問題の解決にあたって、宗属問題に触れないという陸奥の見解に同意している。総理衙門は、陸奥が占領を計画していると誤解している。ただし、李鴻章が総理衙門に非難されることはない。荒川は、以上のように報告した。北京の態度を考慮することなく、李鴻章は朝鮮問題を解決できると、伍廷芳が話したことも付け加えた[69]。さらに同日深夜、李鴻章は、平和的解決を望んでいると思われると、荒川自身の見解を、陸奥に伝えた[70]。

つまり、総理衙門がイギリスを通じて提案した、日本が「朝鮮自主国論ヲ唱フルヲ止メ」るという交渉条件に、李鴻章は同意している。総理衙門は、その提案に陸奥が応じた理由は、朝鮮の占領計画にあると誤解している。しかし、今後両者が足並みを揃えないことはない。或いは、両者においては、李鴻章の意向が優先される。そして、その目指す先は平和的解決である。荒川の報告を総ずれば、以上のようになる。

この荒川の報告は、前日一五日、釜山の室田義文総領事より伝えられていた情報の信頼性を高めた。室田は、京城の村木雅美陸軍少佐と、駐朝ロシア公使に同行するウォガック大佐との間で行われた、一四日の極秘会談の内容を陸奥に打電していた[71]。村木から川上への電報では、次のように会談の内容が報告されている。

ウヲガク〔ウォガック〕大佐（此名ハ徳義上秘密ニセラレタシ）天津ヨリ来ル秘密ノ噺ニ依レハ、支那ノ平戦両説ノ首唱者ハ、下官等ノ是迄聞ク処ト異リ、皇帝ト輿論ハ戦ヒヲ主張シ、総理衙門ハ英独ノ忠告ヲ入レ平和ニ尽力シツヽ、アリ。李鴻章ノ内意ハ、寧ロ平和ヲ望ム如シ。平戦未タ決セサル間ハ、重キニ従フハ理ノ然ラシムル処ニシテ、李鴻章ハ、皇帝ト輿論ニ従ヒ、出師準備ヲ為スモノナリト。右ハ神尾へ問合中[72]。

この情報に従うならば、李鴻章と総理衙門の方針は、第一次絶交書の通告前、「解読電⑧」より得た情報と同様であった。同時期、李鴻章が開戦に翻意したかのような情報もあったが、それは誤報であった。陸奥は、李鴻章と総理衙門の間で、政策方針が異なるのではないかと疑ったが、その疑念は解消された。李鴻章は一貫して開戦回避を目論み、総理衙門と軌を一にしていたことになる。

この村木の情報は、おおむね正確であると言ってよい(73)。第二次絶交書の通告以降、李鴻章と総理衙門の開戦回避への努力もむなしく、日清は、八月一日の宣戦布告へと向かう。

第二章　『蹇蹇録』で装われた誤認

第一節　李鴻章の「大兵増発の計略」

『蹇蹇録』第八章「六月二十二日以後開戦に至る間の李鴻章の位置」の記述は、その表題通り、第一次絶交書通告後の李鴻章の動向から、筆を起こす。

陸奥は、第一次絶交書の通告を機に、李鴻章は、「その政略を変更し」、「軍事上の計略として一層優勢なる軍兵を朝鮮に増派せんとせり」と、述べる。

しかし、李鴻章が開戦に舵を切ったかのような情報が届いたのは、第一次絶交書が、李鴻章に伝わる前である。加えて、後にこれらの情報は誤りであったことが明らかになっている。陸奥は、そのことを顧みることなく、「六、七月の交において、李鴻章は更に朝鮮へ大兵を増派せんことを北京政府に建言したるは事実なり」と、筆を進める(74)。

陸奥は、李鴻章が増派を目論んでいたとする論拠を、次のように示す。

> 彼の軍事上の計略即ち大兵増発の件に関しては、六月二十六日、汪鳳藻より李鴻章へ、「探聞せし所に拠れば日本兵はいまだ増発せず。彼に精鋭の兵なし、多数なるも患うるに足らず」と電告せり(75)。

ここで引用される電文は、李鴻章が汪鳳藻に宛てた、「解読電⑨」に対する返電である。つまり、「日本の増派を警戒する李鴻章」に対する返答である。陸奥はこれを黙殺し、「大兵増発を計画するにあたり、日本軍の動向を探った李鴻章」への返答として、引用している。

この他、『蹇蹇録』には、李鴻章の「大兵増発の件」の論拠として、六月一七日、七月一五・一六・二二日の、「汪鳳藻から李鴻章への電報」が、引用されている(76)。当然、その文面に、李鴻章の意向は反映されていない。

陸奥が引用した、六月一七日付の汪鳳藻から李鴻章への電報は、「解読電③」である。李鴻章が、これと入れ違いに打電した「解読電④」、また、「解読電③」への返電にあたる「解読電⑥」で、汪鳳藻の増派案を否定したのは、前章第一節に述べる通りである。

陸奥は、それにもかかわらず、「以上彼らの間に往復する所に由りこれを観るも、彼らはなおその軍兵を増発して外形を夸張すれば、実地に戦血を流すに至らず難局を終了すべしとの一縷の望みを繋ぎ居たるものの如し」[77]と、結ぶ。「往復する所」を示すことなく、一方の電文のみを示し、「彼ら」の意向を述べている。この増派の件に関し、李鴻章から汪鳳藻への電報の解読文が引用されることは、一切ない。

陸奥は、李鴻章の増派計画の結末について、次のように述べる。

李鴻章は、「軍兵を増発して外形を夸張」することで、「実地に戦血を流すに至らず難局を終了」しようとした。しかしながら、増派はむしろ戦端を開くことになると、イギリス公使が総理衙門に忠告した。「加うるに北京政府の部内において会々一派の非戦論者を生じ」、彼らは、李鴻章の失策を責めた。そこで光緒帝が、軍機大臣、総理衙門大臣らに、李鴻章の得失を取り調べさせた結果、「大兵増発の計略も内部より阻格せられ」た[78]。

以上が、陸奥が述べる、李鴻章が増派を実現するに至らなかった経緯である。李鴻章の増派計画、すなわち、「軍事上の計略」を阻んだのは、「非戦論者」であった。『蹇蹇録』は、そう語る。

第二節　架空の「非戦論者」

陸奥は、第一次絶交書の通告により、李鴻章が「その政略を変更し」、増派を計画したのに加え、「外交上の方策として頻りに欧米強国に依頼し」たと述べる[79]。その後、第二次絶交書通告に至るまでの動向を、次のように描く。

「総理衙門は篤く李鴻章と露国公使の間における談合の成功に倚心」していた。つまり、総理衙門と李鴻章は、ともにロシアの干渉に期待していた。しかし、「当時あたかも清国政府の部内に非戦論を主張し、従って李鴻章を非議するもの群起したるに依り」、総理衙門は、イギリス公使の忠告を受け入れ、「李鴻章が大兵を朝鮮に続発せんと乞うの建議を一時見合す」ことにした[80]。

一方、総理衙門には、「一時英国公使の説を容れたる如き仮面を掩い別に窃かに待つ所」があった。「七月九日において小村臨時代理公使が総理衙門王大臣と会商せし時期には、李鴻章も総理衙門もなお十分に露国の強援に属望し居たる」ため、総理衙門は、交渉開始の条件を、日清の即時撤兵とした[81]。これにより、日本は第二次絶交書を通告することになる。

陸奥のここでの洞察は見事である。李鴻章のロシアへの干渉依頼、総理衙門のイギリスへの干渉依頼、各々が異なる策を進めているように見えながら、両者の方針は一致していたこと。総理衙門の小村への返答が、イギリスによる交渉開始条件の提案を無視したものであった理由。いずれをも、看破している。[82]

当初、陸奥は、李鴻章と総理衙門の方針の相違を疑問視していた。ここでの記述は、陸奥の疑念が解消された証であり、それは、荒川と村木の報告によるところが大きいだろう。[83]陸奥は、『蹇蹇録』の執筆時まで、その報告の信頼性を認めていたことになる。

また、陸奥はこれらの報告により、李鴻章と総理衙門の意向が、開戦回避にあることを知ったはずである。陸奥は、『蹇蹇録』第八章冒頭において、自身が偽作した李鴻章の「大兵増発の計略」の意図について、「判然推量しがたし」と述べている。しかし、筆を進めるうち、「大兵増発の計略」は、「実地に戦血を流すに至らず難局を終了」することが目的であった、と綴っている。[84]架空の計画の意図を述べているのだから、矛盾した記述となることも致し方ない。ただし、後者の記述は、李鴻章の意向は開戦回避にあると、陸奥が理解していたことの証左ではないだろうか。

つまり、李鴻章が、「非戦論者」であったことを、陸奥は認めている。一方、「軍事上の計略」のみならず、「外交上の方策」においても、李鴻章と総理衙門を阻んだのは、「非戦論者」であった。『蹇蹇録』は、そう語っている。

李鴻章と「非戦論者」は、ともに開戦回避を画策しながらも、その実現の手段において、対立したことになる。しかし、清朝政府内の「非戦論者」による、李鴻章への対案がどういったものであったか、陸奥は語らない。

その理由は、李鴻章と総理衙門を掣肘した、「非戦論者」、そして、その動向を知り得た情報など、存在しなかったからだろう。前章第二節で述べたように、六月二三日以降、「皇帝」「帝室」の「和議」の意向が伝えられていた。管見の限り、陸奥にもたらされた、李鴻章と総理衙門を掣肘し得る、「非戦論者」の情報は、これのみである。しかも、ここでの「非戦論者」は、後に誤報と判明した、「主戦論の李鴻章」に相対する存在として伝えられている。当然、李鴻章の開戦回避策への対案など、報じられるはずもない。さらに、七月一五日には、皇帝が主戦論にあることも伝えられた。

陸奥の視界に、李鴻章と総理衙門を掣肘した、「非戦論者」は、存在しなかった。

おわりに

以上のように、陸奥が『蹇蹇録』の中で語った、日清戦争開戦前における清朝の対外政策は、当時の実情と異なるばかりか、実際に陸奥が得ていた情報、そして、それに基づく陸奥の認識とも異なる。本論を結ぶにあたり、『蹇蹇録』の記述が、そのようなものになった理由について、検討してみたい。

陸奥は、『蹇蹇録』第八章の三分の一以上の分量を割き[85]、李鴻章の評価がいかに過大であるか、熱弁する。李鴻章の功績は、好運がもたらしたものに過ぎない。能力は凡庸で、清朝の重鎮として称されるほどの人物ではない。流言飛語の類を並べ立て、そう説き伏せようとする。

李鴻章の「大兵増発の計略も内部より阻格せられ」た事実もなければ、陸奥にもたらされた情報は、そのような理解を導くものでもない。一方、李鴻章の「開戦回避の計略」が、「内部より阻格せられ」たことは事実であり、陸奥もそうした情報を得ている。清朝政府内において、李鴻章に威権なきことを主張したいのであれば、その目論み叶わず、開戦に至った事実を示すだけでも、充分なように思われる。

なぜ、李鴻章の対日政策を阻んだのが、「非戦論者」である必要があったのか。史料的な制約により、論拠を伴った説を提示することはできないが、その理由を推察してみるに、それは、清朝の敗戦という、日清戦争の結末によるのではないだろうか。

李鴻章は、開戦回避を目論みながらも、「主戦論者」を制することができず、心ならずも日本との開戦に至り、敗戦を招いた。この筋書きよりも、「主戦論者」の李鴻章は、その計略を、「非戦論者」に阻まれた挙句、敗戦をも招いたとするのが、より李鴻章の策略の稚拙さと、彼の愚鈍を強調できる。陸奥は、そう考えたのではないか。

陸奥が、ことさらに李鴻章を貶めた理由は、どう考えられるだろうか。

陸奥と伊藤の関係について、次のような評価がある。「陸奥は伊藤らとちがい藩閥的基盤を欠き、天皇の信頼もないという、不利を背負っていた[86]」。「陸奥は閣内を含めて政治指導者としての力量に乏しく、天皇及び閣内調整は伊藤博文首相の補完を必要としていた」。そして、日清戦争においても、「実際の開戦外交や講和外交は伊藤の外交論によっており、陸奥の単独ではなかった[87]」。また、陸奥は、「伊藤と李鴻章の間での交渉について快くは思っていなかった[88]」。

これらの評価に従えば、両者の関係は、伊藤に対する一種の劣等感を、陸奥に抱かしめるものであった。

「李鴻章の大兵増発の計略」と「北京政府内の非戦論者」という虚像を散りばめ、陸奥は、『蹇蹇録』を綴った。

その背景には、清朝政府における、李鴻章の地位を低く描き、さらに、その人物そのものをも侮蔑的に語ることで、『蹇蹇録』の読者に、伊藤の果たした役割の重要性を、軽視させたい。そのような思惑があったのではないだろうか。

註

（1）藤村道生『日清戦争前後のアジア政策』岩波書店、一九九五年、二四一―二四二頁。

（2）ただし、「故意の省略および二、三の誤記を除けば、本書の記述は正確」とされる（同前書、二四二頁）。荻原延寿は、「今日からみれば、いくつかの点について、陸奥の叙述に簡略、ないし省略がみられることはいなめない。しかし、大筋において、陸奥は日清戦争の外交指導の実情を率直な筆に託して語り、真実をまげていない」と述べている（「陸奥宗光紀行」荻原延寿責任編集『陸奥宗光』中央公論社、一九七三年、五一頁）。

（3）古結諒子『日清戦争における日本外交――東アジアをめぐる国際関係の変容』名古屋大学出版会、二〇一六年（以下、古結『日本外交』と略記）、一九〇―一九一頁。なお本論は、二〇一七年一〇月一四日に行われた、同書書評会（東アジア近代史学会第一七四回研究例会）での報告を基にしている。

（4）本論が検討対象とする時期の、清朝の対外政策については、次に挙げる先行研究を参照されたい。田保橋潔『日清戦役外交史の研究』東洋文庫、一九五一年。高橋秀直『日清戦争への道』創元社、一九九五年（以下、高橋『日清戦争』と略記）。栗原純「日清戦争と李鴻章」『日清戦争と東アジア世界の変容（下巻）』ゆまに書房、一九九七年。戴逸・楊東梁・華立共著、華立監訳、岩田誠一・高美蘭共訳『日清戦争と東アジアの政治』大阪経済法科大学出版部、二〇〇三年。

（5）檜山幸夫総編集『伊藤博文文書　第七巻（秘書類纂　朝鮮交渉　七）』ゆまに書房、二〇〇七年（以下、『秘書類纂　七』と略記）、三二一―三二五頁。詳しくは、高橋『日清戦争』参照（三五七頁）。

（6）解読電は、『秘書類纂　七』と『秘書類纂（機密日清戦争）』（原書房、一九六七年〔以下、『秘書類纂（機密）』と略記〕）巻末所収の、山辺健太郎「資料解説と増補」に収録されている。解読電には誤読も存在する。また、「李鴻章ト汪鳳藻公使他往復電信綴」（「陸奥宗光関係文書」七九―一、国立国会図書館憲政資料室所蔵）を活字化した、『秘書類纂（機密）』には誤植もある（山辺の誤読によるか、活字化の際の誤植かは不明）。本論では、顧廷龍・戴逸主編『李鴻章全集（二四）電報（四）』（安徽教育出版社、二〇〇八年〔以下、『李全集』と略記〕）収録の原文を訳出する。

（7）『秘書類纂　七』三四三頁。『秘書類纂（機密）』一八頁。『李全集』G二〇―〇五―〇六一文書（以下、文書番号は下三桁のみを示す）。解読電の発着時間は、以上の三史料を併せ見て、二四時間制で表記する（以下、全引用史料において同様）。

また、訳出にあたり、誤読と誤植（前註参照）の箇所を、【正↓誤】として示す。

(8)『秘書類纂（機密）』一八頁。『李全集』〇七〇文書。

(9)同前書、一八―一九頁。同前書、〇七五文書。

(10)同前書、一九頁。同前書、〇七二文書。

(11)同前書、一九頁。同前書、〇九四文書。「寒」とは、一四日を指す。「解読電④」は、光緒二〇年五月一四日に発せられたものである。

(12)同前書、一八頁（一六日の電報とされているが一九日のものだろう。原本である「陸奥宗光関係文書」においても、一六日とされている）。同前書、〇九一文書。

(13)同前書、一九頁。原文は、李鴻章から汪鳳藻への電文を総理衙門に報告した電報より確認できる（同前書、一〇七文書）。

(14)同前書、一九頁。同前書、一一一文書。

(15)陸奥より大鳥（一五日発）、外務省編纂『日本外交文書（第二七巻第二冊）』日本国際連合協会、一九五二年（以下、『外文』と略記）、五五二文書。句読点は筆者による（以下、全引用史料において同様）。

(16)神尾より参謀本部（一七日一四時五五分発、同日一九時〇五分着）「着電綴（一）明治二七年五月三一日至六月二一日」（「大本営電報綴」「日清戦役」「陸軍省大日記」防衛省防衛研究所所蔵〔以下、「大本営電報綴」と略記〕）。「電報一（明治二七・六〜二七・一二）」（「⑨文庫（千代田一九〇）」「海軍一般史料」同所所蔵〔以下、「電報一」「⑨文庫」と略記〕）。

前日には、「今ヤハ（李カ）ハ撤兵ニ決心セシカ如シ、葉提督ヨリ請ヒ来タリシ、アメイ（雨衣カ）ノ追送ヲモ止メタリ」と打電されている（神尾より川上〔一六日一九時五三分発、一二時着〕同書）。

(17)小村より陸奥（一七日二〇時四五分発、一八日一一時三五分着）同前書。檜山幸夫総編集『伊藤博文文書　第一六巻（秘書類纂　朝鮮交渉　一六）』ゆまに書房、二〇〇七年（以下、『秘書類纂　一六』と略記）、四六頁。英文電は、『外文』五五八文書。

(18)「解読電⑧」にある、「貴下の返電」の内容を日本は知り得ない。しかし、解読した電報の内容は、「共同討伐について交渉することで、騒動を起こす必要などない」とする点で、総理衙門と李鴻章が同意見であることを理解するに、充分であっただろう。李鴻章は、汪鳳藻に提案された善後策の一と二について、「日本は、〔朝鮮が〕我らに属すると認めることについては、乙酉〔一八八五年〕の伊藤との会議から今に至るまで、決して認めようとしない。いたずらに口にしても無益である。朝鮮の賊は平定されようとしており、多くの兵で共同討伐する必要はない。日本は、朝鮮の与国〔条約締結国〕であり、内地で兵を用いたことは、これまでに前例のないことである。どうして我らが代わって認めることができようか」と、総理衙門に打電している（李鴻章から総理衙門〔二一日一〇時頃発〕『李全集』一〇七文書）。

(19)陸奥より大鳥（二一日一一時発、二三日〇二時四〇分着）

「欧文電報往復控（一）」『駐韓日本公使館記録（四）』国史編纂委員会、一九八九年（以下、『公館記録』と略記）、一一四文書。
(20)『外文』五七三文書。
(21)神尾より参謀本部（二一日一七時〇二分発、二二日〇四時一五分着）「着電綴（二）明治二七年六月二一日至七月九日」「大本営電報綴」。「電報二」「⑨文庫」。
(22)撤兵要求から一転し、清朝が増派を計画しているとの情報に対し、明治天皇が疑念を抱きつつも、第一次絶交書の通告に同意した事情については、高橋『日清戦争』参照（三五九―三六〇頁）。
(23)陸奥より大鳥（二二日一六時五五分発、二三日一七時四〇分着）『公館記録』一二四文書。
(24)神尾より参謀本部（二二日一四時〇八分発、同日二〇時四五分着）註二一に同じ。
(25)神尾より参謀本部（二三日〇七時〇五分発、同日一三時三〇分着）同前。
(26)神尾より参謀本部（二二日一一時三〇分発、二三日一五時着）同前。鍵括弧は筆者による（以下、全引用史料において同様）。
(27)大鳥より荒川・伊集院（二二日一八時四〇分発）『公館記録』一一六文書。
(28)大鳥より荒川（二三日二〇時発）同前書、一三二文書。
(29)能勢より大鳥（二三日二二時発、同日二三時三〇分着）同前書、一二八文書。
(30)荒川より大鳥（二三日一三時一〇分発、二四日零時三〇分着）同前書、一三四文書。同時刻、荒川は陸奥にも、「李鴻章ハ、頻リニ出師ノ準備ヲナシ居ルガ如シ……近日ノ内、尚ホ五千ノ兵員派遣セラルベキ模様アリ」と、同内容を打電している（荒川より陸奥〔二三日一三時一〇分発、同日一七時二七分着〕『秘書類纂　一六』四七頁）。
(31)伊集院より大鳥（二三日一六時四〇分発、二四日〇二時一五分着）『公館記録』一四〇文書。
(32)『外文』五七八文書。
(33)汪鳳藻から李鴻章（二三日一五時二五分発）『秘書類纂（機密）』一九―二〇頁。李鴻章は、汪鳳藻からの電文を、二三日夜、総理衙門と袁世凱に伝えている（李鴻章から総理衙門・袁世凱〔二三日二二時頃発〕『李全集』一二一文書）。
(34)神尾より参謀本部（二四日一七時〇八分発、同日二一時〇七分着）註二一に同じ。
(35)神尾より参謀本部（二五日一六時発、同日一七時着）同前。
(36)神尾より川上（二六日一四時四六分発、二七日一一時三〇分着）同前。註三七も参照。二五日、李鴻章は葉志超に、「引き続きあくまでも忍ぶように（仍堅忍）」と打電しているが、総理衙門の意向は述べられていない（李鴻章より葉志超〔二五日一六時頃発〕『李全集』一四一文書）。
(37)李鴻章から総理衙門（二四日一〇時頃発）『李全集』一二三文書。事実関係から言えば、清朝、もしくは李鴻章の意向が、増派や開戦にあるとした情報（註一九―二一、二三―二五、三〇、三一、四二、四五）、朝廷の意向が和議にあるとした情報（註二六、三四、三五）は、誤報である。二七日、神尾は自身の見解、つまり、これらの誤報をまとめたものに、その論拠とする五件の電報を添付し、大鳥に送っている（三二文書「機密本省及其他往来」『駐韓日本公使館記録（二）』国史編纂委員会、一八九七年）。その中に、李鴻章は、「兵力ニ訴フヘシ」と決心したが、総理衙門より、「各国公使カ出兵ヲ以テ不可ト為ス故ニ、貴大臣出兵ノ事ニハ同意シ難シ」と、書簡が届いたと述べられている。これは、添付の李鴻章から葉志超への電報に基づく見解と考えられる（註三六、四五も同様）。ただし、管見の限り、この電文を含む、添付された五件の電報に該当するものを、清朝側史料から確認することはできない。誤認の理由は定かではない。ただ、「天津の神尾」が、「信用シ得ヘキ」情報源より得た、李鴻章が、「朝廷や各国公使」に増派を阻まれているという誤報により、最も恩恵を受けるのは、清朝増派の謡言を否定したい李鴻章であっただろう。

(38)『秘書類纂　七』三五一頁。『李全集』一三八文書。

(39)『秘書類纂　七』三四九頁。『秘書類纂（機密）』二〇頁。『李全集』一五〇文書。

(40)『外文』六二〇文書。

(41)小村より陸奥（二五日二〇時三〇分発、二六日一四時三〇分着）『外文』六二二文書。この電文は、陸奥が、「露公使と第一次談話の始末小村代理公使へ通知」した電文（註六一）と入れ違いになったのだろう。

(42)陸奥より小村（二七日発）同前書、六二三文書。

(43)春畝公追頌会『伊藤博文伝（下）』統正社、一九四〇年、六三―六四頁。陸奥は、「別紙両電信を看るに」、清朝政府に増派の意志はないと判断したと述べているが、いずれの電報を指すかは、定かではない。神尾より発せられた、皇帝と総理衙門が派兵に否定的であることを伝えた電報（註三四、三六）、或いは、「解読電⑨⑩」を指す可能性もあるだろう。

(44)小村より大鳥（二六日一六時発、同日二二時五〇分着）『公館記録』一五三文書。

(45)荒川より大鳥（二六日二〇時二〇分発、二七日〇二時着）同前書、一五四文書。註三七も参照。荒川は、神尾の依頼により打電している。

(46)大鳥より小村（二七日〇三時四五分発）、大鳥より荒川（二七日〇九時四五分発）同前書、一五六文書。

(47)小村より陸奥（二八日二〇時五〇分発、同日二三時五五分着）『外文』六二四文書。

(48)一方、荒川は七月二日、「清国政府ハ、李鴻章ヨリ建議シタル開戦策ヲ採用シタルモノノ如シ」（荒川より陸奥〔二日一一時五六分発、同日一四時三〇分着〕註五三に同じ）と、陸奥に打電し、五日には、李鴻章の意志は変わっていないが、北京政府はそれに同意していない、と大鳥に打電している（荒川より大鳥〔五日一三時〇五分発、六日〇五時一〇分着〕

『公館記録』二〇七文書）。荒川は、ロシアに干渉を依頼したのが李鴻章であることは、理解していた（註五二）。一方、その要求が、日清同時撤兵であることを理解していなかったのか、或いは、清朝は日本の撤兵拒否を見越して、ロシアと共に挙兵する準備にあると考えていたのかは、定かではない。

(49)古結『日本外交』二九―三〇頁。

(50)註二五、三〇、三六、四七。

(51)『外文』六三三文書。

(52)荒川より陸奥（三〇日一二時四〇分発、同日一六時二〇分着）同前書、六三〇文書。

(53)神尾より参謀本部（三〇日一四時一〇分発、同日一七時一五分着）「着電綴（三）明治二七年七月～八月」「大本営電報綴」。「電報一」「⑨文庫」。

(54)青木より陸奥（二九日発、三〇日着）『外文』六二七文書。

(55)陸奥より青木（一日〇三時発）同前書、六三五文書。文言は異なるが、同日大鳥と小村にも同内容が打電されている（同書、六三六、六三七文書）。

(56)「伊藤博文書翰　陸奥宗光宛（明治二七年六月三〇日）」「陸奥宗光関係文書」一〇―七一、国立国会図書館憲政資料室所蔵。「北京之電報」が、いずれを指すのかは定かではない。二八日、小村が陸奥に宛てた書簡には、露仏両公使より、「近頃英公使オコール氏ハ、度々総理衙門ニ出向ノ様子ニ有、之定メテ何等御聞込ノ事アルベシ」と、問われたことが述べられている（『外文』六二五文書）。二八日から三〇日の間、この件に関する報告があった可能性は考えられる。

(57)陸奥より西（三〇日発）『外文』六三四文書。

(58)小村より陸奥（三〇日二一時発、同日二三時五五分着）同前書、六三一文書。

(59)註五五に同じ。

(60)『外文』六三九文書。

(61)伊藤博文関係文書研究会編『伊藤博文関係文書（第七巻）』塙書房、一九七九年、二九四―二九五頁。「別紙」が何を指すかは定かではない。管見の限り、三〇日時点で総理衙門の動向を知り得るのは、この日深夜に届いた小村からの電報（註五八）である。書簡であるから、陸奥が伊藤に書簡をしたためた時刻が、日を跨いでいたとしても、「六月三〇日」と記した可能性は考えられる。当然、二八日以降、他に何らかの報告があった可能性もある（註五六参照）。古結『日本外交』（三〇頁）では、「別紙」を二八日着の電報（本論註四七）としているが、これのみでは、「北京政府にて英公使に依頼」したことまでは知り得ないのではないか。

(62)陸奥より青木（三日発）『外文』六四〇文書。

(63)同前書、六〇三文書。

(64)西より陸奥（九日一六時二〇分発、一〇日一二時五〇分着）「甲午（明治二七年）五月初九日から明治二七年七月九日」「東学党変乱ノ際韓国保護ニ関スル日清交渉関係一件（第二巻）」戦前期外務省記録一門一類二項、外務省外交史料館所蔵。陸奥は、『蹇蹇録』の中では、ロシアの回答が届いたのは、一三日であったとしているが（陸奥宗光著、中塚明校注『蹇蹇録』岩波書店、一九八三年〔以下、『蹇蹇録』と略記〕、九一頁）、これは、ロシアからの正式回答（『外文』六五九文書）があった日を指しているだろう。

(65)小村より陸奥（一〇日一四時一五分発、一二日一五時一五分着）『外文』五八九文書。

(66)陸奥より小村（一二日発）同前書、五九二文書。

(67)小村より陸奥（一四日二〇時四〇分発、一五日一二時二五分着）同前書、五九七文書。

(68)陸奥より荒川（一三日発）同前書、五九四文書。

(69)荒川より陸奥（一五日一八時五〇分発、一六日零時四〇分着）同前書、五九九文書。

(70)荒川より陸奥（一六日二〇時発、一六日二三時五五分着）同前書、六〇二文書。荒川は、少なくとも七月五日まで、李鴻章の意図が開戦回避にあると認識していなかった（註四八）。ここで、これまで自身が報告した情報を改めたことになる。

(71)室田より陸奥（一四日二一時発、一五日〇八時三〇分着）同前書、五九八文書。

(72)村木より川上（一四日一八時四〇分発、一五日〇六時着）註五三に同じ。

(73)ごく簡略に述べれば、開戦回避を模索したのは、李鴻章に加え、軍機大臣兼総理衙門大臣の徐用儀と孫毓汶であり、主戦論を唱えたのは、光緒帝と、戸部尚書翁同龢、礼部尚書李鴻藻である。

(74)『蹇蹇録』一〇二頁。

(75)同前書、一〇五頁。

(76)同前書、一〇五―一〇七頁。陸奥が訳出した解読電の原文は、いずれも『秘書類纂（機密）』に収録されている。

(77)同前書、一〇七頁。

(78)同前書、一一二―一一三頁。

(79)同前書、一〇二頁。

(80)同前書、八七頁。

(81)同前書、九一頁。

(82)この件に関しての『蹇蹇録』の記述は、後の論考（例えば、高橋『日清戦争』〔四一三―四一五頁〕）と、ほぼ一致する。ただし、「李鴻章の大兵増発の建議」が、「非戦論者」や「イギリス公使」に阻まれたかのような記述は事実と異なる。その筋書きは、神尾の誤認（註三七）と同内容である。

(83)註六九―七二。

(84)『蹇蹇録』一〇二、一〇七頁。

(85)同前書、一〇七―一一二頁。

(86)高橋『日清戦争』四九八頁。

(87)檜山幸夫「日清戦争における外交政策」『日清戦争と東アジア世界の変容（下巻）』ゆまに書房、一九九七年、三九、八一頁。

(88)古結『日本外交』一〇七頁。

東アジア近代史学会　活動報告

第二二回　東アジア近代史学会研究大会

日時：二〇一六年六月一七日（土）～一八日（日）

場所：駒澤大学駒沢キャンパス一号館二〇四室

二〇一七年六月一七日（土）

■自由論題報告

明治三〇年代における民間企業の艦船輸出—川崎造船所の艦船輸出を中心に—
賀　申杰（東京大学大学院生）

一九二〇年代陸軍とジャーナリズムの対外観に関する一考察—「アジア・モンロー主義」論を中心に—
曾　寶滿（東京大学大学院生）

学歴主義と学閥からみる台湾総督府医学系職員の人的構造
鈴木哲造（中京大学）

抗戦期中国の日本通記者の対日認識—陳博生（中央通訊社東京特派員・総編輯）の軌跡—
島田大輔（立命館大学）

戦間期満洲でのエスペラント運動—活動の展開とその実態をめぐって—
譚　謎（九州大学大学院生）

■歴史資料セッション

テーマ：地の記憶—石に刻まれた歴史—

趣旨説明
岩壁義光（法政大学）

報告

明治天皇の記念碑について—岩手県の現状—
打越孝明（明治神宮国際神道文化研究所）

戦没者慰霊碑としての明治紀念標—その歴史的位置—
本康宏史（金沢星稜大学）

台湾における地の歴史と記念碑
東山京子（中京大学）

コメント
檜山　幸夫（中京大学）

討論　司会　岩壁義光（法政大学）

二〇一七年六月一八日（日）

■大会シンポジウム

テーマ：第一次世界大戦下の東アジアと世界

問題提起　斎藤聖二（茨城キリスト教大学）

第一次世界大戦期の勝田主計—正貨問題・「日支親善」・戦後構想—
久保田裕次（京都大学）

中国の第一次世界大戦参戦と東アジア—外交と内政—
川島　真（東京大学）

第一次世界大戦期の華工送出と威海衛統治問題
古泉達矢（金沢大学）

ヨーロッパから見た東アジアの第一次世界大戦—ドイツの視点を中心に—
大井知範（明治大学）

第一次世界大戦への米国参戦と東アジアの国際政治
中谷直司（三重大学）

「後藤新平」とロシア
麻田雅文（岩手大学）

コメント
コメンテイター　千葉　功（学習院大学）

全体討論　司会　斎藤聖二（茨城キリスト

教大学）

■月例研究会

第一七一回研究会　参加者一九人
日時：二〇一七年四月一五日
場所：國學院大學若木タワー五〇八教室
報告①
題名：副島外交と日露領土交渉―樺太問題解決への道筋―
報告者：醍醐龍馬（大阪大学）
報告②
題名：副島種臣外務卿の東アジアにおける外交姿勢―副島の対琉球観に沿って―
報告者：小沢洋輔（法政大学大学院生）

第一七二回研究会　参加者一四人
日時：二〇一七年五月二〇日
会場：学習院大学西二号館五〇三教室
報告
題名：明治皇室の贈答行為に関する一考察―宮内省記録を中心に―
報告者：長佐古美奈子（学習院大学）
イベント
テーマ：「宮廷装束の世界」展見学

第一七三回研究会　参加者一一人
日時：二〇一七年七月二二日
会場：新宿アイランドタワー四一〇四号麗澤大学東京研究センター
報告
題名：中朝関係における近代への転換―李鴻章の〝不粘不脱〟を中心に―
報告者：張　礼恒（聊城大学）

第一七四回研究会　参加者二九人
日時：二〇一七年一〇月一四日
会場：駒澤大学駒沢キャンパス本部棟五階第二会議室
テーマ：古結諒子『日清戦争における日本外交』（名古屋大学出版会、二〇一六年）書評会
報告者：佐々木雄一（首都大学東京）
報告者：宮古文尋（上智大学）
リプライ：古結諒子（日本学術振興会特別研究員）

第一七五回研究会　参加者二三人
日時：二〇一七年一二月二日
会場：駒澤大学駒沢キャンパス本部棟五階第二会議室
報告①
題名：第一次大戦後中国における日本人の居留地外進出の実態―不平等条約改正交渉の背景として―
報告者：渡辺千尋（お茶の水女子大学リサーチフェロー）
報告②
題名：明治維新とグローバル化
報告者：三谷　博（跡見学園女子大学）

第一七六回研究会　参加者二一人
日時：二〇一八年一月二七日
会場：青山学院大学一五号館一二階史学科第三研究室
報告①
題名：琉球問題をめぐる日清交渉と国際法―国際法と冊封朝貢論理との相剋―
報告者：張　天恩（早稲田大学大学院生）
報告②
題名：明治後期における在韓日本人実業家の活動について―京釜鉄道株式会社重役の韓国現地権力への接近を中心に―
報告者：韓　相一（九州大学大学院生）

第一七七回研究会　参加者一六人
日時：二〇一八年二月一〇日
会場：駒澤大学駒沢キャンパス本部棟五階
　第二会議室
報告①
題名：原敬内閣と審議会―審議会設置の政
　治的意義について―
報告者：前川友太（駒澤大学大学院生）
報告②
題名：米・仏・蘭三ヶ国条約と「琉球処分」
報告者：岡部敏和（中央大学）

第一七八回研究会　参加者一二人
日時：二〇一八年三月一七日
場所：法政大学市ヶ谷キャンパス大学院棟
　二階二〇三室
報告①
植民地期朝鮮における郷土芸術の振興と社
　会教育
報告者：武藤　優（九州大学大学院生）
報告②
題名：台湾民主国防衛戦争の意義―台湾民
　族主義思想を中心に―
報告者：伊藤幹彦（前中華科技大学）

二〇一八年度　第二三回　東アジア近代史学会研究大会　予告

日　時：二〇一八年六月一六日（土）〜一七日（日）
場　所：国士舘大学世田谷キャンパス　メイプルセンチュリーホール一階大教室
参加費：会員一〇〇〇円・非会員一五〇〇円

◎大会シンポジウムテーマ：
変動する東アジア世界のなかの明治維新
―「適応と挑戦」の相互力学からの再検証―

◎歴史資料セッションテーマ：
歴史資料としての写真
―「写真」からアーカイブズへの模索―

◎スケジュール：

第一日目　二〇一八年六月一六日（土）

九時三〇分　受付開始
一〇時〇〇分　大会開会挨拶　東アジア近代史学会　檜山幸夫会長
一〇時一〇分〜一二時一〇分　自由論題報告①

①「明治後期における京釜鉄道株式会社重役の渡韓について」
報告者　韓相一氏（九州大学大学院生）
司　会　月脚達彦氏（東京大学）

②「植民地期朝鮮における郷土芸術の振興と農村娯楽―『農楽』の公演を中心に―」
報告者　武藤優氏（九州大学韓国研究センター学術協力研究員）
司　会　月脚達彦氏（東京大学）

③「大正期政党政治と審議会―政策立案をめぐる政党と内閣―」
報告者　前川友太氏（駒澤大学大学院生）
司　会　斎藤聖二氏（茨城キリスト教大学）

④「北京政府との不平等条約改正交渉に臨む日本政府の姿勢―日本人の居留地外進出の実態をふまえて―」
報告者　渡辺千尋氏（日本学術振興会特別研究員）
司　会　斎藤聖二氏（茨城キリスト教大学）

一二時一〇分～一三時一〇分　昼食・休憩

一三時一〇分～一四時一〇分　自由論題報告②

⑤「一九一四～一九一八年における対露武器供給問題を通してみた日本の対外政策と東アジア」
報告者　エドワルド・バールィシェフ氏（筑波大学）
司　会　熊本史雄氏（駒澤大学）

⑥「戦間期日本のコンブ業とコンブ貿易―グローバルヒストリーのなかのコンブ―」
報告者　神長英輔氏（新潟国際情報大学）
司　会　熊本史雄氏（駒澤大学）

一四時二〇分～一七時三〇分
歴史資料セッション「歴史資料としての写真―『写真』からアーカイブズへの模索―」

一四時二〇分～一六時五五分　報告
趣旨説明　岩壁義光氏（法政大学）

①「歴史学から〝写真学〟へ―写真資料の活用にむけて―」
報告者　長谷川怜氏（愛知大学客員研究員）

②「学習院に残る教材写真―白鳥庫吉の収集理由を探る―」
報告者　長佐古美奈子氏（学習院大学）

③「写真記録の可能性―対話の前提を整えるために―」
報告者　葦名ふみ氏（国立国会図書館）

一六時五五分～一七時三〇分　討論
司会：岩壁義光氏（法政大学）

一七時四〇分～一八時一五分　総会

一八時三〇分～二〇時三〇分　懇親会
懇親会会費　一般六〇〇〇円　院生・学生三〇〇〇円

第二日目　二〇一八年六月一七日（日）

九時三〇分　受付開始

一〇時〇〇分～一〇時三〇分　自由論題報告③

⑦「琉球問題をめぐる日清交渉と国際法―日本インパクトと清国の国際法受容を中心にして―」
報告者　張天恩氏（早稲田大学大学院生）
司　会　高江洲昌哉氏（神奈川大学）

一〇時三〇分～一六時四五分
大会シンポジウム
「変動する東アジア世界のなかの明治維新―『適応と挑戦』の相互力学からの再検証―」
一〇時三〇分～一二時〇〇分
問題提起　高江洲昌哉氏（神奈川大学）
①「米・仏・蘭三ヶ国条約と『琉球処分』」
報告者　岡部敏和氏（中央大学）
②「戊辰戦争前後の日露関係―雑居地樺太をめぐる植民競争―」
報告者　醍醐龍馬氏（小樽商科大学）
一二時〇〇分～一三時〇〇分　昼食・休憩
一三時〇〇分～一五時〇〇分　報告
③「明治初期の日本の国際環境を考える―イギリス海軍巨文島占領事件を中心に―」
報告者　鈴木悠氏（サントリー文化財団フェロー）
④「交隣修好と衛正斥邪のあいだ―朝鮮政府の明治初期外交への姿勢転化を中心に―」
報告者　森万佑子氏（東京女子大学）
⑤「『日本の衝撃』と清の対外関係の模索と変容」
報告者　青山治世氏（亜細亜大学）
一五時一五分～一六時四五分　コメント・全体討論
コメンテーター　横山伊徳氏（東京大学）
コメンテーター　勝田政治氏（国士舘大学）
全体討論
司　会　高江洲昌哉氏（神奈川大学）
西澤美穂子氏（専修大学）
一六時四五分～一六時五〇分　閉会のことば
東アジア近代史学会　檜山幸夫会長

『東アジア近代史』投稿規程（2015年6月制定）

1　会誌『東アジア近代史』に投稿できるのは、本会会員に限ります（但し依頼原稿はその限りにありません)。投稿論文の原稿は日本語による筆者オリジナルの書き下ろしのものとします。

2　原稿の分量は、以下の通りです。(図・表・注を含む。)

論　　文…20,000字以内　　研究ノート…12,000字以内

史料紹介…12,000字以内　　書　　　評… 4,000字以内

3　原稿は完全成稿とします。原稿は A4サイズ1枚につき縦書き、40字×30行で入力してください。なお、手書き原稿での投稿はご遠慮ください。

4　原稿は電子データとプリントアウトした原稿1部をご送付ください。電子データはテキスト形式、ワード、一太郎の何れも可です。必要に応じてエクセルの表も使用可です。

5　字体は、原則として新字体とします。特別な場合を除き、史料引用にある合字、変体仮名、異体字は、カナ、現在通用している字体に戻して引用してください。

6　年号は西暦（漢数字）を原則とします。元号を用いる場合は括弧（　）で西暦も表示して下さい。

［例　一九四五年・一九四五（昭和二〇）年・昭和二〇（一九四五）年］

7　注は、本文末尾に一括して掲げてください。

8　注番号は、本文該当箇所の右脇に（1)、(2)、…のように付します。末尾の注も（1)、(2)、…で記述してください。もし不可能な場合は、word 等の文末註機能を使用してもかまいません。

9　写真図版（モノクロ）の掲載は可能です。

10　原稿は本文と図版、表と分けて提出してください。本文原稿に赤字で図版、表などの掲載箇所を指示してください。ただし、掲載は編集の都合で前後する場合があります。

11　校正は、原則として2回です。

12　論文執筆者には、掲載号を3部、書評執筆者には2部、寄贈します。

13　論文の抜刷が必要な場合は、初校ゲラ送付時、指示してください。なお、実費を御負担いただきます。

14　投稿原稿の提出期限は、毎年度10月末とし、投稿原稿の審査結果は、毎年度の2月末までに通知します。

15　掲載原稿の転載は、原則として1年間はご遠慮下さい。また転載にあたっては必ず本学会の許可を得て下さい。

16　他誌との二重投稿はご遠慮ください。

17　原稿の送付先は本学会事務局とします。原稿投稿の際に、氏名・住所・メールアドレスを記載した連絡用紙（様式自由）も同封してください。電子データは学会事務局のメールアドレスに送信してください。

附則　本規程は2017年6月刊行の『東アジア近代史』21号から適用するものとする。

（東アジア近代史学会機関誌編集委員会）

■執筆者

斎藤　聖二	茨城キリスト教大学教授
久保田裕次	京都大学大学文書館助教
川島　　真	東京大学大学院総合科学研究科教授
古泉　達矢	金沢大学人間社会研究域法学系准教授
大井　知範	清泉女子大学准教授
中谷　直司	三重大学教養教育院特任准教授（教育担当）
千葉　　功	学習院大学文学部教授
呉　密　察	国史館館長
新田　龍希	東京大学教養教育高度化機構特認助教
小磯　隆広	外務省非常勤職員
宮古　文尋	上智大学・埼玉大学非常勤講師

《入会のご案内と会費納入のお願い》

◎本会に入会を希望される方は、入会申し込み書（左記事務局にご請求ください）または東アジア近代史学会のホームページ（http://www.jameah.gr.jp/）の入会申し込みフォームに所定の事項をご記入の上、事務局までお送りください。

◎年会費は五〇〇〇円（大学院生・留学生は三〇〇〇円）です。左記の口座にお振り込みください。なお、すでに会員の方で、会費未納の方は、機関誌刊行や会の運営上支障をきたしますので、すみやかにご納入をお願い致します。

◎申込書の請求・送付先

〒二七七―八六八六
千葉県柏市光ヶ丘二―一―一
麗澤大学外国語学部櫻井研究室内　東アジア近代史学会事務局
FAX　〇四―七一七三―三四〇三
modern_east_asia_jm@hotmail.co.jp

◎郵便振替口座　口座番号　〇〇一八〇―六―五八〇八六七
口座名　東アジア近代史学会

◎ゆうちょ銀行：金融機関コード　九九〇〇
店番号〇一九　店名〇一九店（ゼロイチキユウ店）
預金種目：当座
口座番号：〇五八〇八六七
受取人名　ヒガシアジアキンダイシガツカイ